上

U0678179

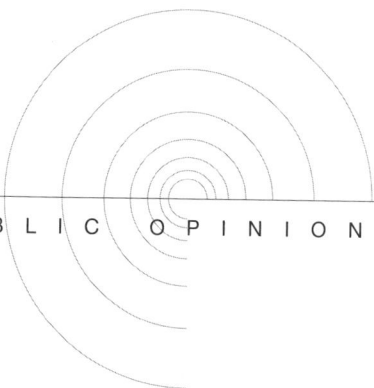

舆论学研究

PUBLIC OPINION RESEARCH （No.3）

谢耘耕　陈　虹　主编

（第三辑）

社会科学文献出版社
SOCIAL SCIENCES ACADEMIC PRESS (CHINA)

《舆论学研究》（第三辑）编委会

卷首语

　　21 世纪以来，随着媒介技术的社会化发展，社会公众获取信息、共享资源、沟通交往、表达意见的渠道更加多元；各种反映社情民意的舆论场极其活跃，舆论话题、舆论事件成为政府、民众、媒体都十分关注的重要问题，舆论学也被认为是社会科学研究领域的一门显学。但舆论本身形态十分复杂，涉及问题广泛，许多学者从舆论的形态、理性程度和政治功能等角度对舆论展开阐释，一些人认为"舆论是由许许多多人的成熟或不成熟的意见集合形成的特定合量"（Gault，1923：177），或"是对于人们普遍关注的问题的合适的解决方法的意见"（Graves et al.，1928：101），是"社会中一个具有相同知觉的团体，针对一个具有普遍重要性的问题，进行公开讨论后，形成对问题的社会性判断"（Young，1923：577）；还有人对舆论持怀疑态度，认为"舆论是虚构而非现实的，是不确定的而非稳定的，是一种情绪化倾向而非理性倾向"（Landshut，1953：583）。尽管学界关于舆论定义的争议较大，但对舆论的重要性及其影响却一致认同。近年来，舆论学研究获得了长足发展，许多舆论研究机构竞相成立，相关研究论著纷纷问世，国内外一些高校也开设了舆论学专业课程。但与此同时，舆论学也面临诸多发展瓶颈。

　　一方面，舆论研究方法开始遭遇前所未有的困境。从 2012 年奥巴马竞选连任，到 2016 年英国脱欧、美国大选，各大民意调查机构以及大数据挖掘公司的事前调查预测都与实际结果大相径庭。学者纷纷开始反思，传统民意调查和大数据挖掘为何越来越难以准确地反映社会舆论？我们应如何保证舆论调查的准确性、抽样方法的科学性、样本的代表性？众多学者纷纷探其原因：传统的民意调查（如电话调查）可以采用随机方式进行，在访问前能够最大程度地排除人为因素干预，但是随着使用室内电话的人越来越少，愿意花时间接受采访的人也随之减少，回应率越来越低。同时，传统民意调查的方法忽略了许多实际的社会发展情况，越来越多的人不愿意公开真实的想法（即使是匿名调查），导致样本的准确性难以把握。不少人提倡民调中心应发展大数据分析技术，促使民调更符合现实发展，提升结果的准确性。如人工智能 MogIA AI 系统就通过收集谷歌、Facebook、Twitter 和 YouTube 的大量数据来做分析；"谷歌趋势"也通过呈现互联网用户的搜索趋势，获得社会议题被讨论的多寡、分布和变化等信息，但新的问题又出现了。（1）并不是所有人都上网，也不是所有网民都发声，网民观点还存在群体极化、沉默螺旋等效应；（2）大数据呈现与现实结果之间的逻辑关系复杂，多种现实因素都可能影响到网民搜索行为，导致大数据的解释力和预测力不稳定。

另一方面，舆论学研究散见于各学科中，知识结构分散杂乱，不成体系。在现实社会中，舆论不仅密切涉及政治、传播、管理以及个人社会行为、社会关系等方面的问题，舆论本身也是传播学、语言学、心理学、社会学、哲学、公共管理、计算机科学等学科的重要研究对象、工具和手段。尽管舆论学理论、方法、应用均散见于各学科领域，舆论学却很少作为独立、成熟的学科被其他成熟学科提及。2016 年 5 月 17 日，习近平总书记在哲学社会科学工作座谈会上强调："要加快发展具有重要现实意义的新兴学科和交叉学科，使这些学科研究成为我国哲学社会科学的重要突破点。"舆论学作为一门新兴学科，对于社会和谐发展的重要性不言而喻，但目前学科知识体系还不健全，学科建设还比较薄弱，我们亟待联合全国研究力量，将各个学科分散化的研究成果集成、归纳、整理，形成一套完备的舆论学知识体系和积极推进专业化的人才培养，这既是回应现实的需求，也是推动舆论学研究走向深入的必然任务。

一 构建我国舆论学科知识谱系

（一）舆论学理论体系

恩格斯曾言："一个民族要想站在科学的最高峰，就一刻也不能没有理论思维。"关于舆论学的理论阐释，相对于方法体系和应用体系已较为成熟。目前，舆论学理论体系建设有以下几项重要工作。

1. 完善现有理论框架

基于现有成果，通过进一步讨论和完善舆论学的理论框架，厘清舆论学的相关概念、历史、属性、功能、形态、要素、形成、传播、演变、调控、引导、社会影响等系列问题，使舆论学理论框架更加科学化和系统化。

2. 吸纳多学科理论

广泛吸纳政治学、新闻传播学、社会学、公共管理学、哲学、语言学、文学等学科的理论研究成果，积极借鉴、吸收相关学科的理论精华，并在此基础上加强理论创新，大胆构建原创性的舆论学理论模型，为科学地阐释舆论现象、有效地进行舆论监管提供理论依据和指引。

3. 不断检验和发展现有理论

在新科技革命的不断冲击下，社会的政治结构、信息格局、传播环境、传播心理、社会文化乃至个体的生活方式和观念都发生了一系列的变化，我们应密切关注媒介生态环境和社会文化背景，重新审视、论证和检验现有理论，包括被广泛应用的经典理论，如议程设置、二级传播、沉默螺旋等，根据现实情况不断探索新规律，补充解释原理论框架，修订、更新和升华原理论体系。

4. 拓宽舆论学的研究范畴

随着新媒体的发展和全球一体化，舆论场日益复杂化，各大舆论场的形态更丰富、交互性更强，并进入加速融合状态。舆论研究的范畴应该随之拓宽，密切关注当前较为活跃的社交媒体舆论、国际舆论，以及隐性舆论、社会思潮等问题，加强比较舆论学研究，探索各大舆论场的差异、互动和融合趋势，扩大舆论研究视角和领域，不断发现新规律。

（二）舆论学方法体系

民意调查方法和大数据挖掘方法尽管面临一些困境，但也不能对其全盘否定。诸多学者、研究机构和企业正着眼于当前复杂的社会环境，探索、调整、改进研究方法，设计出一些令人瞩目的调查研究模型。如美国纽约州州立大学石溪分校政治学教授赫尔穆特提出的初选模型和摇摆效益模型，即成功预测了 2000 年起美国的五届总统大选；美国政治史学家艾伦·里奇曼提出"入主白宫的 13 个关键"也成功预测了其后三十多年的八届总统大选。

总体而言，传统的预测模型仍然经得起考验，但在当下，传统的调查研究还需结合新技术，配合大数据和人工智能，综合更多交叉求证工具做预测。如何在理论的指导下，促进多元研究方法相互融合、支撑和完善，科学、准确地测量舆论所包含的复杂信息，建立和发展舆论研究的方法体系，是我们应该关注的一个重要问题。

1. 重新审视现有研究方法的不足，完善研究方法体系

目前舆论学研究尽管有大数据挖掘、民意调查、焦点小组座谈、控制实验、内容分析及民族志研究等多种方法，但每一种方法的预测效果都有限，难以真实反映社会舆论实貌。随着民意调查遭遇困难，而大数据挖掘方法的应用刚刚起步，其他研究方法的成熟度和应用性都有限，我们不仅很难真正了解各个议题的舆论现状，更难以把握舆论问题或事件的生成、演变、传播及其背后的影响因素（谢耘耕，2016：1~6）。因此，建设舆论学知识体系的首要任务是加大舆论研究方法应用的多样性和普遍性，增强舆论研究方法的科学性。

2. 引入新的研究方法和研究工具

在快速发展传统舆论研究方法的基础上，积极借鉴现代科学技术发展下的新兴研究方法和研究工具应用，也是提升舆论学研究方法体系的一个重要突破口。一方面，在研究方法上，借力模拟仿真技术，对网民的社会情绪聚类过程、群体极化现象等进行模拟仿真；发展 Web 信息挖掘、语义识别、情感分析等数据挖掘技术，对海量舆情信息进行深度挖掘；引入社会计算方法，根据舆论主体之间的交互、互动数据，构建社会网络拓扑模型，研究动态社会群体在网络中链接形成的行为模型、动态情感模型等等。另一方面，研究工具方面，借用卫星定位等先进技术，解决当前社会背景下人口快速流动、人口结构变化以及人们生活方式变化导致概率抽样调查越来越难以实现、获取特定研究对象的难度增大等问题。

3. 协同创新，构建综合舆论研究框架

通过协同创新，构建综合舆论研究框架，采用多元方法反复论证问题，探求最客观真实的结果。其一，目前传统的民意调查、新兴的大数据挖掘技术以及其他社会科学研究方法，对舆论的掌握力和预测力都比较有限，我们不能仅仅依赖单一的研究方法来研究社会舆论；其二，不同的舆论场具有不同的活跃群体，代表着部分群体的集体意见，不同舆论场之间关于同一问题的意见可能大相径庭（乔睿，2017：216~227），因此，围绕同一问题，应该广泛关注多个舆论场的声音，避免过度依赖某一群体的意见，将其夸大为全民民意。其三，舆论作为一种具象性话语或文本，关于舆论的解释和研判常常具有多面性，从宏观或微观层面出发，或从不同群体的利益出发，或采用不同的研究方法，都可能出现不同的解释。因此，针对同一问题，我们还应该综合使用多元方法进行研究，构建综合舆论研究框架，探求最客观真实的研究结果。

（三）舆论学应用体系

舆论学应用体系侧重于研究舆论学理论与方法在现实社会生活中的应用问题研究，获得对各类问题舆论传播与舆论引导的规律性认识，提出相应的舆论传播、应对策略和问题解决办法。在社会运行过程中，舆论充斥在人们社会生活、社会行动的方方面面，每个人都在有意无意地生产、传播、接受、（被）影响舆论。舆论学应用范畴十分广泛，主要包括以下两个方面。

1. 舆论学应用研究

舆论是对社会现象、社会话题、社会问题展开研究的重要着手点，也是最直接的研究对象。相关的社会现象或问题包括环境污染、医疗问题、教育问题、食品安全、贪污腐败、女权主义、亚文化、违法犯罪、灾害事故、社会道德、国际问题、青少年问题、农村问题、性观念、家庭婚姻问题等。

2. 舆论管理实务

为宣传管理部门、企事业单位、社会团体/组织等提供舆情管理、舆论引导、决策支撑，防范舆论风险。相关专业人员应掌握舆论的监测、采集、分析方法，了解舆论的生成、演变机制，通晓媒体的运作规律，预测舆论风险，有效应对舆论危机，做好舆论引导工作。

二 完善我国舆论学人才培养框架

舆论学发展应从专业化的人才培养抓起，实施以育人育才为中心的长期发展战略，培养一批功底扎实、锐意进取、开拓创新的专业化人才队伍。在当今社交媒体迅猛发展、虚拟社会与现实社会交织渗透的背景下，新闻传播学人才培养进入了调整改革期，舆论学的人才培养也应该紧密结合当前的社会背景和传播环境，建构合理的人才培养体系，为舆论学的长足发展积蓄力量。

（一）舆论学专业人才培养设想

1. 培养理念：综合培养舆论学人才的精神品格和思维能力

习近平总书记在《在哲学社会科学工作座谈会上的讲话》中指出："高校哲学社会科学有重要的育人功能，要面向全体学生，帮助学生形成正确的世界观、人生观、价值观，提高道德修养和精神境界，养成科学思维习惯，促进身心和人格健康发展。"舆论学专业人才的首要素养是正确的思想观念和良好的精神品格与道德修养，面对社会价值取向和思想观念日趋活跃、社会思潮纷纭激荡、社会矛盾和问题不断呈现、国际政治经济文化环境深刻变化的新形势，我国舆论学专业人才队伍应更加坚定不移地坚守马克思主义意识形态，践行社会主义核心价值观，不断提高自身精神境界和道德修养，更好地发挥我国专业人才队伍的社会价值和个人价值。

其次，思维能力的培养是我国教育事业的核心理念和重要任务。美国教育领域早在20世纪70~80年代就对思维能力的培养大加重视，相应的培养方案也纷纷出笼，主要聚焦于批判性思维、创造性思维、实用性思维三个方面。批判性思维是通过提出质疑、弄清情况、分析问题等对事物加以考察的过程（何云峰、金顺尧，1988：8~15），主要涉及分析、判断、评价、比较、解释、检验等能力；创造性思维是产生各种有用、有价值的新观点、新思想的认识过程，强调创造、发现、生成、想象和设想等能力；实用性思维则聚焦于问题解决，涵盖实践、使用、运用和实现等能力。依照斯滕伯格的思维三元理论，好思维是批判的、创造的和实用的信息加工过程三者的平衡（武宏志，2011：10）。舆论学人才的思维训练需要紧密结合社会现实问题，一方面充分挖掘和培养学生的分析、洞察能力，对事物的发生、发展和背景、根源保持敏感性和批判精神，同时大胆地发散思维、创新思想，优化、突破发现问题和解决问题的方法，综合提升舆论学专业人才的批判、创造和实用思维能力。

2. 培养模式：通识教育与专业教育相结合

舆论学是一门跨学科、跨行业、跨领域、跨背景的复杂学科，同时也具有较强的专业性，舆论学人才培养应该格外注意通识教育与专业教育之间的平衡。通识教育源于 19 世纪，当时不少欧美学者有感于现代大学学术分科太过专门化导致学科知识被严重割裂，特提出通识教育方法，目的是培养受教育者对不同学科的基本认识和融会贯通能力，使学生获取更广博的知识和更宽广的视野，具备通行于不同群体、情境和社会问题之间的综合能力与素养。20 世纪，通识教育已在欧美大学广泛实施。美国新闻与大众传播教育认证委员会（ACEJMC）认证有九项标准，其中一项要求学生必须修完 72 个非新闻传播专业课程学分，约占学生修课总学分的 60%。ACEJMC 认为，只有拥有广泛的社会科学和自然科学基础，才能更好地理解现代社会的复杂性和多样性。舆论学专业的人才培养，应该让学生接受跨学科教育，综合了解新闻传播学、语言学、政治学、经济学、社会学、法学、心理学、统计学、文学、管理学和一些计算机专业技能，使学生具备大量的非专业性、非职业化的学科知识，避免舆论学研究与实践应用过程中因知识面窄、视野狭隘、技能单一导致后劲不足的问题。

除了通识教育之外，舆论学还需要强化专业教育，为社会实践、应用打好基础。舆论学本身是一门实践应用性较强的学科，需要掌握一定的专业知识和实践技能。一方面，舆论学专业人才应充分理解舆论的发展历史、属性特征、表现形态、生成演变路径及其内在根源，掌握获取舆论、监测舆论、分析舆论、预测舆论、引导舆论的基本方法和技巧，并结合通识教育，深入了解政治舆论学、网络舆论学、国际舆论学、舆论危机管理、舆论传播学、舆论心理学、舆论引导等专业知识体系；另一方面，舆论学专业人才还需要掌握以下实践技能，如电脑编程、数据监测、舆情可视化、新媒体运营、音频视频制作、新闻剪辑等，并懂得联动和协调相关部门、机构、技术资源、媒体资源、专家资源，为具体的舆论管理、舆情应对、舆情预警、舆论引导等实务工作服务。但在通识教育与专业教育的力度分配上，舆论学专业的人才培养应更注重通识教育，为强化舆论学人才对专业知识和技能的运用能力打好基础。

（二）舆论学专业的教学培养内容

在精神品格教育之外，舆论学人才的专业能力方面最缺失的还是系统的方法训练，方法的短板也为舆论学理论体系、应用体系发展带来了巨大阻力。舆论学专业人才的教学培养内容包括以下几个方面。

1. 舆论学综合知识

舆论学综合知识包括舆论学及相关学科，如政治学、传播学、社会学、哲学、公共管理学、语言学、心理学、法学、文学等的导论、理论、历史等基础知识。

2. 舆论学研究方法

舆论学研究方法可分为以下几类。研究方法类，如舆论学方法论、问卷调查、实验法、民族志研究方法、协商民调、混合研究手段、文本挖掘、话语分析、社会网络分析、内容分析、数据处理、数据融合、可视化、监测技术应用等；统计分析类，如初级分析法、高级分析法；实用软件运用类，如 Excel、SPSS、STATA、SAS、S-plus、Eviews 等统计分析软件，以及一些问卷调查分析软件和其他专业分析软件；技术建模类，如模拟仿真、社会计算、情感识别等；计算机编程技术类，如爬虫、深度学习、自然语言处理等。

3. 舆论学分支知识体系

舆论学分支知识体系包括网络舆论学、国际舆论学、政治舆论学、舆论心理学、舆论危机管理、中国舆论学史、西方舆论学史、舆论学理论等。

4. 舆论学实践课程

舆论学实践课程主要有，案例学习、舆论引导实战课程、舆论引导技巧学习、舆论管理培训。

（三）舆论学人才培养的设备配置

1. 舆情监测设备

建设较为成熟的"全网舆情监测系统"，抓取海内外舆情数据，形成"海量舆情案例库、数据库"，为受教育者实时获取、监测、分析舆情信息提供必要的条件。

2. 社会调查设备

成立社会调查实验室，配备计算机辅助问卷调查设备、网络调查软件等。

3. 心理实验设备

根据研究方向，配置一定的心理实验设备，如眼动仪、听力计、记忆鼓、深度知觉仪、速度知觉仪、反应计时器等。

（四）舆论学人才培养的职业方向

1. 为教育、科研机构培养舆论学及相关交叉学科的学术研究人才；

2. 为政府宣传部门培养一批舆论管理与舆论引导人才；

3. 为企业培养品牌管理人才，承担行业主管部门高层次的舆论建设与品牌管理工作；

4. 为媒体培养业务人才。

舆论关系到国家的长治久安，曾被喻为"世界上最有权势的君主"、社会发展的"掘进机"、历史前进的"第一推力"，一直备受古今中外有识之士和执政者的重视。当今，面对新的媒介生态环境下更纷繁的信息、更多变的情绪、更难以琢磨的舆论心态、更复杂的舆论引导技巧，舆论研究的重要性不断凸显并强化。尽管舆论研究的分散性和交叉学科属性为舆论学科发展带来不少阻力，但也使其发展具有了独特优势和更广泛的力量来源。正如习近平总书记所强调："我国的新兴学科、交叉学科建设比较薄弱，下一步，要突出优势、拓展领域、补齐短板、完善体系。"我国舆论学发展需要把握当前各学科舆论研究的鼎盛状态，聚合多学科、多领域的舆论学研究工作者的思路、视角、方法与成果，形成专门的舆论学研究、交流、合作、共享平台；聚合各大学科的专业优势共同致力于舆论学研究，并在此基础上构建合理的舆论学人才培养体系，培养舆论学专业化人才，推动舆论学学科的快速发展。

上海交通大学特聘教授　谢耘耕

中国新闻史学会舆论学研究会会长

2018 年 3 月 30 日

目 录 Contents

舆论学前沿

美国近三年舆论学的研究图景

——对美国《舆论季刊》2015~2017年119篇论文的梳理分析

唐远清　吴晓虹

摘　要　本文专门梳理归纳分析了国际舆论学研究权威期刊美国《舆论季刊》（*Public Opinion Quarterly*）2015~2017年3年间的全部论文共119篇，发现美国舆论学近3年的研究热点主要集中在调研方法及效度的研究，之后依次为政治层面、社会层面、态度、心理及行为层面、互联网与媒体层面及文化层面的研究。与国内研究相比，美国舆论学更注重在微观层面，如态度、心理与行为等方面的研究，选题广泛而精细，值得国内舆论学界关注及借鉴。

关键词　美国　舆论学　舆论季刊

The Study of Public Opinion in the United States in the Past Three Years

—An Analysis of 119 Papers from 2015-2017 by the US Department of *Public Opinion Quarterly*

Tang Yuanqing, Wu Xiaohong

Abstract　This article specially combs and summarizes 119 papers of the authoritative periodicals of international opinion research American *Public Opinion Quarterly* from 2015 to 2017, totaling 119 papers. It is found that the research hotspots in American public opinion studies in recent three years mainly focus on the research methods and validity, followed by political, social, attitude, psychological and behavioral aspects, Internet and media and cultural aspects. Compared with the domestic research, American opinion studies pay more attention to the micro level, such as attitude, psychological and behavioral aspects of research, wide selection of topics, it is worth the domestic media attention and reference.

Keywords United States of America; Opinion Studies; *Public Opinion Quarterly*

近年来，舆论学在国内逐渐成为显学。在梳理归纳的基础上，借鉴参考国外舆论学的研究成果，是推进国内舆论学研究的有效路径之一。在这方面，近年来国内舆论学界已经出现一些对国外舆论学热点的梳理研究，但遗憾的是，对作为舆论学发源地的美国的舆论学梳理研究，尚不多见。为此，我们专门梳理归纳分析了国际舆论学研究权威期刊美国《舆论季刊》（*Public Opinion Quarterly*）2015～2017 年 3 年间的全部论文共 119 篇，① 发现美国舆论学近 3 年的研究热点主要集中在调研方法及效度的研究，之后依次为政治层面、社会层面、态度、心理及行为层面、互联网与媒体层面及文化层面的研究。与国内研究相比，美国舆论学更注重在微观层面，如态度、心理与行为等方面的研究，选题广泛而精细，值得国内舆论学界关注及借鉴。

一 美国《舆论季刊》2015～2017 年研究热点分析

《舆论季刊》于 1937 年在普林斯顿大学创刊。当时，恰逢美国传播学研究兴起，美国传播学研究与"二战"前后有关宣传、公共舆论、劝服以及民意测量之类研究密切相关，有关这方面的研究相当部分发表在《舆论季刊》上，以服务于美国的心理战争。[1]本文试图通过对《舆论季

---

① 本文梳理研究了除书评外的所有学术论文。其中 2015 年 42 篇，2016 年 42 篇，2017 年（仅春季号及夏季号）35 篇。

刊》2015～2017 年的 119 篇论文（不含书评）的梳理分析，试图增强对美国舆论学当前研究热点及发展阶段的认知。梳理后发现，对调研方法及效度、政治与舆论、社会问题的探讨是近 3 年美国舆论关注的主要方面。

经梳理统计后发现，119 篇论文中，有 53 篇文章与调研方法及效度相关，特别是调研方法层面，包括受访者回应、问卷编制及抽样方法等；有 43 篇文章涉及对政治层面的讨论，包括选举、投票、党派、法制、政策等；有 25 篇涉及对社会问题的探讨，包括堕胎、枪支、同性恋、种族、移民、医疗保健等；有 24 篇涉及对态度、心理、行为等微观层面的探讨，具体来说，包括偏见、说服等态度层面，复仇、焦虑、愤怒等心理层面以及支持、拒绝等行为层面；有 6 篇涉及媒体与舆论，包括大数据、媒体选择、在线新闻等；有 5 篇涉及文化与舆论，研究主要集中在跨文化传播层面（以上结果依据文章所涉及的研究议题进行划分，因而可能出现同一篇文章涉及多个议题的现象）。梳理结果如图 1 所示。

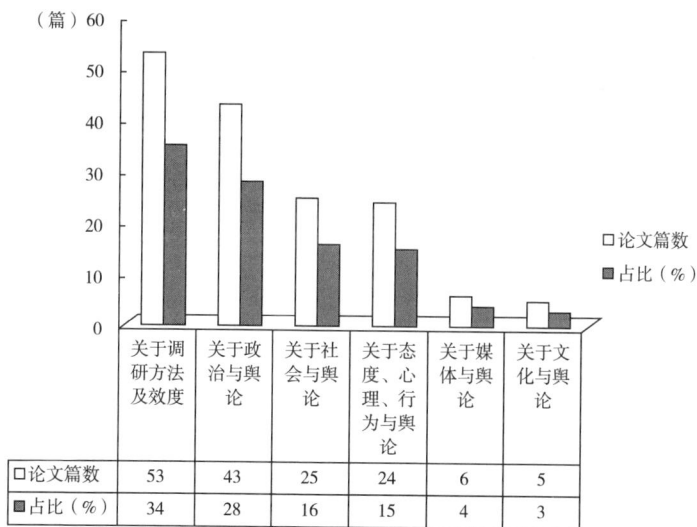

	关于调研方法及效度	关于政治与舆论	关于社会与舆论	关于态度、心理、行为与舆论	关于媒体与舆论	关于文化与舆论
论文篇数	53	43	25	24	6	5
占比（%）	34	28	16	15	4	3

图 1　2015～2017 年美国《舆论季刊》文献梳理结果

基于以上思考，通过对美国《舆论季刊》3 年间的文献进行梳理分析，以期了解美国当前舆论学的发展进程，给国内舆论学界以有益的启示。

二 当前美国舆论学研究进程分析

下面，将分别从调研方法及效度，政治与舆论，社会与舆论，态度、心理、行为与舆论，媒体与舆论，文化与舆论等六个方面进行概述。

（一）关于调研方法及效度的研究

现代效度理论认为，效度主要涉及分数的解释和使用的论证：在多大程度上能够证明一项测试的解释和使用是合理的。[2]影响效度的因素不一而足，综合来看，主要与调研主体、调研方法、调研客体相关。《舆论季刊》的这类文献几乎皆集中于对调查方法的探讨，其中讨论最多的是与受访者回应相关的内容，其次是问卷编制，最后是对调查方法的探讨与应用。

1. 受访者回应

在受访者回应层面，现有文献主要集中于对回应率和无应答偏差的研究，如表 1 所示。

表 1 关于受访者回应的相关文献

期刊来源	题目原文	题目翻译
Volume 81，2017	Nonresponse Bias for Univariate and Multivariate Estimates of Social Activities and Roles	对社会活动和社会角色单变量和多变量评估的无应答偏差
	Factors Associated with Participation in the Collection of Saliva Samples by Mail in a Survey of Older Adults	邮件收集唾液样本调查中老年人参与行为的相关因素
	The Low Response Score（LRS）：A Metric to Locate, Predict, and Manage Hard-to-Survey Populations	低回应率：一个定位、预测和管理难以调查的人口的测量
	Nonresponse in Organizational Surveying: Attitudinal Distribution Form and Conditional Response Probabilities' Impact on Patterns of Bias	组织调查中的无回应：态度分布形式和条件回应概率对偏差模式的影响
	Are Survey Nonrespondents Willing to Provide Consent to Use Administrative Records? Evidence from a Nonresponse Follow-Up Survey in Germany	调查无回应者是否同意使用行政记录？来自德国无回应者后续调查的证据

续表

期刊来源	题目原文	题目翻译
Volume 81，2017	Fieldwork Effort，Response Rate，and the Distribution of Survey Outcomes：A Multilevel Meta-analysis	实地调查、回应率和调查结果分布：一项多级荟萃分析
	Apples to Oranges or Gala versus Golden Delicious？：Comparing Data Quality of Nonprobability Internet Samples to Low Response Rate Probability Samples	大相径庭还是不分伯仲？——非概率网络样本的数据质量和低回应概率样本的对比
	Effects of Mobile Versus PC Web on Survey Response Quality：A Crossover Experiment in a Probability Web Panel	移动端与PC端网页调查对回应质量的影响：概率网络小组的一项交叉实验
	The Effect of Large Monetary Incentives on Survey Completion：Evidence from a Randomized Experiment with the Survey of Consumer Finances	大额货币刺激对调查完成的影响：来自消费者财务调查随机实验的证据
Volume 80，2016	Breaking Out of the Lab：Measuring Real-Time Responses to Televised Political Content in Real-World Settings	突破实验室：对现实世界中政治内容电视化实时回应的测量
Volume 79，2015	How Much Gets You How Much？Monetary Incentives and Response Rates in Household Surveys	付出与回报对等？——家庭调查中的货币奖励和回应率
	Response Rates，Nonresponse Bias，and Data Quality：Results from a National Survey of Senior Healthcare Leaders	响应率、无应答偏差和数据质量：来自高级医疗保健引领者的全国性调查结果
	The Effects of the Direction of Rating Scales on Survey Responses in a Telephone Survey	电话调查中等级量表方向对调查回应的影响
	Where to Start：An Evaluation of Primary Data-Collection Modes in an Address-Based Sampling Design	何处开始：基于网址的抽样设计中对主要数据收集模式的评估
	A Comparison of Branched Versus Unbranched Rating Scales for the Measurement of Attitudes in Surveys	调查中分支与无分支等级量表在态度测量方面的比较
	Exploring the Effects of Removing "Too Fast" Responses and Respondents from Web Surveys	探究网络调查中消除"太快"的回应和受访者的影响

续表

期刊来源	题目原文	题目翻译
Volume 79，2015	Response Quality in Telephone Surveys：Do Prepaid Cash Incentives Make a Difference？	电话调查中的回应质量：预付现金刺激有作用吗？
	Comparing Multiple Imputation and Propensity-Score Weighting in Unit-Nonresponse Adjustments：A Simulation Study	个案无反应中多重替代法和倾向指数的权重调整对比：一项模拟研究
	Are Incentive Effects on Response Rates and Nonresponse Bias in Large-scale，Face-to-face Surveys Generalizable to Germany？Evidence from Ten Experiments	德国普遍推广的大规模面对面调查中，对回应率和无反应偏差的激励效应？来自十个实验的证明
	Do Attempts to Improve Respondent Attention Increase Social Desirability Bias？	提升受访者关注度的尝试增加了社会期望偏差？
	Effects of Sequential Prepaid Incentives and Envelope Messaging in Mail Surveys	邮件调查中顺序预付费激励和信件消息的作用
	Using Call-Level Interviewer Observations to Improve Response Propensity Models	以调用级采访观察方式来提升回应倾向模型
	Effects of a General Response Style on Cross-Cultural Comparisons：Evidence from the Teaching and Learning International Survey	整体回应风格对跨文化比较研究的影响：来自教与学国际调查的证据

调研方法的效度评估研究是回应率研究的重要组成部分，对这部分内容的探讨主要集中在邮件调查方法的回应质量上，如"Where to Start：An Evaluation of Primary Data-Collection Modes in an Address-Based Sampling Design"一文认为，在获得数据方面，邮件优先于手机以较低的成本实现了较高的收益率；"How Much Gets You How Much？Monetary Incentives and Response Rates in Household Surveys"一文发现，邮件调查中提供的预付奖励措施对回应的影响最大。

对回应率的探讨还体现在对回应质量的权衡。如"Effects of Mobile Versus PC Web on Survey Response Quality：A Crossover Experiment in a Probability Web Panel"，比较了移动手机与PC网页对回应质量的影响，研

究发现，使用智能手机的人只要为他们提供在小触屏上易于使用的问题格式，即使手机使他们的注意力更加分散，他们仍可以提供高质量的回应。"Are Incentive Effects on Response Rates and Nonresponse Bias in Large-scale, Face-to-face Surveys Generalizable to Germany? Evidence from Ten Experiments"一文的研究结果表明，回应随着激励的货币价值而增加；现金奖励比彩票更能影响回应倾向；而预付的奖励可能比有条件的激励更有成本效益。

提升回应质量必然要考察影响回应率的相关因素。"The Effect of Large Monetary Incentives on Survey Completion：Evidence from a Randomized Experiment with the Survey of Consumer Finances"一文中提到，预付款激励措施增加了受访者的电话访问和整体回应率；"Response Rates, Nonresponse Bias, and Data Quality：Results from a National Survey of Senior Healthcare Leaders"认为，"精度和统计能力提升了回应率"；"The Effects of the Direction of Rating Scales on Survey Responses in a Telephone Survey"的研究结果表明，改变量表的方向可以影响调查回应，具体而言，"评级量表方向显著影响受访者对高分级国家的评级。具体来说，当数值从一个大的数字开始时，会比从小的数字开始更能使那些国家得到一个高的评分。""A Comparison of Branched Versus Unbranched Rating Scales for the Measurement of Attitudes in Surveys"则证明，"分支形式的量表具有极高回应率。"

而无应答偏差方面的研究则主要集中于降低无应答偏差的方法之上。如"Fieldwork Effort, Response Rate, and the Distribution of Survey Outcomes：A Multilevel Meta-analysis"一文主要探讨了"回应率与无反应偏差之间关系的强度"；"Comparing Multiple Imputation and Propensity-Score Weighting in Unit-Nonresponse Adjustments：A Simulation Study"中指出了社会调查中个案无反应偏差检测和调整的方法，利用完全模拟的数据，研究了 PSW（倾向评分加权）和 MI（多重填补）在各种条件下的估计性能。

对调研方法及效度的研究集中体现了美国舆论学的历史积淀和发展进程，相比之下，中国国内对于调研方法及其效度本身进行探究的文献极少，实证研究发展程度不高。

2. 问卷编制

通过对表 2 中所列文献进行梳理后发现，对问卷编制方面的探讨主要集中于如何设置问卷以提升回应率。

表 2　关于问卷编制的相关文献

期刊来源	题目原文	题目翻译
Volume 81，2017	Why Are Negative Questions Difficult to Answer? On the Processing of Linguistic Contrasts in Surveys	为什么负面问题难以回答？——关于调查中语言对比的处理
	Within-Household Selection in Mail Surveys: Explicit Questions Are Better Than Cover Letter Instructions	邮件调查中的家庭选择：明确的问题优于附信说明
Volume 80，2016	Measuring Generalized Trust: An Examination of Question Wording and the Number of Scale Points	普遍信任测量：一项对问题措辞和量表数量的考察
	Assessing the Scientific Knowledge of the General Public: The Effects of Question Format and Encouraging or Discouraging Don't Know Responses	评估公众科学知识：问题格式与鼓励或劝阻不知道回答的影响
	Cheating on Political Knowledge Questions in Online Surveys: An Assessment of the Problem and Solutions	在线调查中有关政治知识问题中的作弊现象：对问题和解决方案的评估
	Establishing Limits for Supplemental Items on a Standardized National Survey	为标准化的国家调查的补充条目设立限制
Volume 79，2015	Using Motivational Statements in Web-Instrument Design to Reduce Item-Missing Rates in a Mixed-Mode Context	使用网络工具设计中的动机性陈述来减少混合模式语境下的选项缺失率
	Do Attempts to Improve Respondent Attention Increase Social Desirability Bias?	提升受访者关注度的尝试增加了社会期望偏差？
	Comparing Extreme Response Styles between Agree-Disagree and Item-Specific Scales	比较同意不同意反应量表和特定项目量表之间的极端反映风格

　　针对问卷编制中的问题设置方面，研究内容包括问题的正负面、明确与否、问题措辞及格式等对回应率的影响。如 "Why Are Negative Questions Difficult to Answer? On the Processing of Linguistic Contrasts in Surveys" 一文

中发现，负面问题比正面问题重读时的时间更长，次数也更多。当答复者对否定问题回答"不"而不是"是"时尤其如此；"Within-Household Selection in Mail Surveys：Explicit Questions Are Better Than Cover Letter Instructions"一文证实，明确的问题显著提高了相对于其他两种设计的选择准确度，产生了更接近国家标准的样本组合，并且不影响项目无响应率；"Measuring Generalized Trust：An Examination of Question Wording and the Number of Scale Points"则研究了问题措辞和量表标准点的使用数量来评估普遍信任的问题，认为广义信任最好用最小均衡问题措辞附加 7 点或 11 点量表来衡量；"Assessing the Scientific Knowledge of the General Public：The Effects of Question Format and Encouraging or Discouraging Don't Know Responses"测试了"不知道回应"的影响，认为只有当知识的猜测比盲目的猜测增加时，阻止 DKs（从而鼓励猜测）才能提高知识的测量；"Using Motivational Statements in Web-Instrument Design to Reduce Item-Missing Rates in a Mixed-Mode Context"指出，在某一条目之后的动机性陈述优于在调查中某一位置靠后的动机性陈述。使用这种即时的措施能够降低无应答率。

而在问卷编制中规则设立方面，主要集中于问卷调查中受访者的应答机制的讨论。如"Do Attempts to Improve Respondent Attention Increase Social Desirability Bias？"中提到，警告可能是增加注意力的有效方法；"Cheating on Political Knowledge Questions in Online Surveys：An Assessment of the Problem and Solutions"中测试了各种减少作弊的方法，认为承诺机制在在线调查中更加有效。

国内的文献多集中于对量表、问卷的设计与使用上，而对问卷中问题的设置方法少有涉及；同时，在问卷规则制定方面，国内文献在国外研究结论的基础之上，多集中于对某一机制在具体行业或领域使用时的话语分析与对比研究，而美国多以提升回应质量为目的，集中于问卷设置对被调查者心理、行为等的影响研究。

3. 调查方法探讨与实践

对表 3 所示文献进行内容梳理后发现，此部分既有对调查方法总体趋势等的探讨，也包含对具体调查方法在实际应用中的研究。

表3　关于调查方法探讨与实践的相关文献

期刊来源	题目原文	题目翻译
Volume 81，2017	Necessary but Insufficient：Why Measurement Invariance Tests Need Online Probing as a Complementary Tool	必要不充分：为何不变性检验测量需要在线探测作为补充工具
	Fieldwork Effort，Response Rate，and the Distribution of Survey Outcomes：A Multilevel Meta-analysis	实地调查、回应率和调查结果分布：一项多级荟萃分析
	Is There a Future for Surveys?	调查有未来吗？
	Theory and Practice in Nonprobability Surveys：Parallels between Causal Inference and Survey Inference	非概率调查中的理论与实践：因果推论与调查推论之间的相似性
	Assessing Changes in Coverage Bias of Web Surveys in the United States	评估美国网络调查报道偏差的变化
	A Modeling Approach for Administrative Record Enumeration in the Decennial Census	十年一次人口普查中行政记录计数的建模方法
	When Boundaries Collide：Constructing a National Database of Demographic and Voting Statistics	边界碰撞：构建国家人口和投票统计的数据库
	Missing Nonvoters and Misweighted Samples：Explaining the 2015 Great British Polling Miss	失踪的非选民和非加权的样本：对2015年英国民意调查的失误的解释
	Using Wikipedia to Predict Election Outcomes：Online Behavior as a Predictor of Voting	使用维基百科来预测选举结果：在线行为可以预测投票
Volume 80，2016	Reliability Concerns in Measuring Respondent Skin Tone by Interviewer Observation	通过记者观察法来测量受访者肤色的可靠性
	Explaining Political Engagement with Online Panels：Comparing the British and American Election Studies	解释在线样本的政治参与：英美选举的比较研究
	Targeted Appeals for Participation in Letters to Panel Survey Members	专门调查小组成员信件参与中的定向诉求
	Using Person-Fit Measures to Assess the Impact of Panel Conditioning on Reliability	使用个人拟合方法评估固定样本调查条件对可靠性的影响
	Research in and Prospects for the Measurement of Health Using Self-Rated Health	健康自评的测量方式的前景研究

续表

期刊来源	题目原文	题目翻译
Volume 79，2015	Optimal Allocation of Cell-Phone and Landline Respondents in Dual-Frame Surveys	对偶框架调查中手机和固定电话受访者的最佳比例
	Examining Variation in Surveying Attitudes on Same-Sex Marriage：A Meta-Analysis	考察同性婚姻中的态度测量变量：一项多元荟萃分析
	Respondent Screening and Revealed Preference Axioms：Testing Quarantining Methods for Enhanced Data Quality in Web Panel Surveys	受访者普查和显示性偏好公理：网络小组调查中增强数据质量的检疫方法测试
	Using Call-Level Interviewer Observations to Improve Response Propensity Models	以调用级采访观察来提升回应倾向模型
	Cross-Cultural Issues in Survey Methodology	调查方法中的跨文化问题
	Resources for Conducting Cross-National Survey Research	开展跨国家调查研究的资源

从宏观层面来看，首先包括调查方法的前景研究。譬如"Is There a Future for Surveys？"中提出，在未来的调查实践中，调查数据将逐渐成为信息产品的组成部分；"Research in and Prospects for the Measurement of Health Using Self-Rated Health"研究了影响被调查者健康评级的因素，为未来自评健康测量研究提供了框架。同时，还涉及调查方法在跨文化当中的实践探讨，如"Resources for Conducting Cross-National Survey Research"一文主要描述了网络中一些对开展跨文化传播研究有价值的资源。

从微观层面来看，现有文献大多论述某种具体的社会调查方法在实际问题中的应用，如"Fieldwork Effort, Response Rate, and the Distribution of Survey Outcomes：A Multilevel Meta-analysis"中使用多级荟萃分析法对调查结果分布如何随着面对面的家庭采访调查中的重复调用发生变化进行了探讨；"Explaining Political Engagement with Online Panels：Comparing the British and American Election Studies"中通过比较研究方法，对比英、美国全国选举研究中访谈和在线调查的回应，研究年龄如何影响政治参与，结果发现，在线调查更具有政治参与性；"Using Person-Fit Measures to Assess the Impact of Panel Conditioning on Reliability"分析了一种新型的 paradata 的用法，以调用级别的面试观察的形式来增加倾向模型的预测能力。此外，还涉及观察法、二维映射、加权、个人拟合方法的探讨和应用。

对比两个层面的研究发现，美国舆论学界对具体某种社会调查方法的研究比重远远高于其对宏观层面的探讨。

（二）关于政治与舆论的研究

政治舆论在一定程度上反映了民众的政治认同[3]。从表4可以看出，政治层面的研究内容大多涉及政治选举、宗教、投票行为、民意调查等，且这类选题多采用实证方法进行相关研究。如 "Using Wikipedia to Predict Election Outcomes：Online Behavior as a Predictor of Voting" 一文认为，维基百科的页面浏览量显著增加了民意调查的能力，以在选举日前28周内预测选举结果；"Cognitive Dissonance，Elections，and Religion：How Partisanship and the Political Landscape Shape Religious Behaviors" 一文发现，政治身份的力量和能力会影响非政治行为：当共和党或民主党执政时，民主党或共和党更有可能报道参加宗教活动，而当一名共产党员是总统时，有关宗教行为的报道比例将会下降；"Measuring Voter Registration and Turnout in Surveys：Do Official Government Records Yield More Accurate Assessments？" 一文在探讨投票甄选工作的可行性中发现，匹配错误严重低估了注册率，同时，也降低了"验证"的投票率估计。

其次，公众意见对政策、制度或决策的影响也是政治层面研究的一个重要关注点。如 "Size Matters：The Effects of Political Orientation，Majority Status，and Majority Size on Misperceptions of Public Opinion" 一文在验证大多数成员是否提供更准确的公众意见的实验中发现，多数群体对共识意见的测量精准度要高于少数群体；"Holding Steady on Shifting Sands：Countermajoritarian Decision Making in the US Courts of Appeals" 一文验证了公众舆论在塑造最高法院或上诉法庭决策中的作用，认为联邦诉讼当事人的上诉与舆论密切相关。

此外，还可以发现一个重要的特征，即政治层面的研究多与态度改变、情绪与行为表现相关。在态度改变层面，如 "Revisiting the Myth：New Evidence of a Polarized Electorate" 研究发现，共和党人的种族态度变得更加保守，而在民主党人中，种族态度既没有随着时间的推移而改变，也没有变得更有力；在心理层面，如 "Americans' Attitudes Toward the Political Parties and the Party System" 发现，美国人对党派制度表现出高度的矛盾心理。一方面，很多人认为主要党派没有做好代表人民的工作，而且国家需要第三个政党。另一方面，又在第三方会提高美国民主的质量方面持怀疑态度；又如 "A Cross-Cutting Calm: How Social Sorting Drives Affective Polarization" 认为，社会分类激发了人们对所有威胁和保证的愤怒和热情。在行为层面，"Racial Salience, Viability, and the Wilder Effect: Evaluating Polling Accuracy for Black Candidates" 发现，选举的种族化导致民意调查显著高估了对国家黑人候选人和奥巴马总统的支持。此外，认知、偏好、暗示、满意、期望、说服、拒绝、接纳等元素在文献中多次呈现，特别是对于偏见的探讨，在 "Gay Rights in Congress: Public Opinion and (Mis) representation" "True Colors: White Conservative Support for Minority Republican Candidates" "Who Lies About Electoral Gifts?: Experimental Evidence from Latin America" "The Political Consequences of Latino Prejudice against Blacks" 等多篇文献中均有研究。

表4　关于政治与舆论的相关文献

期刊来源	题目原文	题目翻译
Volume 81, 2017	Reacting to Neighborhood Cues?: Political Sophistication Moderates the Effect of Exposure to Immigrants	对邻域线索作出响应?: 政治成熟缓和了移民接触的影响
	Misinformation and Motivated Reasoning: Responses to Economic News in a Politicized Environment	记忆错觉和动机性推理: 在政治化环境中对经济新闻的回应
	Public Opinion on the US Supreme Court, 1973-2015	1973～2015 年, 关于美国最高法院的公众舆论
	Breaking Down Bipartisanship: When and Why Citizens React to Cooperation across Party Lines	打破两党制: 公民对跨党派合作的回应时机和原因
	Income and Outcomes: Social Desirability Bias Distorts Measurements of the Relationship between Income and Political Behavior	收入和结果: 社会期望偏误对收入与政治行为间关系的扭曲

续表

期刊来源	题目原文	题目翻译
Volume 81，2017	When Boundaries Collide：Constructing a National Database of Demographic and Voting Statistics	边界碰撞：构建国家人口和投票统计的数据库
	Missing Nonvoters and Misweighted Samples：Explaining the 2015 Great British Polling Miss	失踪的非选民和非加权的样本：对 2015 年英国民意调查失误的解释
	Using Wikipedia to Predict Election Outcomes：Online Behavior as a Predictor of Voting	使用维基百科来预测选举结果：在线行为可以预测投票
	The Decline in Diffuse Support for National Politics：The Long View on Political Discontent in Britain	对国家政治广泛支持的下降：对英国政治不满的长期看法
	The Interdependence of Perceived Ideological Positions：Evidence from Three Survey Experiments	意识形态立场的相互依存：来自三个调查实验的证据
Volume 80，2016	Democracy's Denominator：Reassessing Responsiveness with Public Opinion on the National Policy Agenda	民主的衡量尺度：重新评估公众对国家政策议程的意见
	The Political Consequences of Latino Prejudice against Blacks	拉丁裔对黑人偏见的政治后果
	Breaking Out of the Lab：Measuring Real-Time Responses to Televised Political Content in Real-World Settings	打开实验室：现实世界设置中电视政治内容的实时响应测量
	Numeracy and the Persuasive Effect of Policy Information and Party Cues	政策信息和党派暗示的计算力和说服效果
	Measuring Voter Registration and Turnout in Surveys：Do Official Government Records Yield More Accurate Assessments?	测量调查中的选民登记和票数：政府的官方记录量能否更准确地进行评估？
	Change in Institutional Support for the US Supreme Court：Is the Court's Legitimacy Imperiled by the Decisions It Makes?	美国最高法院的制度性支持变更：法院出台的政策是否危及它的合法性？
	Explaining Political Engagement with Online Panels：Comparing the British and American Election Studies	解释在线样本的政治参与：英美选举的比较研究
	Should Researchers Abandon Questions about "Democracy"?：Evidence from Latin America	研究人员应否放弃对"民主"的质疑？：来自拉美的证据

续表

期刊来源	题目原文	题目翻译
Volume 80, 2016	Cognitive Dissonance, Elections, and Religion: How Partisanship and the Political Landscape Shape Religious Behaviors	认知失调、选举与宗教：党派与政治格局如何塑造宗教行为
	Changing the Clock: The Role of Campaigns in the Timing of Vote	调整时钟：竞选在投票决定时的作用
	Predicting Acceptance of Mormons as Christians by Religion and Party Identity	通过宗教和党派认同预测基督教徒对摩门教徒的认可
	Ethnic Cueing across Minorities: A Survey Experiment on Candidate Evaluation in the United States	少数民族中的民族暗示：美国候选人评估调查实验
	Cheating on Political Knowledge Questions in Online Surveys: An Assessment of the Problem and Solutions	在线调查中有关政治知识问题中的作弊现象：对问题和解决方案的评估
	Gay Rights in Congress: Public Opinion and (Mis) representation	议会对同性恋权利的回应：公众舆论和（失实）陈述
	For Whom the Poll Airs: Comparing Poll Results to Television Poll Coverage	民意测验为谁而播：民意调查结果和电视民意测验报道的对比
	Representing the Preferences of Donors, Partisans, and Voters in the US Senate	美国参议院中捐助者、无党派人士和选民的偏好呈现
	Fair and Balanced? Quantifying Media Bias through Crowdsourced Content Analysis	公正和平衡？通过众包内容分析量化媒体偏见
	Party Polarization, Media Choice, and Mass Partisan-Ideological Sorting	党派极化、媒体选择和民众党派意识形态分类
	Revisiting the Myth: New Evidence of a Polarized Electorate	回顾神话：一个极化选区的新证据
	A Cross-Cutting Calm: How Social Sorting Drives Affective Polarization	一种交叉性平静：社会分类如何驱动情感极化
	(Mis) perceptions of Partisan Polarization in the American Public	美国公众对党派极化的认知/误解
Volume 79, 2015	Size Matters: The Effects of Political Orientation, Majority Status, and Majority Size on Misperceptions of Public Opinion	样本规模：关于政治取向、多重身份和多数样本对公众舆论知觉错误的影响

期刊来源	题目原文	题目翻译
Volume 79，2015	True Colors：White Conservative Support for Minority Republican Candidates	真实的色彩：白人对少数共和党候选人的保守支持
	Political Ideology, Skin Tone, and the Psychology of Candidate Evaluations	政治意识形态、肤色和候选人评估的心理
	Holding Steady on Shifting Sands：Countermajoritarian Decision Making in the US Courts of Appeals	变化中的稳定：美国上诉法院中的反多数决策
	How Institutions Affect Gender Gaps in Public Opinion Expression	制度如何影响公众意见表达的性别鸿沟
	Predicting Elections：Considering Tools to Pool the Polls	预测选举：联营的民意调查工具
	Who Lies About Electoral Gifts?：Experimental Evidence from Latin America	关于选举礼物，谁在撒谎?：来自拉丁美洲的实验证据
	Americans' Attitudes Toward the Political Parties and the Party System	美国人对政党和党的制度的态度
	Issue-Specific Opinion Change：The Supreme Court and Health Care Reform	特定议题观念的变化：最高法院和医疗改革
	Regulating Disinformation：Poll Embargo and Electoral Coordination	管制虚假信息：投票禁止和选举协调
	Racial Salience, Viability, and the Wilder Effect：Evaluating Polling Accuracy for Black Candidates	种族凸显、可行性和维尔德效应：评估黑人候选人民意调查的精确性
	Surveys in Context：How Timing in the Electoral Cycle Influences Response Propensity and Satisficing	背景调查：时机在选举周期中如何影响回应倾向性和满意度

（三）关于社会与舆论的研究

在西方学术界，"阶级"、"社会性别"和"种族"是人类社会与历史的基本分析范畴，也是建构社会权利关系的三个轴心。[4] 通过表 5 中的相关文献可以观察到，对社会与舆论层面的研究更多集中于由三大轴心元素引发的社会后果上，如种族、宗教偏见、同性恋合法化、人口、移民、贫穷、堕胎、枪支管控、食品安全、两极分化等。如"The Political Consequences of Latino Prejudice against Blacks"一文中提出，除了人口变化，旨在协助黑人和选举黑人候选人的政策的努力将继续受到偏见的破坏；"Adolescent Determinants of Abortion Attitudes: Evidence from the Children of the National Longitudinal Survey of Youth"一文证实，宗教信仰和孕产妇性别角色价值也是成人堕胎意见的重要预测因素。青少年宗教信仰比宗教教派对承认堕胎的态度更相关；而"Examining Variation in Surveying Attitudes on Same-Sex Marriage: A Meta-Analysis"一文发现，对"同性婚姻"的支持比对承认同性伴侣婚姻的合法性的支持更少。

此外，在25篇社会与舆论的研究文献中，涉及态度、心理与行为的文献达到20篇，占80%的比例，其中，涉及态度的文献有8篇，占32%的比例，由此可见，美国舆论学的社会研究多与公众态度的改变相关。如"Should Mary and Jane Be Legal?: Americans' Attitudes toward Marijuana and Same-Sex Marriage Legalization, 1988 – 2014""Will Conflict Tear Us Apart? The Effects of Conflict and Valenced Media Messages on Polarizing Attitudes toward EU Immigration and Border Control""Attitudes about Food and Food-Related Biotechnology""Poverty""Party Identification, Contact, Contexts, and Public Attitudes toward Illegal Immigration"等，均涉及受众对待某一社会问题或现象的态度改变研究。具体而言，主要集中在对公众对某一社会问题的态度呈现、态度改变的原因及其对行为导向的影响研究上。

表 5　关于社会与舆论的相关文献

期刊来源	题目原文	题目翻译
Volume 81, 2017	Should Mary and Jane Be Legal?: Americans' Attitudes toward Marijuana and Same-Sex Marriage Legalization, 1988–2014	玛丽和简是否合法?: 1988～2014年间、美国人对大麻和同性恋婚姻合法化的态度
	Motivated Reasoning in the Perceived Credibility of Public Opinion Polls	民意测验认知可信度中的动机推理
	Will Conflict Tear Us Apart? The Effects of Conflict and Valenced Media Messages on Polarizing Attitudes toward EU Immigration and Border Control	冲突会分裂我们吗?（媒体报道）冲突和效价媒介信息的极化态度对欧盟移民和边界管制的影响

续表

期刊来源	题目原文	题目翻译
Volume 81，2017	Attitudes about Food and Food-Related Biotechnology	关于食品和食品相关生物技术的态度
	A Modeling Approach for Administrative Record Enumeration in the Decennial Census	十年一次人口普查中行政记录计数的建模方法
	Poverty	贫穷
Volume 80，2016	Party Identification，Contact，Contexts，and Public Attitudes toward Illegal Immigration	政党认同、接触、情境及公众对非法移民的态度
	Bias in the Flesh：Skin Complexion and Stereotype Consistency in Political Campaigns	肉体偏见：政治竞选中的肤色和刻板印象
	Adolescent Determinants of Abortion Attitudes：Evidence from the Children of the National Longitudinal Survey of Youth	关于堕胎态度的青少年决定因素：来自全国青少年纵向调查中的儿童的证据
	Support for Government Provision of Health Care and the *Patient Protection and Affordable Care Act*	支持政府卫生保健和《患者保护与平价医疗法案》的条款
	Cross-National Trends in Religious Service Attendance	宗教服务出席的跨国趋势
	Exploring the Correlates of Parental Consent for Children's Participation in Surveys：An Intergenerational Longitudinal Study	探索父母同意对儿童参与调查的相关性：代际纵向研究
	Cognitive Dissonance，Elections，and Religion：How Partisanship and the Political Landscape Shape Religious Behaviors	认知失调、选举与宗教：党派与政治格局如何塑造宗教行为
	Predicting Acceptance of Mormons as Christians by Religion and Party Identity	通过宗教和党派认同预测基督教徒对摩门教徒的认可
	Ethnic Cueing across Minorities：A Survey Experiment on Candidate Evaluation in the United States	少数民族中的民族暗示：美国候选人评估调查实验
	Identifying and Interpreting the Sensitivity of Ethnic Voting in Africa	识别和解读非洲族群投票的敏感性
	Gay Rights in Congress：Public Opinion and (Mis) representation	议会对同性恋权利的回应：公众舆论和（失实）陈述

续表

期刊来源	题目原文	题目翻译
Volume 80，2016	Mass Polarization：Manifestations and Measurements	群体极化：表现及测量
Volume 79，2015	True Colors：White Conservative Support for Minority Republican Candidates	真实的色彩：白人对少数共和党候选人的保守支持
	Political Ideology，Skin Tone，and the Psychology of Candidate Evaluations	政治意识形态、肤色和候选人评估的心理
	Examining Variation in Surveying Attitudes on Same-Sex Marriage：A Meta-Analysis	考察同性婚姻中测量态度的变量：一项多元荟萃分析
	Ethnic Change，Personality，and Polarization Over Immigration in the American Public	美国公众移民的民族变迁、个性与极化
	An Analysis of the Mixed Collection Modes for two Business Surveys Conducted by the US Census Bureau	美国人口普查局进行的两次商业调查的混合收集模式分析
	Racial Salience，Viability，and the Wilder Effect：Evaluating Polling Accuracy for Black Candidates	种族凸显、可行性和维尔德效应：评估黑人候选人民意调查的精确性
	The Comparability of Measurements of Attitudes toward Immigration in the European Social Survey：Exact versus Approximate Measurement Equivalence	欧洲社会调查中移民态度测量的可比性：精确与近似测量等价性

（四）关于态度、心理、行为与舆论的研究

心理学科在美国舆论学发展中占据重要地位。通过上文归纳可以看出，社会心理学科与其他各个学科之间联系紧密。通过对表 6 中的相关文献进行梳理、统计后发现，在近 3 年的研究中，关于态度研究的文献达到 12 篇，占 50%，关于行为研究的文献有 7 篇，占 29%，关于情绪研究的文献有 5 篇，占 21%。

在态度改变方面，主要探讨了信息对于态度改变的影响。如"Will Conflict Tear Us Apart？The Effects of Conflict and Valenced Media Messages on

Polarizing Attitudes toward EU Immigration and Border Control" 一文发现，冲突强化了政策态度，甚至导致了政策态度的两极分化，而信息效价则可以改变人们的态度，从而减少在态度上的差异；"Internet Effects in Times of Political Crisis: Online Newsgathering and Attitudes toward the European Union" 评估了在持久经济危机的背景下在线消息对欧盟态度的影响；"Numeracy and the Persuasive Effect of Policy Information and Party Cues" 研究了定量信息对政治态度的改变。此外，文献还探讨了政治、社会环境等宏观因素，以及偏好、收入、情绪、宗教信仰等个人因素对态度改变的影响。

在传播心理方面，对信心、复仇、焦虑、愤怒等情绪的探究较多。在公众信心研究层面，主要集中于消费者信心的研究。如 "Mediated Uncertainty: The negative impact of uncertainty in economic news on consumer confidence" 一文中提到，经济新闻的不确定性在控制实际经济发展和新闻调控之后，降低了消费者的信心；"The Usefulness of Consumer Sentiment: Assessing Construct and Measurement" 一文认为，ICS（消费者信心指数）是消费者信心的可靠指标，该措施表现出有效性，但是指数本身（虽然不是其组成部分）在耐用品支出方面的预测有效性方面略有下降。复仇情绪在 "Revenge in US Public Support for War against Iraq" 有所体现；而焦虑、偏见、支持等多与政治相关，这一现象在 "The Anxious and Ambivalent Partisan: The Effect of Incidental Anxiety on Partisan Motivated Recall and Ambivalence" "Bias in the Flesh: Skin Complexion and Stereotype Consistency in Political Campaigns" 等文章中都有体现。

在对行为的研究方面，以对某一社会问题、政策法规或某一主体的支持性行为为主要研究内容。如 "Support for Government Provision of Health Care and the *Patient Protection and Affordable Care Act*" 研究了《患者保护与平价医疗法案》实施对公众关于政府提供医疗保健态度的后果；"Sticker Shock: How Information Affects Citizen Support for Public School Funding" 探讨了在支持教育支出政策的背景下，信息对于形成公众舆论的作用。

表6　关于态度、心理、行为与舆论的相关文献

期刊来源	题目原文	题目翻译
Volume 81，2017	Mediated Uncertainty：The negative impact of uncertainty in economic news on consumer confidence	媒介不确定性：经济新闻不确定性对消费者信心的负面影响
	The Informed Consent to Record Linkage in Panel Studies：Optimal Starting Wave, Consent Refusals, and Subsequent Panel Attrition	固定样本研究中的知情同意记录链接：最优滤波、同意拒绝和连续的样本消耗
	Should Mary and Jane Be Legal?：Americans' Attitudes toward Marijuana and Same-Sex Marriage Legalization, 1988-2014	玛丽和简是否合法?：1988~2014 年，美国人对大麻和同性恋婚姻合法化的态度
	Will Conflict Tear Us Apart? The Effects of Conflict and Valenced Media Messages on Polarizing Attitudes toward EU Immigration and Border Control	冲突会分裂我们吗？（媒体报道）冲突和效价媒介信息的极化态度对欧盟移民和边界管制的影响
	Income and Outcomes：Social Desirability Bias Distorts Measurements of the Relationship between Income and Political Behavior	收入和结果：社会期望偏误扭曲收入与政治行为间的关系的测量
	Attitudes about Food and Food-Related Biotechnology Revenge in US Public Support for War against Iraq	关于食品和食品相关生物技术的态度 美国公众对伊战争支持中的复仇情绪
Volume 80，2016	Party Identification, Contact, Contexts, and Public Attitudes toward Illegal Immigration	政党认同、接触、情境对公众非法移民态度的影响——政策类
	Bias in the Flesh：Skin Complexion and Stereotype Consistency in Political Campaigns	肉体偏见：政治运动中的肤色和刻板印象
	Adolescent Determinants of Abortion Attitudes：Evidence from the Children of the National Longitudinal Survey of Youth	关于堕胎态度的青少年决定因素：来自全国青少年纵向调查中的儿童的证据
	Sticker Shock：How Information Affects Citizen Support for Public School Funding	价签休克：信息如何影响公民对公立学校资助的支持
	Support for Government Provision of Health Care and the Patient Protection and Affordable Care Act	支持政府卫生保健和《患者保护与平价医疗法案》的条款

期刊来源	题目原文	题目翻译
Volume 80，2016	Internet Effects in Times of Political Crisis: Online Newsgathering and Attitudes toward the European Union	互联网在政治危机时期的作用：在线新闻聚焦和对欧盟的态度
	The Anxious and Ambivalent Partisan: The Effect of Incidental Anxiety on Partisan Motivated Recall and Ambivalence	党派的焦虑和矛盾心理：偶然焦虑对党派动机回忆和矛盾心理的影响
	The Political Consequences of Latino Prejudice against Blacks	拉丁裔对黑人偏见的政治后果
	Numeracy and the Persuasive Effect of Policy Information and Party Cues	政策信息和党派暗示的计算力和说服效果
	Cognitive Dissonance, Elections, and Religion: How Partisanship and the Political Landscape Shape Religious Behaviors	认知失调、选举与宗教：党派与政治格局如何塑造宗教行为
	Representing the Preferences of Donors, Partisans, and Voters in the US Senate	美国参议院中捐助者、无党派人士和选民的偏好呈现
	A Cross-Cutting Calm: How Social Sorting Drives Affective Polarization	一种交叉性平静：社会分类如何驱动情感极化
Volume 79，2015	Support for Defense and Military Spending	支持国防和军费
	The Usefulness of Consumer Sentiment: Assessing Construct and Measurement	消费者情绪的有用性：评估结构和测量
	Current Knowledge and Considerations Regarding Survey Refusals: Executive Summary of the AAPOR Task Force Report on Survey Refusals	关于调查拒绝的当前认知和考虑事项：AAPOR 工作组关于调查拒绝报告的执行总结
	Issue-Specific Opinion Change: The Supreme Court and Health Care Reform	特定议题观念的变化：最高法院和医疗改革
	Surveys in Context: How Timing in the Electoral Cycle Influences Response Propensity and Satisficing	背景调查：时机在选举周期中如何影响回应倾向性和满意度

（五）关于媒体与舆论的研究

从李普曼的《舆论学》开始，美国新闻界对于社会舆论和传媒关系的研究不断深化。通过对表 7 的梳理、统计之后可以发现，近 3 年美国舆论学对于二者关系的研究更加细致且富有创新性。在媒体研究层面，研究领域开始涉及新型媒体对于态度、意识形态等的影响。如 "Internet Effects in Times of Political Crisis：Online Newsgathering and Attitudes toward the European Union" 在持久经济危机的背景下，评估了在线消息对欧盟态度的影响，研究发现，在网上搜寻政治信息的爱尔兰公民更容易将国家经济状况糟糕的情况归咎于欧盟；"Filter Bubbles，Echo Chambers，and Online News Consumption" 中，通过检查经常阅读在线新闻的 50000 名位于美国的用户的网络浏览历史后发现，社交网络和搜索引擎与个人意识形态距离的增加有关；绝大多数的在线新闻消费都是由个人简单地访问他们最喜欢的、典型的主流新闻媒体的主页，而不是最近技术变化的积极和消极的结果。

表 7 关于媒体与舆论研究的相关文献

期刊来源	题目原文	题目翻译
Volume 80，2016	Social Media Analyses for Social Measurement	社交媒体的社会测量分析
	Internet Effects in Times of Political Crisis：Online Newsgathering and Attitudes toward the European Union	互联网在政治危机时期的作用：在线新闻聚焦和对欧盟的态度
	Fair and Balanced? Quantifying Media Bias through Crowdsourced Content Analysis	公正和平衡？通过众包内容分析量化媒体偏见
	Party Polarization，Media Choice，and Mass Partisan-Ideological Sorting	党派极化、媒体选择和民众党派意识形态分类
	Filter Bubbles，Echo Chambers，and Online News Consumption	过滤泡泡、回音室和在线新闻消费
Volume 79，2015	Big Data in Survey Research：AAPOR Task Force Report	调查研究中的大数据：AAPOR 工作组报告

同时，更加关注媒介技术变革在社会变革中的作用。如 "Social Media Analyses for Social Measurement" 在对社交媒体内容能否补充甚至取代调查研究的探讨中证实，社交媒体内容可能不需要传统意义上的人口覆盖率来有效地预测社会现象，社交媒体内容提炼或总结的更广泛的对话却也需要

通过调查来衡量；"Filter Bubbles，Echo Chambers，and Online News Consumption"发现，社交网络和搜索引擎与个人意识形态距离的增加有关；"Big Data in Survey Research：AAPOR Task Force Report"认为，大数据带来了调查研究的范式转变，文章提供了不同类型的大数据案例，并对大数据调查研究的潜力和其面临的挑战进行了分析。

（六）关于文化与舆论

近 3 年关于文化与舆论的研究多在跨文化视角下展开，更加注重调查方法在跨文化语境下的问题与实践，如表 8 所示。"Cross-Cultural Issues in Survey Methodology"中指出了目前调查方法在跨文化传播研究中面临的挑战，文章认为，除需要提高调查方法在跨文化传播中的可靠性和有效性之外，也需要考虑测量的可比性和数据收集的应用；"The Practice of Cross-Cultural Cognitive Interviewing"一文提出了针对跨文化交流工具认知测验的适当方法，为促进 CCCI（跨文化认知测验）未来的实践提出建议。

表 8　关于文化与舆论的相关文献

期刊来源	题目原文	题目翻译
Volume 79，2015	Cross-Cultural Issues in Survey Methodology	调查方法中的跨文化问题
	Traditional Values and the Inglehart Constructs	传统价值与英格勒哈特构造
	Measurement Equivalence of a Concise Customer Engagement Metric across Country，Language，and Customer Types	跨国家、语言和客户类型背景下简明顾客契合度的等价测量
	The Practice of Cross-Cultural Cognitive Interviewing	跨文化认知访谈技术实践
	Resources for Conducting Cross-National Survey Research	开展跨国家调查研究的资源

与美国相比，中国的跨文化传播研究也存在对调查方法应用的探讨，但讨论重点大多集中于阐释某一现象或问题，而非调查方法本身的设计与应用，这与美国的研究有着本质的区别。

三 研究结论

通过梳理分析近 3 年《舆论季刊》119 篇文章发现，美国舆论学在研究热点、研究方法、研究进程等方面与国内皆存在差异。

在研究热点层面，文献多集中于对调查方法及效度的探讨上，其中，调查回应率是美国舆论学最为关注的话题。其次是对政治层面的探讨，特别是在政治选举研究中发现，选民对候选人的种族、肤色持有的态度、认知等相关。体现出美国舆论学研究在宏观与微观研究相结合的基础上，对态度、心理和行为等微观层面研究更具倾向性的特点。

在研究方法层面，研究多以"假设-验证"的实证方法为主，大多探讨社会现象或问题的产生原因、影响因素，而对解决问题的策略研究少有提及。实证研究方法的盛行与美国的实用主义传统相关。美国人主张在解决实际问题的过程中学习和使用概念，而杜威的实用主义教育理论更是强化了美国人的这一特征。[5] 同时，对应用问题的高度关注决定了美国传播学研究必须考虑到研究对象的可观察性，[1] 这就使得操作性更强、更为科学严谨的实证主义研究方法得到大量采用。从微观层面来看，美国多集中在对调查方法本身的研究上，而国内的研究多在国外研究的基础上对某一社会现象或问题进行阐释。

从学科角度来看，舆论学与社会心理学密切相关。通过上述归纳可以看到，无论是调查方法及效度层面、政治层面、社会与媒体层面，还是文化层面，其研究均与社会心理密切相关。而社会心理层面的研究则多集中于公众的态度改变之上，其次是对行为和情绪的探讨。这三个层面并非孤立存在，往往相互组合对问题进行解释与论证，譬如态度与行为的关系或情绪对行为的影响等，进而得出科学、有力的推断。这些研究始终将人放在研究的核心地位，以其态度、情感、行为等作为观察研究的对象，也使得社会心理学科发展得更加完备。

这些研究结果对我国目前舆论学的研究进程提供了一定启发。国内舆论学应加强微观层面的研究和创新，如完善调查方法及效度研究、融合新技术、多学科来论证与阐释现实问题，为公共决策、管理提供更加科学的依据。

四 本文意义及对后续研究的建议

本文对于了解国际舆论学研究现状及前沿发展，认清国内舆论学发展的现状和短板，创新该领域的理论和实践，以及预测未来国际、国内舆论学研究的发展方向具有一定启示意义。

但本文的研究可能存在以下两点缺憾。一是由于《舆论季刊》主要服务于美国对内对外心理战争，因此对该刊的梳理分析只能在一定程度上反映当前国外舆论学研究的发展进程；二是本文通过文献梳理法、归纳法，仅对《舆论季刊》3 年的文章进行了主题归纳和观点提炼，但由于时间及篇幅所限，本文未对论文作者、合作机构、引用情况等进行分析，因此在结构的完整性上有一定欠缺。

针对这些不足，建议后续研究可以增加对其他代表性期刊的研究，同时借助数据分析工具，如 Citespace 等，会进一步提高对舆论学发展进程判断的准确性及文章结构的完整性。

（作者唐远清系中国传媒大学媒介评议与舆论研究中心主任、教授、博士生导师；吴晓虹为中国传媒大学新闻学院舆论学硕士研究生）

注释

[1] 柯泽：《美国传播学研究与社会心理学的关系——传播学研究文献分析》，《深圳大学学报》（人文社会科学版）2012 年第 29（6）期，第 148~149，153 页。

[2] 关丹丹、车宏生：《现代效度理论与效验方法述评》，《心理科学》2010 年第 33（3）期，第 654~656 页。

[3] 徐家林：《网络政治舆论的极端情绪化与民众的政治认同》，《马克思主义与现实》2011 年第 3 期，第 174 页。

[4] 曹晋：《媒介与社会性别研究：理论与实例》，上海三联书店，2008。

[5] 侯钧生：《西方社会学理论教程》，南开大学出版社，2006，第 10 页。

舆论理论研究

从隔断到链接

——网络舆论中社会关系的解构与赋权

卢毅刚

摘 要 由"低度"社会关系网格所带来的"更大的网络,更小的世界"的判断已经形成数据证明。现代社会关系的触角已经延伸到全球化虚拟空间,可以说是在现实与虚拟两个空间维度中动态流动、衍生交替发展,在两个场域中相互交织、相互影响,网络信息成为人们认识外部世界发展变化的新窗口,网络舆论也在现代社会生活中占有举足轻重的地位,与社会舆论影响力的增长息息相关。当前形势下,网络舆论必须适应新的社会生态而建构起新的网络舆论生态结构模型,重塑网络舆论输出路径。

关键词 网络舆论 社会关系 解构 赋权

From the Partition to the Link

—Deconstruction and Empowerment of Social Relations in Internet Media

Lu Yigang

Abstract The "larger network" brought by the "low" social relations grid, Smaller world has formed a data to determine the judgment. The tentacles of the modern social relations have been extended to the globalized virtual space, and have been dynamically flowing in the two spatial dimensions of reality and virtuality, developed and interwoven with each other in two fields. Internet information has become a new window for people to understand the development and changes in the external world, Internet public opinion also occupies a decisive position in the modern social life, the growth of social media influence is closely related. Under the current circumstances, the public opinion on the Internet must adapt to the new ecology and construct a new model of the ecological structure of public opinion on the Internet to reshape the output path of public opinion on the Internet.

Keywords Network Public Opinion；Social Relations；Deconstruction；Empowerment

一 伴随互联网产生的社会关系解构-建构过程赋予网络舆论新的生态基因

"网络舆论是网民们针对某一个社会热点问题或者网络话题而产生的有一定社会影响力的、带有倾向性的意见、言论和信念的总和。简单地说，网络舆论就是人们关于政治、经济、文化和社会等领域的思想观点在网上的集中反映，是社会舆情在互联网上的一种特殊反映。"[1]

"网络舆论的形成过程一般是由网络媒介发挥其特殊功能将个人反应机制进行汇集、有机融合并最终形成聚合效应的过程"，[2]网络舆论的生成过程可以简单概括为：网络舆论议题（刺激性信息）的出现—多种意见在网络平台传播发酵—网络意见逐步整合，舆论开始形成—网络舆论中心发生转移—网络舆论最终淡化或结束。

（一）网络舆论生态的构成基因

社会关系是舆论形成过程中最为重要的因素，它是人与人之间的有机连接，网民之间的相互关系也是一种社会关系。根据网络舆论的定义，在互联网上公开进行意见表达的网民就是网络舆论的主体。当今世界，互联网技术方兴未艾，人们的社会交往跨过山峰，越过海洋，走向世界各地；人们可以随心所欲地与不同民族、不同肤色、不同国家的人进行交流，人们的社交网络演变为一张网罗整个世界的人际大网。在这张大网中，成员数量众多，成分复杂，年龄、职业、信仰以及利益诉求等都不尽相同，这就为不同意见产生提供土壤。网民在网络空间中呈"散点式"分布，特别是移动互联网的出现，人们可以在任何地点参与到公共事件的讨论之中，"公共领域"与"私人领域"的界限不再明晰。同时，网络空间平等、开放、自由的特性赋予网民更多的"话语权"，人们可以摆脱社会身份的束缚，在虚拟空间建构的保护伞下大胆地表达自己对于社会热点话题、焦点事件的真实看法。从这个层面上说，新型的社会关系更有利于真实民意的表达。

沟通总是需要一定的介质，人与人面对面交谈，需要空气传递声音，在网络社区中交流，也需要一定的媒介。从 E-mail、论坛、博客到 QQ、微博、微信，媒介形式在一步一步地发生着蜕变，各类媒介相互依存、相互补充、共生发展，正在打造一个全新的开放式的话语空间。电子媒介所具有的便捷性、即时性、分享性显著区别于传统媒介，网络用户可以随时随地发表自己的意见观点，并能在网友间所进行的点赞、评论、回复等互动过程中，了解周围的"意见气候"，对自我观点进行一定的加强或修正，形成良好的互联网体验。截至 2016 年 2 月，"@ 央视新闻"微博"粉丝"数已超 4800 万，在 #微博看两会# 话题中仅讨论量就达 115.4 万，阅读量更是突破 23 亿。互联网媒介汇聚了大量的用户，参与人数众多，讨论氛围热烈，为舆论形成提供了良好的条件。此外，央视《新闻联播》在互联网生态的影响下，其结束语也在发生着变化。从"获取新闻资讯，您还可以关注央视新闻的微博、微信和客户端"，到 2012 年 2 月的"更多新闻资讯，您还可以关注我们的央视新闻移动网，下载地址可以搜索'央视新闻+'"。央视新闻移动网实质是一款移动融媒体新闻平台，增加了用户上传系统（UGC），进一步完善了多屏互动、互动分享、社交化的功能，这都展示了媒介形式继续深化发展的趋势及媒介在舆论形成过程中所发挥的强大力量。

个体因其社会经历、文化背景、教育水平、价值观的差异而对问题的见解看法有所不同，正如魏则西事件一样，大致有以下几种声音并存。向逝去的年轻生命表示同情和哀悼；对百度竞价排名和莆田系医院的强烈谴责；对医疗体制改革的探讨及人性的反思等。每个人都依据自身的"认知框架"做出相应的判断和反应，面对网络舆论事件，网民都会形成各自的意见观点，呈现出一派"百花齐放，百家争鸣"的多元声音的景象。

意见聚合实际上就是所有言论在"意见的自由市场中"碰撞、交锋、辩论、整合的一个过程。真理总是越辩越明，随着事件的不断推进，讨论越发充分、深入，在共同的社会道德价值观的指引下，大多数人达成了一个趋于一致的意见，舆论最终形成。《人民日报》于 2016 年 5 月 5 日发表《全力配合调查，绝不姑息迁就》一文，5 月 9 日公开对百度公司和武警北京总队第二医院的调查结果，给了网民们一个交代和答复，魏则西事件才算告一段落。

（二）网络舆论生态中各基因存在的逻辑线索

从上节网络舆论生态构成基因的论述中可知，网络舆论生态中各基因存在一定的逻辑线索。社会关系是舆论形成的起点，出于维护关系的需要，产生了沟通，依赖媒介平台的信息传递，生成了多种多样的意见并在"意见的自由市场"中相互碰撞，最终达成了相对一致的意见，舆论形成。我们可以据此梳理出一条明晰的逻辑线索：关系—沟通—意见—聚合—意见一致（形成舆论），即以关系为起点直至意见一致而形成的动态流动的回环闭合系统。

（三）互联网生态下关系发生变革已是不争的事实

互联网生态下，人们的生活方式发生了翻天覆地的变化，社会关系也在悄然变革。足不出户，尽知天下事，已经成为一种常态。网络工作会议、网络教育、网络购物、网络支付等逐渐进入人们的视野并成为一种新的生活方式，人们在网络空间中建立起一套全新的社会关系体系，可以在庞大的网络数据库中根据需要搜索查找到相应的联系人，轻松完成工作、学习、贸易、娱乐等各项社会活动。从外在表现形式看，近几年出现很多患有"手机依存症"的"低头一族"就是典型例证，他们时时刻刻都在滑动着手机，生怕错过了任何一条重要信息。上述种种，都是互联网生态下关系正在变革的有力证明，它已成为一个不争的事实。

二　网络舆论生态下社会关系重新赋权的"适应性法则"

心理学认为，"情境是事物发生并对机体行为产生影响的环境条件，是对人有直接刺激作用、有一定生物学和社会意义的具体环境"。[3]网络社会实则也是一个情境，是由网民、互联网、现实社会三者相互联系、相互作用而构成的。重新解构的网络舆论生态面临着新的适应"法则"，网络舆论必须去适应新的生态。

（一）适应新的关系

网络舆论形成的起点是关系，互联网生态下社会关系发生变革，犹如"多米诺骨牌"效应一样将引发网络舆论生态的整体变迁，因此，网络舆论必须首先适应这种新型的关系。互联网的出现使人际传播不再受时空的限制，可以随时随地进行人际沟通，打破了原有的人际传播建构模式。互联网接入率越高，网络节点越多，用户之间的距离越小，网络空间中社会密度也就越高，用户间互动随之增多，人际间意见交互更为频繁。意见总量增加，意见间流通速度加快，对舆论传播和发展将产生一定影响。

（二）适应新的沟通渠道

近年来，新的媒介形式层出不穷，微博、微信、客户端、知识社区、网络直播等新型平台快速崛起，为人们的信息接收提供了更多的渠道，使人与整个社会的联系更为紧密，公民意识被激发，人们也更多地借助新媒介进行意见话语表达和情绪宣泄。新媒介繁荣的本质其实是信息接收、意见传播及情绪表达的渠道多元化，渠道多元化的背后隐藏着如何使公众的注意力更加集中、如何使公众的意见更加集中、如何使公众的情感更为一致化等诸多问题，这就必然导致整合因素的出现。

（三）适应新的意见传播模式

互联网的勃兴及其匿名特性，彰显了人们的个性特征，网络空间中意见态度较为分散，带有一定的个人化色彩，这与过去由自上而下的意见传播方式而形成的意见高度一致化的稳定型状态大不相同。互联网生态下生成了一种离散型的意见传播模式，表现为分散的公众、分散的意志及多元的意见，这就需要媒介对其进行一定的引导。

（四）适应新的意见聚合所带来的舆论效应

网络作为一个公开的信息传播平台，具有较强的可视性和可累积性，能以历史数据的形式将事件及其他人分散的观点进行整体呈现，立场不够坚定的人可以有一个从观望到发声的过程，公众不用揣测他人的意见倾向，能根据他人意见进行参照，如果意见中情绪化和非理性成分较多，很容易在短时间内得到大量支持，产生"网络暴力"现象，如果在事件进程中媒体报道、专家及"网络大 V"发言引导得当，有利于促进舆论事件的解决。

三　网络舆论中以关系为核心的原力结构模型

互联网生态下，"六度分隔理论"面临着失效风险，网络空间社会正在建构我们新的人际关系，我们每个人置身于互联网这张人际大网中，或多或少会被它所影响。笔者依据互联网生态下关系发生变革的现状，建立起一个以关系为起点的新的网络舆论生态结构模型（图 1）。

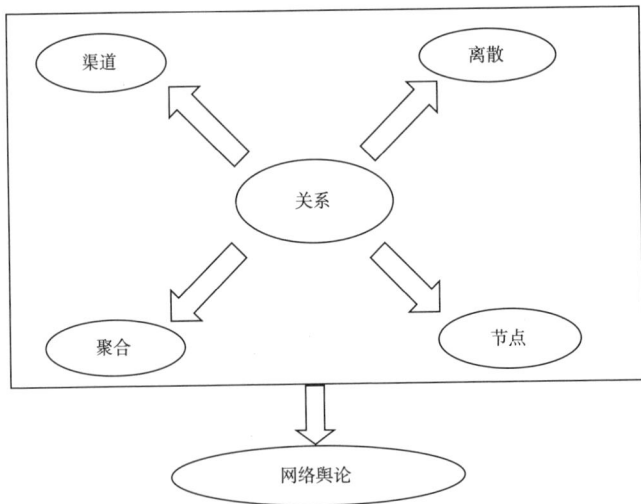

图 1　网络舆论生态新的原力结构

（一）关系影响网络舆论生态

每一名网络用户既是其中的一个连接节点，也是议题事件的生产者和接受者，互联网生态中形成的社会关系相对来说更为庞杂，其社会成员具有多、杂、散、匿的特点，人们的关注点千差万别，同时"把关人"在网络传播过程中作用缺失，使网络舆论议题数量攀升，内容更为丰富多样。正因为我们身处一个由众多异质性成员构成的大家庭中，我们才有接触种类丰富的网络热点事件的可能。

同时，互联网网民结构相较于现实社会人口结构而言，呈现出年轻化的趋势。2016年网络舆情生态报告显示，"90后""00后"成为舆论场主要发声群体，年青一代张扬的个性、特立独行的思维致使舆论话题带有更多娱乐性色彩，他们总能在舆论事件中挖掘出花边新闻，并通过调侃、恶搞的方式（如表情包、恶搞视频等）使之二次传播，进而演变为全民娱乐。网民关注的都是与自身、民族、国家息息相关的事件，具有重要性、接近性、显著性、娱乐性等特点。在网络舆情治理过程中，应当采用民众喜闻乐见的方式，更为亲民，把握网民心理，体察民情民意，控制网络水军、网络炒作、网络营销等现象，展现网民的真实诉求，避免引发网民的不满甚至愤怒情绪而导致事态恶化升级，为政府管理及决策提供有益指导。

（二）渠道影响网络舆论生态

互联网是众多热点事件首度曝光的平台，也是孕育事件传播发酵的土壤，从过去的"三微一端"到互联网新生态下的"多屏互动""跨屏传播"，知乎、网络直播、网络电台等新兴平台正在快速崛起，网民发表意见的方式更为多样化，渠道更为畅通；直播、电台等形式对知识水平的要求更低，使受众参与度更高，传播的范围也就更广泛。2016年美国总统竞选，希拉里和特朗普的表现形式和演讲风格反差极为明显。希拉里用清晰的语言、缜密的逻辑来阐述其政治主张，特朗普的演讲更为关注受众的情感体验，每次讲话都要通过社交媒体与受众沟通互动，以期最大限度地争取选票。传统媒体单向度地使用理性逻辑进行判断推理，认为希拉里风格的将更符合社会的期待，据此预测希拉里将获胜；Facebook却根据其用户互动内容进行数据分析统计，认为特朗普的支持率明显高于希拉里。事实证明，最后当选的确实是特朗普，因此，新媒体成为一种预测舆情、影响舆论的重要媒介手段。

（三）意见离散模式对网络舆论生态的影响

多元的价值观、多元的观点分散在这个开放的"意见的自由市场"中相互交锋碰撞。2017 年 4 月 1 日，四川泸县 1 名学生在宿舍楼外身亡，官方次日称，死亡学生符合高坠伤特征，排除他杀。随即网友便提出了诸多质疑，如孩子究竟是自杀还是他杀、究竟有没有霸凌现象、当地到底在紧张什么等一系列问题，纷繁复杂的观点在舆论场中相互激荡，各方观点涉及不同的方面，但很难形成统一明确的指向，这就要求整合因素的出现并在其中起到良好的引导作用。

（四）有效节点对网络舆论生态的影响

网络舆论传播过程中影响力大、辐射面广的中心节点——网络舆论领袖对于意见整合发挥着巨大作用。网络中的舆论领袖多由资深媒体人、草根明星、"微博大 V"、名人明星、网红等充当。魏则西事件始于 2016 年 2 月 26 日，他本人在"知乎"上发表了因患滑膜肉瘤而在武警北京总队第二医院求医治疗的经历，4 月 12 日，其父魏海全在"知乎"上发表儿子已离世的消息，在求医到离世大约两个月的时间里，该事件都只在知乎社区中传播。5 月 1 日早晨涓总在微信公众号"有槽"上发布题为《莆田系又惹祸？一个死在百度和部队医院之手的年轻人》的文章，引来了公众的大量阅读及转发，该事件正式进入公众视野。"中国底层九大意见领袖"之一的张宏良发表《私有化改革让罪恶失去了约束和底线》一文强烈控诉了百度和莆田系医院罪恶的商业模式及商业行为。媒体人魏武挥在他的微信公众号上写道："魏则西出事后，百度出来撇清关系，我估计到它预见到后来的舆论风暴，但显然没有什么太大用处。"网络意见领袖的发声进一步将百度公司和莆田系医院推向风口浪尖，他们的言论能让意见不断补充深化。他们既是意见发布的"领头羊"，又是意见扩散的"放大镜"，逐渐将事件推向舆论顶峰。因此，在互联网生态中，网络舆论领袖树立正确的社会主义核心价值观，传播正能量是极为重要的。

（五）意见聚合对网络舆论生态的影响

在互联网空间匿名性带来的安全感之下，"沉默的螺旋"演变为"沸腾的大多数",各种观点不断辩论,传统媒体也能在互联网舆论引爆之际,进一步跟进报道,适时地做出舆论引导,完成官方舆论场与民间舆论场的互动,既倾听了民意,又保留了理性,使最终导出的网络舆论不偏离正确的方向。

此外,网上热点事件在意见聚合过程中采取不同的回应处置方式,会取得不同的效果,特别是对于负面事件来说,如果处理得当,产生的负面影响就会相对较小。在舆论事件发生后,涉事主体如果积极主动地进行回应,一般会取得较好的效果,有利于降低负面影响及推动问题的合理解决。还有一些则采用"冷处理"的方式,以删稿、不回应等做法试图掩盖事件真相,但往往适得其反,甚至会流出各种说法的小道消息,进一步增加网民的不信任感,导致网民产生不满情绪,形成新一轮的舆论拷问,再度陷入舆论危机。因此,在网络社会的大熔炉中,信息流通传播速度极快,"没有不透风的墙",人们总能从海量的信息中寻到蛛丝马迹。"表哥杨达才"事件中,网友通过查找杨达才在网络上的各种照片并进行比对分析,发现他拥有十多块价值高昂的名表,这些也成为他腐败的证据。面对热点事件时,最好的处理方式就是主动做出正面而充分的回应。

四 新的结构模型塑造网络舆论新的输出路径与社会价值

互联网空间下"六度分隔理论"面临失效的风险,遍及世界的人际关系大网影响着每一个人,也在逐步塑造着新的网络舆论生态。在传统社会关系体系下,传统媒体掌握"舆论议题设置"主导权,民意无从体现;而在现行的社会关系体系下,舆论议题大多是经网民在自媒体或网络媒体上发表、被公众广泛关注后而成为公共热点事件,传统媒体只是起到适当跟进和引导的作用,从这个层面上来说,民意更容易被充分表达。依据本文所建构的新的网络舆论生态结构模型,将其放在舆论事件发展的时间线索中,我们可以看到如图2所示的舆论事件发展的全过程。

事件往往从微博、"知乎"等自媒体、网络社区开始发端,人们在这些新兴网络媒介平台上浏览时,注意力被其中的某些图文音视信息所吸引,自发地参与到事件讨论当中去;人们的浏览、关注、讨论行为一经发

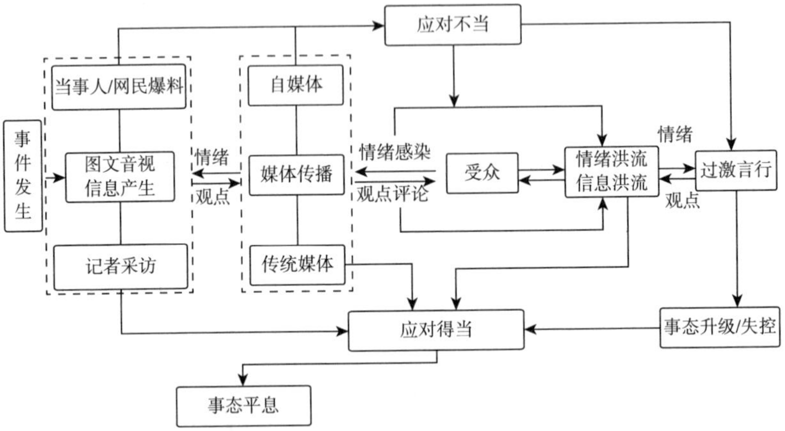

图 2　新的结构模型下舆论事件发展进程

生，大人际关系网的效用便开始显现，人与人之间的相互关系也随即建立起来。新的结构模型的实质是将关系置于起点和中心位置，更加强调"关系赋权"，完成了由"先形成舆论再建立关系"向"先建立关系再输出舆论"的路径转变，舆论当中的意见和观点可以更吻合已经建立起来的社会关系的实际共同点，在网络舆论议题的设置上，网友有了更多的自主权，传统媒体话语权垄断的状况不复存在，我们既能从不断涌现的议题事件中看到曾经被公众忽视的社会问题，又能增强真实民意的表达，也能够更为科学合理高效地进行网络舆情引导，建构起健康良性的网络舆论生态。

记者曾被称为"无冕之王"，掌握着"第四权力"。当今时代，网络舆论的发展与社会舆论影响力的增长联系越发紧密，网络舆论成为社会舆论影响力的一支重要组成力量，打破了传统媒体一枝独秀、话语垄断的局面，网络舆情在一定程度上是民意的表现形式，也是使民意向上流动的重要方式，有利于促进问题的解决。因此，必须重视网络舆论呼声，一方面，进一步加快媒介技术平台的构建，不断拓宽意见表达的渠道，在互联网场域内真正实现"意见的自由市场"，培养社会公众对于社会公共事件"敢于说""愿意说"的主人翁意识和民主精神；另一方面，相关部门应当积极主动正面回应舆论事件，"不捂不掩"，同时充分发挥网络意见领袖的作用，传统媒体适时跟进报道，使"两个舆论场"在交互碰撞中保持动态平衡，实现网络舆论生态的良性发展，维护社会治安稳定，促进社会主义和谐社会的构建。

（作者单位：西北民族大学新闻传播学院）

注释

［1］卢毅刚：《舆论学教程（第2版）》，郑州大学出版社，2012，第76页。

［2］张威：《网络舆论形成机制研究——以"王帅事件"为例》，《新闻爱好者》2011年第2期，第34~35页。

［3］荆其诚：《简明心理学百科全书》，湖南教育出版社，1991。

社会化媒体生态要素与结构研究

杨艳妮

摘　要　通过梳理媒介生态有关研究，阐述社会化媒体生态内涵。基于对社会化媒体生态与自然生态相似性和差异性的分析，本文界定了社会化媒体生态种群、群落与生态系统等概念，并论述了社会化媒体生态的基本要素及各要素间的层次关系和生态结构及其中的信息资源流动。社会化媒体生态种群间相互作用组成群落、与这些群落紧密交互的群落环境组成类型各异的社会化媒体生态系统。

关键词　社会化媒体生态　生态要素　生态结构

Research on Ecological Factors and Structure of Social Media

Yang Yanni

Abstract　By combing the study of media ecology, this paper expounds the ecological connotation of social media. Based on the analysis of the similarities and differences between the ecological and natural ecology of social media, This article defines the concept of social media ecological population, community and ecosystem, and discusses the basic elements of social media ecology and the hierarchical relationship among the various elements as well as the ecological structure and the flow of information resources. Community composed of ecological communities of social media and the communities interacting closely with these communities composed different types of social media ecosystem.

Keywords　　Social Media Ecological；Ecology Element；Ecological Structure

一　引言

移动互联网、大数据等信息技术迅猛发展，媒介生态环境发生巨大变化。微博、微信、客户端等社会化媒体以裂变式速度不断蔓延，作为媒介生态系统中的新生力量，打破了传统媒体的发展布局。社会化媒体构筑的媒介生态环境在信息传播中占据越来越中心的地位，这一虚拟环境逐渐承接大众用户对搜索引擎的需求而成为新的信息源，不仅改变了互联网的生态格局，更颠覆了用户获取信息的方式和行为习惯。技术创新、政策扶持、用户个性化需求等全面驱动媒体生态圈的进一步裂变和重构，从传统纸质媒体到网络媒体再到新媒体、智能媒体、未来媒体，专业化、垂直化、智能化、个性化、服务化的媒体功能逐渐整合成媒体生态圈的主旋律，媒介生态也在向"万物皆媒体"的方向演变，因而，研究当下社会化媒体生态意义重大。

二　研究背景及问题提出

基于生态学视角，将"媒介作为环境的研究"国内外学者研究成果较为丰富，如媒介情境、媒介进化、媒介依赖、媒介生态等相关理论的提出与发展，将生态学理论和媒介问题相结合，从个案或宏观上多维度研究当下传统媒体及新媒体融合生态及生态演化问题。

邵培仁提出媒介生态是一个全局整体动态性的概念，而不是个体片面静止的。[1]崔保国提出传媒运营者与消费者之间的边界即接触点为媒介形态，媒介形态的变化能够引发传媒业和市场的变化。[2]尹鸿阐述了电视媒介作为一种生态环境在当今社会的政治、经济、文化和教育中所具有的巨大作用。[3]张志林、王京山运用"生态位"原理分析网络媒介的运用规律。[4]聂静虹分析了网络媒介生态的特点以及新的传播范式对个人信息保护带来的冲击，并提出保护网络隐私权的举措。[5]姚必鲜和蔡骐论述了新传媒语境下，以受众、媒介和社会三者的多元互动构建丰富、具体而复杂的多元化传播生态。[6]陈红梅从媒介生态位的视角出发，分析都市报纸在生态位营养源、生态位功能等方面的优势，并提出都市报纸未来生存路径。[7]魏武挥基于对自媒体的由来、生态的分析，提出它和媒体（专业媒体、渠道媒体、UGC媒体平台）之间的生态关系合作大于竞争。[8]

另外，众多学者从不同视角利用不同方法研究媒介生态演化中的问题和关键点。韦路等人提出每一个新的传播理论的范式转移都与传播技术的演化息息相关。[9]鲍立泉认为媒介形态演化遵循空间性能突破，人类传播系统的时间空间性能平衡状态将是未来传播媒介的演化基础。[10]潘祥辉基于博弈论的视角探究媒介制度变迁演化，并指出媒介制度通常是制度变迁主体之间博弈的产物。[11]王斌指出在人们交往实践中，传播与空间的关系是相互建构。传播活动孕育并存在于空间情景，将两者结合分析比用技术逻辑分析更合理准确。传播媒介革新的动力之一便是为了解决因物理位置引起的信息传播问题。[12]

综述学者们关于媒介生态的相关研究可以发现，随着社会化媒体革新发展，关于社会化媒体生态的研究为我们探索媒介生存发展提供了新的视野与方向。本研究借鉴这一研究视角，主要对社会化媒体生态要素与结构加以分析，探索社会化媒体生态这一"拟态环境"中用户主体的行为机理和演化规律、内容分发和传播机制等。

三　社会化媒体生态的要素及其相互关系

从信息内容生产和传播来看，社会化媒体生态是由多个用户个体构成的不同种群聚集在某一类型的社会化媒体平台，通过与其外部网络环境及现实社会环境相互联系和影响而形成的整体，存在着从创生、扩张、维持到衰退的演化过程，具有与自然生态相似的生态学特性。

（一）社会化媒体生态的基本要素

与自然生态环境类比分析社会化媒体生态的要素组成，可以发现社会化媒体作为一种新的媒介生态环境，亦包括个体、种群、群落、生态系统以及生产者、消费者、分解者、生态链等，其中个体、种群、群落等是结构层面的划分，生产者、消费者等则是组成成分层面的区分，如表 1 所示。

表 1　自然生态与社会化媒体生态基本要素对比

构成要素	自然生态	社会化媒体生态
个体	生物有机个体	各类社会化媒体平台的用户个体，如微信、微博的使用者、各类博主等
种群	在一定自然分布区域内，同一物种的生物个体有规律的集合	社会化媒体平台群落中具有同质性的大量用户个体组成的集合，如微博群落中，政务官方微博、媒体官方微博、意见领袖、群落平台的编辑人员等
群落	在特定时间下，由具有关联性和多样性的生物种群聚集在一定的生境中所形成的具有一定结构和功能的集合	相关联的多个种群相互适应、相互作用而形成的具有一定结构和功能的集合，如新浪微博平台、微信平台等
生态系统	在特定的时间空间下，生物群落与所处环境组成的一个具有自调节功能的复合体。组成要素间进行着能量与物质的流动和信息与价值的传递	在特定的信息场域内，不同社会化媒体群落与所处的媒介技术、网络社会环境相互作用而形成的共同进化的统一体
生产者	利用简单的无机物合成有机物的自养生物	社会化媒体群落内提供信息内容服务的用户
消费者	为维持生命及繁衍后代而消耗或吸收有机物的生命体	社会化媒体群落内消耗和利用信息内容服务的用户
分解者	系统中具有分解能力，将有机物分解为无机物，并释放能量的生物	社会化媒体群落内分化信息的能量，存储信息内容的用户
生态链	系统中的生产者和消费者通过一系列的捕食和被捕食关系而形成的依存关系	社会化媒体群落内信息内容服务提供者与利用者等各类用户相互关联、相互依赖、相互作用形成的网链关系

　　社会化媒体生态系统由社会化媒体群落及群落生态环境通过能量和资源利用形成。对于当下社会化媒体生态而言，包括微博群落（新浪微博群落、腾讯微博群落等）、即时通信群落（微信群落、QQ 群落等）、博客群落（新浪博客群落、网易博客群落等）、论坛群落（天涯社区群落、丁香园社区群落等）、垂直社区群落（LinkedIn 群落、大众点评群落等）等，且各个群落中有相应的信息内容生产者、受众及信息传播组织者。在社会化媒体生态系统中的群落生境即群落的内外部环境，许多环境因子构

成了主要的外部生存环境，主要有技术因子、制度因子、资源因子、需求因子等。其内部环境则包括群落内种群间或种群内的捕食、竞争、共生等相互作用关系。社会化媒体生态系统生存和发展依赖各类信息内容资源与服务，此系统的核心包括一个或多个群落（或种群）对系统的整体发展方向起引导控制作用，同时由此建立相互协调的系统内外部环境。社会化媒体生态系统规模可大可小，可以在国家范畴内，也可以是全球性的。

从组成成分层面剖析社会化媒体生态系统可以发现，社会化媒体生态系统不同于自然生态系统的组成，本研究提出社会化媒体生态系统可以分为一级生产者、二级生产者、消费者、分解者以及所处网络生态环境等。

一级生产者，作为传播的起点，通常是个人或组织作为传播活动发起人或者传播内容发出者，在本文中称之为"内容生产者"或"内容生产种群"。一级生产者不仅对整个传播活动起决定作用，还控制信息内容、信息量、信息流向等，它关乎整个社会化媒体生态系统的运行。一级生产者有普通和职业之分，普通生产者不以传播活动为谋生手段，主要是兴趣和分享，一般没有受过特定的媒介训练与教育。职业生产者主要为得到物质或精神上的满足，将传播活动视为职业，包括媒体、政府、企业等组织的官方用户。

二级生产者，是指介于一级生产者与消费者之间，起到介质平台作用的实体，一般是企业组织，在本文中称之为"传播组织者"或"传播组织种群"。从社会化媒体生态的角度来看，完善且功能齐全的"连接种群"，上接内容生产者，下连消费者，是信息资源的传递者，并与社会环境各要素之间和谐统一，实现各媒体平台互动互助以及整个生态系统的平衡循环。他们包括各社会化媒体类型平台的管理人员、编辑人员、平台开发维护人员、数据分析人员等。

消费者，是指信息内容的消费人群，他们是传播生态链中的关键一环，也是社会化媒体生态环境的重要组成部分。包括信息内容传播中的大规模消费群体——微博的粉丝用户、微信公众号的订阅者、各社会化媒体类型平台的使用者、垂直社区使用者等，也包括小范围信息交流中的消费个体——如基于社会化媒体电商消费个体等。对于信息内容消费者可按性别、文化、教育程度等分类，从传播关系来看，又可划分为纯粹消费者和介质消费者。

分解者，虽然位于信息消费和信息接收的一端，它们的主要职能和作用是分化信息的能量，将其归还到社会网络环境之中，或者被生产者再次加工利用。其中最主要也最典型的是各社会化媒体类型平台的数据库、各类基于云计算的云存储应用服务等。统计数据显示，"十二五"末期，中国云计算产业规模已达 1500 亿元。[13]

网络生态环境，是指传播活动以具体的形貌存在于一定的传播生态环境中。[14]社会化媒体生态因子是社会化媒体生态环境中直接或间接作用于生存、发展、生产传播活动等的组成要素。单独的生态因子构不成环境，网络生态环境即是各种生态因子的总和，生态因子的集聚共同组成进行传播活动的基础和条件。各种生态因子以相互制约、互通互联的态势作用于社会化媒体生存与发展，在社会化媒体各发展阶段会有类型不同、功能不一的社会化媒体生态因子。它们是社会化媒体生存发展的环境要素，包括技术发展水平（即技术因子）、网络发展的管理制度（即制度因子）等，这些要素并不是单独的和封闭的，而是集群的和开放的，也不是个别的独自发挥作用，而是相互联系并共同发挥作用，释放效能。

（二）社会化媒体生态要素间的层次关系

在生态学领域中，自然生态由个体物种、种群、群落和生态系统由低到高四个层次构成。传统生态的研究则涵盖了个体生态、种群生态、群落生态以及生态系统不同层面的生态学研究。媒介生态系统论运用生态学的原理和方法想象自然环境、人、社会环境、媒介彼此依存、相互作用的复杂关系。同样，我们将社会化媒体生态分为：社会化媒体个体、种群、群落和生态系统四个层次。

生物个体是生命活动的基本单位，社会化媒体生态的个体则是各社会化媒体平台上的用户，如微博用户、微信用户，它们能够及时进行自我调整，不断更新，以适应社会化媒体生态环境的变化。

种群是生态学中的一个重要概念，它是物种进化的基本单位。在本研究中，社会化媒体生态种群是具有相同（或相似）的活动特征的个体集合，如新浪微博群落平台上的政务官方微博，主要发布政务相关信息，提供网上政务服务。自然种群具有年龄结构和空间布局，存在着迁入、迁出现象，有其自然增长与下降的调节规律。在社会化媒体生态环境下，社会化媒体用户个体发展形成种群，以种群的形式生存和发展。种群亦具有动态变化特征。

自然条件下，生物群落是生态系统中的生命主体的总和。种群的相互关系和适应性决定了群落的结构、功能和多样性。社会化媒体群落由组成群落的各类社会化媒体种群对外部环境的适应过程（如对网络制度法规、社会网络资源环境等的适应程度）以及这些种群彼此间的相互关系（如竞争、共生等）来决定其属性。形态和功能特征各异的不同社会化媒体生态种群聚集形成社会化媒体群落，使得种群间能够实现资源共享、优势互补，从而提供一个相对完整而稳定有益的闭环生存环境。

值得一提的是，社会化媒体生态群落作为媒介生态系统的主要组成部分，其发展演化具有特殊意义。自然生态环境中，群落演替是指随着时间的推移而发生的有规律的改变，在这个过程中，不断重复着一个群落被另一个优势群落替代的现象。对于社会化媒体生态群落，每一个群落的存在都代表某种技术/商业模式的成熟发展，某一群落的消失则意味着支持其发展的技术/商业模式处于衰退阶段。

随着时间的推移，自然生态系统一直处于不断发展、变化和演替之中。在本研究中，我们认为社会化媒体生态系统的演化包含着两个层面的含义。一是社会化媒体生态系统自身的组织演化，通过系统内部各组成成分间的相互作用，从创生到成熟的生命周期发展过程。二是在媒介生态环境中，社会化媒体生态系统作为组成部分，与媒介生态其他系统间的相互作用关系。社会化媒体生态系统外部的影响要素通过使系统各组成成分及其相互关系发生改变，进而发生演化。

四　社会化媒体生态结构

结构与功能的优化程度，是衡量生态是否平衡和具备可持续发展能力的重要标准。社会化媒体生态的结构是指社会化媒体内部组成因子之间相对稳定的关联作用方式及其时空关系的内在表现形式的综合。一定功能由一定系统结构产生，本研究侧重从社会化媒体生态功能结构及其信息资源流动加以分析。

（一）社会化媒体生态的功能结构

生态功能结构主要是指生物成分间通过链网构成的网络结构。自然生态中，各个生态系统的外貌、结构和性质相差甚远，但均存在生产者、消费者和分解者，[15]有以上三个等级要素，系统内物质与能量的代谢功能才能顺利进行，社会化媒体生态与此相类。但社会化媒体生态作为特定的媒介信息生态环境，其功能结构与自然生态存在巨大差异，如图1所示，两者生态链结构有类似之处，但不尽相同。

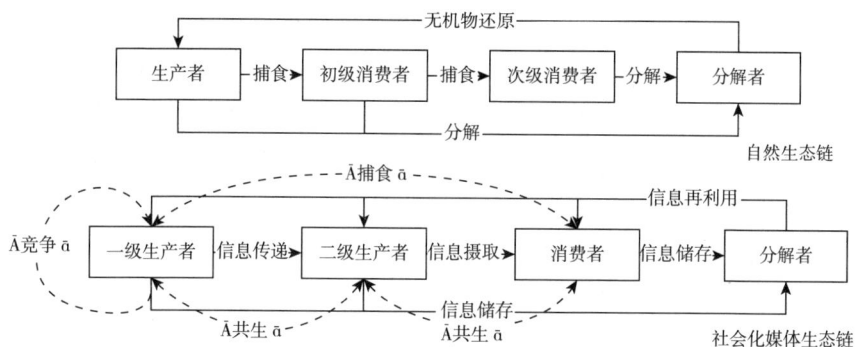

图1　自然生态链与社会化媒体生态链对比

自然生态链通常由生产者、多级消费者及分解者共同构造，初级消费者与生产者、次级消费者与初级消费者之间以捕食关系形成相互联系的序列，且在链条的每环间都与分解者关联，分解者将动植物残体中的有机物分解，释放在环境中，供生产者再次利用。

而在社会化媒体生态环境中，由于其本身的特殊性，我们将生态链分为一级生产者、二级生产者、消费者及分解者。在自然环境中，一般而言，一条生态链只有一类生产者，但考虑到社会化媒体平台本身是需要主体开发、管理和维护的，它们起到了信息传递和保障的作用，是信息资源流通的保障，作为中间环节是维系整个链条存续的关键。因而将这类主体称为二级生产者，它们不生产信息内容，却是信息生产、共享、传播和利用的必要环节。当然，在信息资源的传递过程中，生产者、消费者均会将信息内容储存起来，且均可以对信息再次加工利用。

社会化媒体生态链与自然生态链的差别之处主要表现在两个方面。一是，自然生态链中，通常物质能量从上至下流动，即从生产者向消费者流动。但在社会化媒体环境中，生产者与消费者之间能量的流动与转化并不是依赖于消费者对生产者的捕食关系，而是消费者对信息的需求促使其主动获取信息资源，以及生产者为信息内容的传播及信息资源流动提供的推动力。

二是，社会化媒体生态链中的"捕食""竞争""共生"关系的含义的改变。社会化媒体生态环境下，内容生产者通过对信息的生产、搜集、组织、提供利用等活动将信息资源内容提供给受众，受众在获取信息后有选择地将信息利用效果反馈给信息内容生产者。在这个过程中，受众作为消费者完成社会化媒体平台内信息内容摄取过程，信息内容生产者则实现了对受众注意力的捕获以及其自身影响力的增加，从而形成类似于"捕食"的生态链关系。只不过此时"捕食者"是内容生产者，而"被捕食"对象是受众的注意力资源，且受众亦有所获益。新媒介情境下，注意力是一种稀缺性资源，当其受众用户规模增大，其创造的经济效益就会凸显出来。社会化媒体生态链上，生产者之间对受众的注意力争夺处于"竞争"关系。一级生产者、二级生产者及消费者之间密切接触形成的互利关系，我们将其称为"共生"关系。

（二）社会化媒体生态结构中的信息资源流动

社会化媒体生态中资源交换和功能转换伴随着各因子间的互动来实现，生态链和生态网将整个环境及各类要素连接成有机统一的整体，如图2所示。社会化媒体生态链是据要素间的功能关系形成的链条结构。这种结构可以加长，如信息传播生态链，一级生产者→二级生产者→消费者→分解者。但是，这种加长不是无限的，因为当物质、信息资源由低向高传递时，每经过生态链的一个环节，都会有递减效应。

社会化媒体生态链的基本形式表现为上游的策划与创作，中游的推送与维护以及下游的消费与利用。在这条生态链上传递的是社会化媒体系统所特有的信息资源产权，形成信息资源的生产、使用保护、升值及转化的生命周期过程，体现了社会化媒体系统独有的增值魅力。社会化媒体生态链中的信息资源流动分析如下。

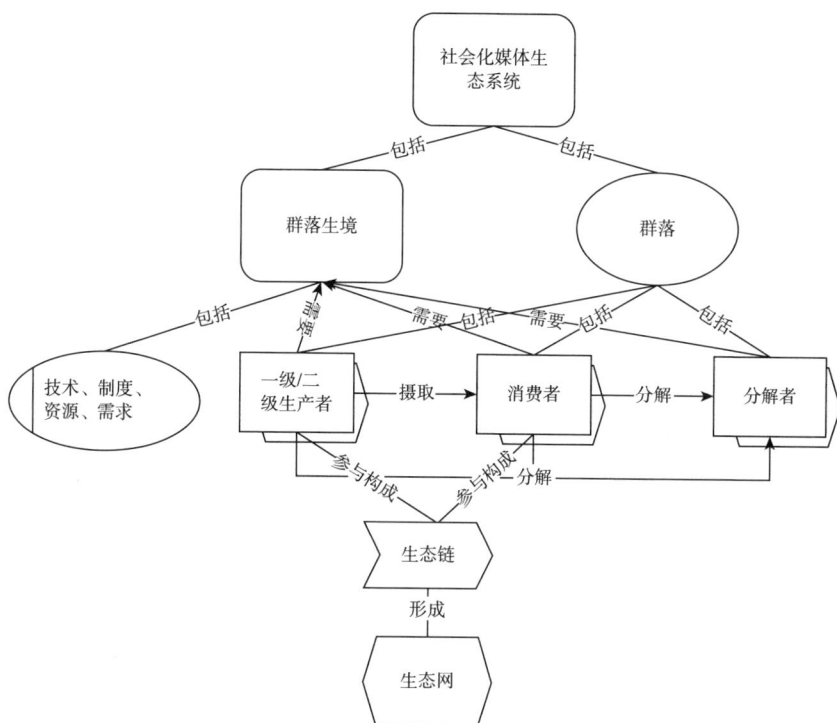

图 2 社会化媒体生态链网结构

1. 信息内容的策划与创作

在社会化媒体生态链的首要环节中，参与主体是社会化媒体信息内容的生产者和提供者，它们可能是社会化媒体从业人员，也可能是有签约关系的作家，还可能是能够创造信息内容产品的任何普通人等。信息内容的生产者将无形知识经验等转变成有形信息载体形式，并决定信息量和传播方向。

2. 信息内容的推送与维护

信息内容的推送与维护阶段，参与主体主要是不同社会化媒体类型平台的开发维护人员，在平台的编辑开发和维护的基础上，将信息内容以符号（声音、文字、图像、动画等）的形式负载于平台空间之上的过程，决定着信息传播的深度和广度。

3. 信息内容的消费与利用

受众的社会化媒体需求是社会化媒体市场和社会化媒体系统存在、发展的出发点和回归点。社会化媒体生态系统的发展和完善，不能忽视消费者这个参与主体对整个生态链的反馈和互动。受众的口味与需求正越来越成为信息内容产品生产与制造、营销与传播的主要依据和真正动力。这就要求处在社会化媒体生态链上的内容创意和策划环节需根据受众审美、娱乐、休闲、兴趣进行升级调整，适应公众的社会化媒体需求。

社会化媒体生态因子不可能只固定在某一种群或生态链的某一环节上，而更多的是连接生态网同时指向许多生态种群，从而形成交叉的网状取食状态或结构。比如，传播者不仅要取食信息资源和受众资源，还需要物质资源和精神资源。受众也不仅需要数据、新闻、娱乐，还需要知识、理论、科学、思想和智慧等。也就是说，社会化媒体领域内各种生态因子、社会经济条件和自然环境条件都是相互联系的，从而构成一个有机的整体。

虽然社会化媒体生态链条上的有些因子可能处于主导地位或者起决定性的作用，但是这个生态链网上的各种因子又都是重要的、不可或缺的。社会化媒体生态系统实现正常运转和良性循环，就不能忽视各种社会化媒体生态因子之间是一种互助合作、共进共荣的关系，缺少任何一种生态因子都会在不同程度上使社会化媒体生态系统的稳定性有所下降。从社会化媒体生态系统的稳定性和发展性的角度来看，也需要维持生态链网的复杂性。因为生态网结构越复杂，生态系统抵抗外力侵扰破坏的能力就越强；生态网越简单，生态系统就越容易导致退化，衰竭甚至消亡。

因此，在社会化媒体生态系统中，我们也需要建构和营造不同生态因子和传播之间相互依存、相互作用、互惠互生、协同演化的良性生态关系，使它们能彼此联系、相互支持、共同完成信息资源和功能的交换、转化和传递，形成有生命力的可持续的稳定增长的产业价值链，不断增强社会化媒体生态系统的稳定性和抵抗力。

五　结语

个人、媒体平台和社会环境之间的相互影响和相互依赖的关系，本质上是一种社会化媒体生态关系。这种生态关系既是信息传播和社会化媒体运作的客观存在，也是用来描述和解释大众传播现象及规律的可靠途径。

社会化媒体既是信息生产传播的环境，同时也是媒介环境的重要组成部分，且社会化媒体生态系统又包含多个子系统，本研究基于生态学理论揭示社会化媒体生态的相关要素与结构，以此构建社会化媒体生态图景及体系，为探寻社会化媒体的生存发展规律提供参考。媒介技术革新背景下社会化媒体生态环境无时无刻不在发生变化，明确社会化媒体生态要素及结构的变化规律可以为未来的研究提供有力的支撑。

（作者单位：三峡大学文学与传媒学院）

注释

［1］邵培仁：《传播生态规律与媒介生存策略》，《新闻界》2001 年第 5 期，第 26~27 页。

［2］崔保国：《2013 年中国传媒产业的发展格局——兼论传媒的核心产业与关联产业》，《新闻与写作》2014 年第 5 期，第 26~30 页。

［3］尹鸿：《电视媒介：被忽略的生态环境——谈文化媒介生态意识》，《电视研究》1996 年第 5 期，第 38~39 页。

［4］张志林、王京山：《网络媒介生态位初探》，《出版发行研究》2005 年第 12 期，第 60~63 页。

［5］聂静虹：《媒介生态视角下的网络隐私权保护》，《当代传播》2010 年第 3 期，第 90~92 页。

［6］姚必鲜、蔡骐：《论新媒介生态下受众、媒体和社会的多维互动》，《求索》2011 年第 6 期，第 212~213 页。

［7］陈红梅：《媒介生态学视野下的都市报未来生存路径探析》，《编辑之友》2013 年第 5 期，第 59~61 页。

［8］魏武挥：《自媒体：对媒介生态的冲击》，《新闻记者》2013 年第 8 期，第 17~21 页。

［9］韦路、鲍立泉、吴廷俊：《媒介技术演化与传播理论的范式转移》，《当代传播》2010 年第 1 期，第 18~21 页。

［10］鲍立泉：《新媒介群的媒介时空偏向特征研究》，《编辑之友》2013 年第 9 期，第 58~61 页。

［11］潘祥辉：《从博弈论视角看中国媒介制度的变迁与演化》，《昌吉学院学报》2010 年第 1 期，第 59~64 页。

［12］王斌：《从技术逻辑到实践逻辑：媒介演化的空间历程与媒介研究的空间转向》，《新闻与传播研究》2011年第3期，第58~67页。

［13］《工业和信息化部关于印发〈云计算发展三年行动计划（2017-2019年）〉的通知》，http://www.miit.gov.cn/n1146290/n4388791/c5570594/content.html。

［14］邵培仁：《媒介生态学——媒介作为绿色生态的研究》，中国传媒大学出版社，2008，第138页。

［15］陈玉平：《生态系统的结构与功能》，《农业新技术》1984年第2期，第40~45页。

论舆论战的本质

阚延华

摘　要　舆论战的本质问题是舆论战理论研究的核心，只有搞清其本质，诸如"做什么""怎么做""谁来做"等问题才能展开。舆论战是一种"直接"的政治作战，是一种"特殊"的信息作战，是一种相对的"独立"作战。

关键词　舆论战　本质

The Essence of The Public Opinion Warfare

Kan Yanhua

Abstract　The essence of the public opinion warfare is the central question in the theoretical study in the public opinion warfare. Only when we make clear its essence, it is possible to further answer the questions of what to do, how to do, and who should do. Public opinion warfare is a direct political warfare, a special information warfare, and a relatively independent warfare.

Keywords　Public Opinion Warfare; Essence

理论是实践的先导，而理论研究的核心问题是事物的本质。本质是该事物和其他事物相区别的根本属性。舆论战作为信息化条件下军事领域一种新的理论与实践，只有首先搞清其本质，才能划定其的论域，进而一系列诸如"做什么""怎么做""谁来做"等问题才能展开。

一 舆论战是一种"直接"的政治作战

毛泽东说：政治是不流血的战争，战争是流血的政治。列宁讲得更直白：战争是以剑代笔的政治。"战争是政治的继续"这一真理性认识早已被我们广泛接受。

现代信息化战争在这一法则下，更加广泛而深入地与政治展开密切的互动。战争的制高点，不在战争本身，而在政治。因此，作为战争双方争夺的制高点，应当是从政治上、从思想观念的深处瓦解、征服敌人，这是更高层次的战争，也就是不战而屈人之兵的最高战争境界。这也是世界近几场局部战争实践中追求的境界，并被当今世界军事理论所推崇的新的战争理念。

按照政治—政治工作作战功能—舆论战的逻辑，舆论战是发挥政治工作作战功能的主要方式之一，是一种政治作战，已经成为当前军界和学界共同的认知。现在问题的关键是舆论战如何缩短战争与政治之间的距离。

现代社会，舆论往往是国家之间政治较量的先锋，是国家博弈的重要软武器。舆论在一定程度上对人的政治选择具有决定性影响，当今社会，这种影响是建立在两个条件基础之上的。一是舆论对人的认知具有导向作用，它能在一定程度上左右公众对其他信息的接受、判断、推理等认知活动的方向。二是当今社会由于传媒的普及性，舆论对社会政治生活的影响比历史上任何时期都强大。舆论的作用与现代战争的交互作用，就催生了舆论战。

舆论是社会意识形态的特殊表现形式，虽然它作为一种政治力量，不能对政治起控制作用，但却对社会政治生活产生着至关重要的影响。舆论战在缩短战争与政治之间距离的作用，也主要是通过舆论对人们政治选择的影响来实现的。

1. 舆论影响政治认同

政治认同是人们在社会政治生活中意识形态的归属感。社会统治集团为了维护统治者利益，维护社会秩序，会规范社会成员的政治行为，保持一致的政治信念。在战争中，交战双方都会争取民众的支持，让民众坚持己方的政治信念。若军民怀疑、反对己方的政治信念，那在交战中必会失败。正如沙俄时期的元帅苏沃洛夫曾说过的：要战胜敌人，首先要在思想上战胜，然后才是行动。海湾战争中，因为思想防线的崩溃使得几十万数年苦心经营的伊拉克军队斗志全无，纷纷放下武器逃跑，像被推倒的"多米诺骨牌"一样，迅速瓦解。

舆论战对己，就是要力促己方人员与自己的政治信念认同；对敌，就是要尽力破坏其精神意志，通过大量的舆论传播与扩散，影响敌方的政治态度，使其与统治集团的政治态度产生分歧。具体地讲，舆论战主要在以下三个方面对敌方人员的政治认同造成影响。

一是动摇政治观念和信仰。在人的全部政治意识中，观念和信仰最重要，观念和信仰的动摇，会使人的目标、价值、态度、立场都随之动摇，进而改变既往的政治态度。对敌舆论信息的传播，往往就针对某种观念和信仰，传播与此相悖的舆论信息，造成其观念的改变、信仰的危机，直至完全失落。

二是改变政治价值取向。舆论具有多种形式，按照来源的不同，可分为来自政府的舆论和来自民间的舆论。来自民间的舆论属公众舆论，公众舆论具有不定型和易改变的特点。因此，一部分人的政治价值取向会随着公众舆论的改变而改变。当今社会，舆论影响和改变政治价值取向的事例比比皆是。20世纪越南战争后期，美军轰炸民用目标，枪杀几百名老弱妇孺被媒体曝光，美国公众在越战问题上开始抛弃原有的政治价值取向，随后开展的声势浩大的群众运动所追求的目标只有一个：停止战争，撤出越南！这种与政府态度相背离的价值取向形成了强大的舆论压力，迫使政府调整作战计划。

三是模糊政治意识。现实中，媒体报道与人的政治理想相一致，会令人备受鼓舞，越发相信自己的选择正确。如果媒体的报道是负面信息，与人的政治态度、政治期待不完全吻合，往往会使人产生对政治现象认识上的偏差，进而模糊政治意识。这种政治意识的模糊虽然并未改变人们的既往政治目标、政治信仰，但却会不自觉地部分地改变人们的政治态度，使人们对政治现象的认识模糊不清。

2. 舆论影响政治关系

政治认同的不一致，必然导致政治关系的紧张。舆论战对己方，就是要在取得认同的基础上，促进军政军民和官兵关系的和谐；对敌方，就是要通过负面舆论信息的传播，作用于人的思想深层，造成原有社会政治关系的紧张。舆论对政治关系的影响表现在以下几个方面。

一是影响个体与统治集团的关系。个体与统治集团需要保持融洽的政治关系，减少不必要的矛盾。而舆论战就是要促使敌方民众与战争组织者产生矛盾，分化敌方营垒，进而削弱敌人的战力。

二是影响个体与个体的关系。人是社会的人，负面舆论信息的传播在影响个体之间的关系上，不论是平时还是战时，都起着不可低估的作用。最典型的是美军在伊拉克战争中的"斩首"行动，行动之后美军透露说萨达姆身边有告密者。这样的舆论信息必定影响萨达姆与其身边人的关系，最终使其陷于孤立，束手就擒。

3. 舆论影响政治局面

舆论的涉足，将某一意见或者思潮从特定的地域或阶层，广泛传播出去，扩展到各个地区和阶层。特别是在信息爆炸的现代社会，尽管有些信息很重要，但如果没有舆论的参与，很快会被纷杂的信息所掩盖。相反，一旦有舆论传播的积极参与，某一意见或思潮便会即刻蔓延。当正面的意见或思潮淹没负面的意见或思潮时，我们看到的是好的局面；当负面的意见或思潮淹没正面的意见或思潮时，我们看到的就是负面的情况。在舆论战中，就是要扩大好的对己有利的意见或思潮，尽量减少对己不利的意见或思潮。值得注意的是，绝不可轻视负面舆论信息传播对消极的政治意见和思潮的影响作用。

二　舆论战是一种"特殊"的信息战

信息战的概念有广义与狭义之分。广义的信息战是指对垒的军事（也包括政治、经济、文化、科技及社会一切领域）集团抢占信息空间和争夺信息资源的战争，主要是指利用信息达成国家大战略行动的目标；狭义的信息战是指武力冲突交战双方在信息领域的对抗，夺取制信息权。

信息战是伴随人类进入信息时代而出现的一种新的具有突破性的战争现象。信息战注重攻击思想、精神、意识形态，可以说，舆论战是信息战的产物。说得更确切一些，舆论战就是舆论信息战。这种信息是区别于物理信息、生物信息的社会信息；这种信息是在报纸、电视、广播或网络这些大众传播载体上发布出来的有关战争的最近的动态性信息；这种信息是被纳入战争领域，被作战双方所用，被称为舆论信息的信息。它与一般信息的区别是，它不但受舆论传播规律的约束，更受战争规律的支配，战争规律处在比舆论传播规律更为重要的地位。

舆论信息具有以下几个特点。首先，它发布在大众传播媒体上；其次，其形态上既有宣传也有新闻，还包括既不属于宣传也不属于新闻但发布在传播媒体上的情报信息；再次，从时间性上测量，它贯穿于战争的整个过程，甚至超越了平时与战时；最后，战争条件下，信息真实性不是战时媒体追求的唯一标准，服务于战争胜利才是最终目的，舆论信息包含了谋略技巧的运用。因此，从这个意义上讲，舆论战，更确切地说是舆论信息战，是以舆论这种特殊的信息为武器进行的一种信息作战。

我们还可以对舆论战是特殊的信息战的理由做更细致的分析。

第一，大众传媒是舆论信息的重要载体和平台。信息是作战中是重要的战略资源，作为信息载体的大众传媒，随着技术的进步和信息战的发展而发生变化，在战争中的地位日益突出。现代战争不再是经济掠夺、领土之争，而是对信息的占有和对信息平台的争夺。

第二，舆论信息是武器。战争中，舆论信息具有威慑作用。美国"震慑理论"的本质是想通过大众传媒展示军事实力，对世界其他国家产生震慑作用。伊拉克战争中，美军精确制导武器打击目标的直播，B-52轰炸机沉闷的起飞和降落，无不给电视机前的人们留下了深刻的印象。现代战争，有时武力的展示往往比武力本身的威力更大，这就是舆论战的效果。

第三，舆论战的表现形式是对舆论信息的管控和运用。在信息化战场上，传媒管控难度更大，要求更高，牵连利益复杂。当今的传媒界，一味封堵显然不能达到好的效果，有时甚至可能适得其反。这就要求必须顺应时势，提高对舆论的管理控制水平和运用技巧。如直接控制本国媒体的播发内容；通过新闻发布会主导信息传播；设置重大议题左右信息流向；策划媒体事件进行信息造势；有意回避负面消息；等等。这些舆论战所关注的具体内容都是通过信息的管理和控制来实现的。

第四，舆论战平台已成为打击的重要目标。舆论传媒是舆论战的平台，对舆论战平台的打击是世界近几次局部战争中的一个突出特点。对舆论战平台的打击有两种：一种是"软打击"，另一种是"硬打击"。"软打击"对舆论信息的压制、覆盖等本身就是舆论战，这不难理解。"硬打击"是对舆论战平台的摧毁，也可以认为是舆论战。摧毁平台的目的是截断对方的舆论信息传播。舆论战平台不是枪、不是炮，也不是大规模杀伤武器。但它是舆论信息源，战争中具有"一纸能抵十万兵"的功效。因此，作为传播舆论信息的舆论战平台，在未来战争中，不仅要有应付"软打击"的手段，而且须有防范和反击"硬打击"的能力，这是舆论战与武力战的双重要求。

三 舆论战是一种相对的"独立"作战

"相对独立"的内涵是指，从舆论战与武力战的关系上看，舆论战是既依赖于武力战，又可与武力战一样可单独达成战略目的作战样式；从舆论战与武力战、心理战、法律战的关系看，舆论战有与武力战、心理战、法律战不一样的、特定的领域、内容、方法和手段，但战略目标又与武力战、心理战、法律战是一样的。因此，必须正确处理好舆论战与武力战、心理战、法律战的关系。

1. 舆论战相对独立于武力战

可以说，舆论战自冷兵器战争开始并贯穿于热兵器战争时期，但那个时候的舆论战还比较原始，只能采用战场喊话、张贴布告、发布檄文、散发传单等简单方式进行，规模和作用都十分有限。信息化战争时期，传媒技术在军事领域广泛运用，舆论在稳定军民情绪、维护意志等方面发挥着巨大作用。

舆论战的"独立性"主要体现在直接的作战功能上。孙子曾提出战争制胜有三大条件，即选将、造势和用智。由此可见舆论造势的作用，因为只有掌握舆论主动权，才能取得政治上的主动，进而取得军事上的胜利。新的实践使人们对舆论战作战功能的认识产生了质飞跃。世界近几场局部战争特别是伊拉克战争生动地表明，舆论战不仅具有服务保证作战功能，而且具有直接作战功能。舆论战"以舆论为武器"的定位，清楚地表明了舆论战所具有的直接作战功能的新特征。

然而，舆论战也必须紧贴军事斗争任务和作战行动展开，"相对"两个字绝不能忽视，否则就达不成目的。这就要求，一是在作战谋划上，应与军事行动统筹考虑。未来作战，每种作战行动，都有相应的作战指导、作战目的和手段。舆论战担负的任务也不尽相同，只有与相应的作战行动特点相适应，才能发挥舆论战的作用，因此必须据此做出相应的谋划。二是在组织指挥上，应纳入一体化联合作战体系。未来信息化局部战争，将是一体化联合作战，对抗双方是体系与体系的对抗，舆论战作为作战行动的一部分，只有纳入一体化联合作战体系，才能确保舆论战指挥顺畅、行动有序，发挥出最大效能，因此舆论战必须纳入一体化联合作战体系当中。三是在整个实施过程中，应与军事行动密切配合。舆论战虽然超越了平时与战时的界限，但它的定位还是从属于一种"军事斗争行动"，只有与军事行动紧密配合，紧紧围绕军事斗争展开和进行才能更有力量，因此舆论战必须与军事行动紧密配合。做到战前"兵马未动，舆论先行"，战中"舆论造势，攻心夺气"，战后"宣传胜利，稳定民心"。

2. 舆论战相对独立于心理战

在传统战争形态中，舆论战和心理战是很难区分的，心理战几乎包容了舆论战。随着舆论在战争中发挥的作用日益凸显，成为国家实现政治目的的软战略武器，其从心理战中逐渐剥离出来，成为一种新的作战样式。

舆论战相对独立于心理战主要表现在以下几个方面。首先，舆论战的作战时空要比心理战范围广，心理战更多的是在某一特定的时间段，对战时敌方的心理攻击；而舆论战没有明显的时间阶段，即便是和平年代，舆论战也常常为国家的政治战略服务。其次，舆论战更注重长期社会文化的意识形态渗透，改变敌方民众的信念和价值取向。心理战注重战时对敌方军民的干扰，削弱其作战斗志。再次，舆论战主要以大众传媒为信息媒介，而心理战的载体更加多样化。最后，舆论战作为一种传播行为，受到社会、法律以及传播规律的诸多限制；心理战的作战手法更加多样化，如欺骗、暗示，等等。此外，舆论战主要依托大众传媒，对象范围相对较广，心理战作战对象具有相对较强的针对性和指向性（主要是个体，也包括部分群体）。

3. 舆论战相对独立于法律战

舆论战"独立"于法律战主要表现在以下几个方面。舆论战运用的是舆论武器，主要是舆论领域的对抗活动；法律战运用的是法律武器，它的对抗活动主要局限在法律领域。可见，二者之间的区别是很明显的。需要做的工作是搞清二者之间的关系，这样对于战时综合运用、充分发挥作战功能才会更有意义。

舆论战"相对"独立于法律战主要表现在以下几个方面。一是舆论战与法律战的作战目的和性质是相同的，都是为达成对己有利、对敌不利的态势而进行的政治作战样式。二是舆论战与法律战的作战时空相同，都是贯穿于战前、战中和战后的战争全过程，而且战前和战后的任务表现得更重要、更突出。

舆论战与法律战的交叉点在于，一方面，舆论战可以运用法律制造舆论攻势，实施舆论对抗；另一方面，法律战可以为舆论战提供法理基础，使舆论战更加强力有效，压倒敌对方。具体来说，就是通过国内舆论，特别是国际舆论宣传并确立己方使用武力的合法性和正义性，作战行为的合法性和人道性，反击敌对方的舆论攻击，树立己方积极正面的合法形象；通过舆论手段揭露对方的违法犯罪行为，谴责对方的作战违法，使之处于"老鼠过街，人人喊打"的境地。

总之，舆论战与心理战、法律战作为信息化条件下的重要作战样式，彼此联系、相互配合、共同作用。舆论战为心理和法律战提供作战的信息资源、增强心理战和法律战的效果。舆论战、心理战、法律战三者之间，战略目标是相同的，都是要达到"不战而屈人之兵"或"小战而屈人之兵"的目的；舆论战、心理战、法律战都需要依靠国家的综合实力、军事力量，通过信息作用于民众的认知空间。

（作者单位：海军大连舰艇学院政治系）

国际舆论战：
历史演变、参与主体与因应策略

上海交通大学舆论学研究院

摘　要　国际舆论战在战争时代比肩雄狮劲旅，在和平时代就是不见硝烟的战争，事关国家话语权的提升、国际传播体系的构建等。本研究从舆论战的定义与内涵出发，梳理舆论战的历史演变，同时对舆论战的参与主体进行深度剖析，研究政府、高端智库、大众媒介、NGO、国际公关、跨国企业、情报体系、军事部门等在舆论战中的角色与功能。在此基础上，本文对中国在国际舆论战中存在的问题进行了总结，参考其他国家舆论战的经验，结合中国的实际情况，提出了我国应对国际舆论战对策的建议，以期对于提升我国的国际舆论应战能力有所助益。

关键词　国际舆论战　历史演变　参与主体　策略

International Public Opinion Warfare：
Historical Evolution，Participants，and Strategies

Institute for Public Opinion Research of Shanghai JiaoTong University

Abstract　The international public opinion warfare is the fight among lion giants in the war era，and the white war in the peace era，which relates to the promotion of the national discourse power and the construction of the international communication system. Starting from the definition and connotation of the public opinion warfare，this study explored the evolution of the public opinion warfare. Besides，it analyzed different types of public opinion warfare participants and their roles in the public opinion warfare, including the government, mass media, NGO, international public relations, overseas industries, intelligence systems, and military departments. On this basis, this paper summarized the existing problems in China while dealing with the international public opinion warfare, and studied the successful experience from other countries in public opinion warfare. In order to improve our ability to tackle the international public opinion, this study gave suggestions on how to deal with the international public opinion warfare in view of the actual situation of our country.

Keywords International Public Opinion Warfare; Historical Evolution; Participants; Strategy

一 舆论战的内涵与演变

（一）舆论战的内涵

舆论在战争中的重要性不言而喻。早在两千多年前，中国的军事家就已经提出"不战而屈人之兵"的思想，为了战争胜利而展开的舆论对抗、争取舆论支持的活动在古代已有雏形。有学者指出，"从公元前 3200 年到公元 2005 年，在长达 5000 多年的时间里，全世界共发生各类战争 14600 余次，没有一场战争离开过舆论作战的辅佐，没有一场战争不受舆论作战的影响"[1]。

目前，学术界对舆论战的定义莫衷一是。比较有代表性的定义有如下几种。

《中国人民解放军舆论战心理战法律战纲要学习读本》指出，中国人民解放军舆论战是根据中央军委战略意图和作战任务，以舆论为武器，综合运用各种传媒手段和信息资源，激励我方战斗精神，影响敌方形势判断，削弱敌方战斗意志，为争取政治主动和军事胜利营造有利舆论环境的斗争方法。包括三层含义：第一，舆论站的本质和基本要求，是着眼军事斗争需要，借助国家舆论力量组织实施的斗争行动，必须服务于中央军委战略意图和作战任务的需要；第二，舆论战的基本武器是舆论，它主要通过各种传媒，传播精心选择的特定信息，营造于我有利的舆论环境；第三，舆论战的根本目的是争取我方的政治主动和为军事胜利营造有利的舆论环境。[2]

中国人民解放军西安政治学院思今、侯宝成等在《舆论战：信息化战争的一大奇观》一文中提出："舆论战是指国家、政治集团、军队、社会机构和社会群体为了凝聚己方民心、削弱敌方士气和瓦解敌军，采取一定的战略战术，通过控制、操纵、策划、利用种种舆论工具，对重大敏感问题进行的导向性宣传和评论的舆论对抗活动。它是信息战的重要组成部分，是一种相对独立的政治作战样式。"[3]

吴旭认为，舆论战是根据国家战略意图和军事斗争任务，以舆论为武器，综合运用各种传媒和信息资源，激励我方战斗精神，削弱敌方战斗意志，为争取政治主动和军事胜利营造有利舆论环境的斗争行动。舆论战是配合国家政治、外交、军事斗争的重要形式，是信息化条件下一体化联合作战的组成部分，是发挥政治工作作战功能的基本途径。[4]

朱金平在其专著《舆论战》中写道，舆论战有广义和狭义两种解释。狭义的舆论战，是指敌对双方围绕某场战争而调动一切手段进行的舆论对抗。它多强调舆论战要在国家之间展开，或者强调舆论战是一种战争形式，服务于军事目的，"这种作战样式的着眼点不是从肉体上消灭敌人，或从物质上彻底摧毁敌人，而是从精神、情感、意志上征服敌人"。[5]广义的舆论战，是指对立面的双方为了各自的利益而就共同涉及的某种事件、现象和问题进行的舆论对抗。这种"舆论战"的内容，涉及人们生活的一切领域。而广义的定义指出舆论战不囿于军事领域，它涉及人们生活的一切领域，因而也不限于对立的双方一定是不同国家。

追溯历史，舆论战的研究发轫于第一次世界大战。此后，战时宣传的研究如火如荼。但随着冷战的大幕拉开，白色宣传、灰色宣传和黑色宣传引起人们的重视，舆论战在军事之外发挥着重要作用。而在和平年代，国际竞争越来越激烈，舆论战已不只是战争的伴生品，成为没有硝烟的战争，触角已延伸至政治、经济、外交等领域。因此，在新时代，仅从军事角度研究舆论战已无法满足时代发展的需要，必须在更广阔的视角，从传播学、政治学、社会学、心理学等学科中汲取营养，加强舆论战的研究深度，丰富舆论战的研究内容。尤其是对于我国来说，面临着全球竞争的巨大压力，很多舆论纠纷应接不暇，掌握全球舆论主导权的重要性不言而喻。

因此，本文提出舆论战即利益对立的群体以舆论为武器，争取于己有利的舆论环境而展开的舆论对抗活动。舆论战需具备三大要素：一是舆论战以舆论为武器；二是舆论战的主体与客体之间是利益对立的群体；三是舆论战的直接目的是创造有利的舆论环境。舆论战和信息战、心理战、宣传战等相近概念虽有交集，但却各有侧重。与信息战相比，舆论战侧重以舆论为武器，而信息战侧重以信息为武器；与心理战相比，舆论战实现的最高目标是"攻心为上"，是心理战的一种手段；与宣传战相比，舆论战侧重双向舆论博弈，而宣传战侧重单向信息输出。

（二）舆论战的演变

目前，关于舆论战历史的研究一般遵从两条轴线，一条是以时间为轴线，一条是以媒介技术发展为轴线。朱金平在其专著《舆论战》中以时间为轴，将舆论战的历史划分为古代舆论战（1840 年之前）、近代舆论战（1840~1949 年）和现代舆论战（1949 年至今）。[5] 刘燕和陈欢则以媒介技术的演变为轴线，在其著作《传播技术发展与舆论战的嬗变》中，将舆论战的发展归纳为口语舆论战、图文舆论战、电子舆论战和网络舆论战。[6]

这两种研究方式看似有别，实则统一。媒介技术的发展历史可勾画出时间轴线，只是媒介技术发展的轴线侧重媒介技术进步对舆论战演变的推动作用。王洪续在专著《舆论战研究》中对舆论战历史的梳理即体现了这一点，他将舆论战历史按照一战时的报刊舆论战、二战时的广播舆论战、"越战"时的电视舆论战、"科索沃战争"时的网络舆论战进行了梳理。[7]

因此，本文以时间轴线为主，以媒介技术发展轴线为辅，按照事物萌芽、诞生、发展的规律，梳理舆论战的历史，归纳不同时期舆论战的特点，总结舆论战的演变规律。

1. 舆论战的萌芽

"舆论战"并不是古代就有的战争形态，但古人们的做法却蕴含着朴素的舆论战思想。

春秋战国时期，列国纷争，能言善辩的谋士常常以"三寸不烂之舌"化干戈为玉帛、击退百万雄师，《左传》记载的《烛之武退秦师》即是典型案例。张仪连横、苏秦合纵也都是以言论为武器实现政治、军事目的的。《史记·陈涉世家》中记载，陈胜和吴广在起义前为了号召士卒，便以鬼神迷信"威众"，他们把写有"陈胜王"的布条儿放在鱼肚子里，士卒们在做鱼的时候便发现了鱼肚子里的帛书。此外，陈胜暗地里派吴广到士兵驻地附近的祠堂里，用狐狸的叫声大呼："大楚兴，陈胜王。"这些做法都是为了营造"陈胜是王"的舆论。虽然这些是利用人们的迷信心理而制造的假消息，但在当时却成功地为陈胜、吴广起义制造了有利的舆论氛围。而"王侯将相，宁有种乎？"也成为一句响亮的政治口号，具有极强的舆论煽动效果。此后，当陈胜"振臂一呼"的时候，才会有"应者云集"。这个典型案例表明古人已经充分意识到舆论在军事活动中的重要作用并加以利用。

在历史上，类似这样制造舆论、煽动舆论的事例不胜枚举。在垓下之战中，刘邦的军队围困项羽的军队，并在夜晚高唱楚歌，致使楚军军心溃散，可以说是舆论战的雏形。总体上，这一时期用于政治和军事目的的舆论活动还只是舆论战的发端，是萌芽状态。首先，当时虽然已有"舆论可以是武器"的思想，但主体还缺乏进行舆论战的自觉性、组织性。如政治游说往往是针对军事统帅或政治领袖个人的说服活动，并非为了改变众人的态度而展开的舆论攻势，也远非舆论战中的引导、控制等环节。其次，这个时期，舆论战利用的传播媒介主要是语言、歌谣、诗歌、书籍等，且主要是人际传播，不仅传播范围有限，时效性不高，而且信息在传递过程中很容易折损。这些因素决定了舆论这一武器的效果有限，也制约了这一活动形式向更高层次发展。

2. 舆论战的诞生

尽管我们主张对舆论战的定义不能囿于战争层面，但它最初引起人们的重视，并走进研究者的视野却是因为其在第一次世界大战中的表现。它堪称战争中的第二战场，其重要程度不亚于军事较量。拉斯韦尔在《世界大战中的宣传技巧》中写道："过去的这场大战的历史表明，现代战争必须在三个战线展开：军事战线、经济战线和宣传战线。宣传可以耗尽地方军事和平民力量，为士兵与坦克的武力威慑铺平道路。"[8]历史条件的成熟，催生了舆论战这一战争形式，其诞生标志为较强的组织性、明确的目的性、广泛的宣传工具、显著的舆论效果。

（1）较强的组织性。在第一次世界大战中，战争双方都有意识地发动舆论战，并且为了取得胜利，采用了一定的组织方法，外交部、军队和国家行政机关等或多或少地参与了舆论战，并通过召开记者招待会、宣传主管委员会和主要部门的宣传主管这三种协调统筹方式实现舆论战的目标。例如，英国成立了一个接近部长级的宣传主管委员会，每个主管负责宣传的一个重要分支，如对敌、对内、对同盟国或对中立国。[8]

（2）明确的目的性。在第一次世界大战中，各方都对舆论战表现出非同以往的重视程度，因而在舆论战的过程中也设置了更明确的目标，并制定了与其匹配的战略战术。拉斯韦尔归纳了这次战争中宣传者的四个主要目标：一是煽动对敌人的仇恨；二是保持与盟国的友好关系；三是保持与中立国的友谊，在可能的情况下争取他们的合作；四是瓦解敌人的斗志。[8]

（3）广泛的宣传工具。在第一次世界大战中动用的宣传工具是丰富多样的，报纸、传单、书籍、电影、广告、海报等都成了宣传工具，对他们广泛而灵活地运用显示了第一次世界大战中舆论战的规模。以美国公共信息委员会为例，该委员会利用报纸和期刊印发精选的文章，并在价值几百万美元的广告位置投放，且创办了一种发行量为 10 万份的日报供官方使用。[8]

（4）显著的舆论效果。第一次世界大战结束后，来自历史学、政治学、社会学等学科的学者们从不同的角度研究战争中史无前例的舆论战。虽然当时还是更多地从"战时宣传"的角度，但在现在看来，"一战"中的战时宣传活动就是舆论战。由此掀起的研究热潮从侧面佐证了舆论战在这场战争中发挥的巨大作用。在一些著名的胜利中，宣传甚至发挥了决定性的作用，"在 1917 年卡波雷托痛击意大利人之前的那场足智多谋的宣传攻势中，意大利人的意志被击垮了，他们的战线也就随之破裂并崩溃了"。[8]

第一次世界大战中，国家之间在舆论层面的斗争显示出较强的组织性和明确的目的性，运用了广泛的宣传工具，也取得了显著的效果。因此，第一次世界大战将作战双方在舆论层面的对抗推到了新的历史高度，标志着舆论战的诞生。

3. 舆论战的发展

"自第一次世界大战掀起前所未见的宣传巨浪开始，在这个革命、战争和商业化的世纪，热战、冷战、意识形态战和商战此起彼伏，宣传借助迅速壮大的大众传媒，向各种社会制度下的民众滚滚涌来，成为一种国际现象。"[8] 20 世纪，舆论战就在这样的历史条件下向前发展。这一时期，有两大力量推动着舆论战的发展：一是媒介技术进步；二是国际现实需要。

（1）媒介技术的进步推动了舆论战的发展，使舆论战手段不断丰富。

第二次世界大战期间，广播以其传播范围广、传播速度快、便于受众理解的优势在战争期间充当了舆论战的重要武器，弥补了报纸、传单等宣传工具的短板。盟军的"黑色电台"、美军的"安尼广播"、纳粹德国的"哈哈爵士"和日本的"东京玫瑰"等成了广播战历史上的经典之作。[7]

20 世纪 60 年代，电视登上历史的舞台。相比于以往的传播媒介，电视声画同步、形象直观的传播优势凸显。电视运用得好是舆论战的利器，运用得不好将适得其反。越战期间，秉持"新闻自由"的美国媒体将越战中的真实画面传回国内，尽管美军要求媒体删除过于血腥和可能引发麻烦的镜头，但一些战争的血腥场面还是触动了美国人民，反越战的呼声越来越高。虽然美国越战的失败有很多原因，但不可否认，美军在舆论战场吃了败仗。随着媒介技术的进一步发展，卫星电视在战争中广泛应用。在1991 年海湾战争、2001 年阿富汗战争、2003 年伊拉克战争中，美军利用卫星电视向当地输入美国"民主自由"的价值观，它的敌手萨达姆、拉登也通过电视镜头发声，开展舆论攻势。

每一次媒介技术的进步都为舆论战开辟出新的战场，互联网亦是如此。科索沃战争拉开了互联网舆论战的大幕，美军成立了"网上作战小组"，先后在互联网设置"科索沃危机""北约空袭"等网站，通过互联网向全世界公布"战果"，确保在舆论上处于主导地位。互联网在舆论战中展现了新技术的优势，但也暴露出脆弱的一面。在北约对南联盟空袭的第七天，一群计算机"网上战士"宣布在互联网上向北约宣战，攻击了北约及其成员国的网站。但随着互联网技术的进步，网络安全保护措施也在不断完善，维护网络安全也成为舆论战的题中之义。

（2）国际现实需要推动舆论战发展，舆论战延伸至政治、经济、文化等领域。

第二次世界大战之后，为了争夺世界霸权，美苏两大阵营展开了数十年的对抗，为了避免世界范围的大规模战争，双方以军备竞赛、科技竞赛、外交较量、局部战争等"冷"方式相互遏制。在这些较量背后，舆论战场的争斗从来没有停止过，且风起云涌。在这个特殊的历史时期，国际局势的现实需要推动舆论战向前发展，从军事战场延伸至政治、经济、文化等领域，其形式更加多样、方式更加隐蔽。

①形式多样。舆论战配合经济、文化、外交等手段进行。美国在经济上的优势地位突出，因而在与对手进行舆论战的过程中常常配合经济手段。例如，在 20 世纪 80 年代，波兰国内经济危机深重，而此时"老大哥"苏联又撤回了保护伞，波兰内外困境交加。美国利用其经济优势挑动波兰的经济"神经"，促动波兰舆论中发生了有利于美国的变化。[9]此外，美国还利用各种文化手段进行舆论战。冷战期间，意识形态领域是美苏两国争夺的焦点。美国就动员各种文化资源进行舆论战，试图抢占苏联的意识形态阵地。

②方式隐蔽。通常情况下，舆论战以攻击对手的软肋而争取舆论优势，但在冷战期间，美国也反其道而行之，在对苏联的舆论战中采取"捧杀"策略。这种策略隐蔽性更高，且短时间不容易被敌人识破。美国"捧杀"的对象就包括原苏联领导人戈尔巴乔夫。1987 年，戈尔巴乔夫的《改革与新思维》发表不久，西方国家在其媒体上对其大肆鼓吹，并给予他奖金、稿费。里根在访问苏联期间赞扬戈尔巴乔夫的改革"给苏联社会带来了自由的新风"。随后，戈尔巴乔夫访问美国，美国主流媒体对其访问给予极高评价。1990 年，西方还将诺贝尔和平奖授予他。[10]"捧"的背后是巨大的舆论阴谋，美国的真实目的是对苏联实行和平演变战略。

4. 现代舆论战

进入 21 世纪，尽管和平与发展成为全世界人民的共识，但国际局势波诡云谲，局部地区的国际关系依然剑拔弩张。在一系列国际事件中，舆论战都被提高到国家战略层面，备受重视。

（1）现代战争中的舆论战——以伊拉克战争为例。

①兵马未动，舆论先行。

在发动军事进攻前，美国为对伊拉克舆论战做了充分的准备工作。一方面，美国在中东地区建立了多个媒体机构，包括电台、电视台，专门对阿拉伯国家播放。2002 年 4 月，美国广播管理委员会推出中东广播网，节目定位是在 25 个阿拉伯国家"促进自由和民主"。[11]美国还投巨资为伊反对派开设了数个无线广播电台和电视台，密集运用 5 个频道、5 种语言实施不间断地心理攻击[12]。另一方面，美国成立了舆论战的"指挥中心"。

2003 年 1 月布什政府成立白宫全球宣传办公室。这个办公室的主要工作是统一部署美国对伊拉克战争中的新闻舆论工作，赢得各方舆论的支持。[11]

②软硬兼施，管控媒体。

媒体之于舆论战，就如士兵之于海陆战。媒体是舆论战的主力军，所以美国采取软硬兼施的手段管控媒体。"硬"手段有动用《反间谍法》《第一战争权利法》等法律，约束媒体行为，同时设置专门机构，强化行政手段的控制。"软"手段则是利用向媒体密集地提供信息，诱导媒体报道，实现舆论战的目的。战争期间，美方进行全天候的新闻发布，早上是白宫发言人发布新闻，然后由卡塔尔的中央司令部召开新闻发布会，下午是国防部举行新闻发布会，晚上白宫全球通信室再给各政府办公室和世界各地的美国使领馆发送全天新闻的邮件，供他们发布时使用。[11]

③全媒体全时空开展舆论战。

在伊拉克战争中，美伊之间的舆论战动用了几乎所有的媒介形态，不仅覆盖了伊拉克的主要城市，而且贯穿战争前、战争中、战争后的整个过程。

美方大量使用军用和商用通信卫星、小型卫星天线等技术设备开展全媒体舆论战。传单、报纸、电视、广播、互联网等不同的媒介形态齐上阵，在舆论战的舞台各显其能。美方利用电视直播展示美军的威力，以此震慑伊拉克军民的心理，也向全世界表明此次战争是精准打击——只针对萨达姆，没有带来人道主义灾难，以此减少反战声音。由于伊方对信息传播管制严密，一些节目伊拉克民众无法收看到。这个时候，传单、广播的优势凸显。为了开展舆论进攻，瓦解敌人的心理，美军在每晚 6 点到 11 点派出 EC-130E 型心理战飞机以 5 个波段在伊拉克上空进行广播。[12]数据显示，截至主要作战行动结束，美军进行了 306 个小时的空中无线电广播、304 个小时的空中电视广播；出动各型飞机 158 架次，投撒传单 81 种、3180 余万份[12]。战后，美国为了争取伊拉克人民的支持，抚平战争创伤，在攻占巴格达后通过电视台反复播放美英两国首脑的讲话，宣称要把伊拉克建设成一个民主自由的国家，并将政权还给伊拉克人民[12]。

④小结。

伊拉克战争中，美伊之间的舆论战场狼烟滚滚，激烈程度不亚于军事对抗。"这一切说明，新闻舆论战在现代战争中已经实现了由战术层次到战略层次的跃升。"[11]相比以往战争，伊拉克战争中舆论战有以下两点值得关注。第一，舆论战的规模更大。这体现在，参与报道的媒体更多、媒介形态更丰富，而且是贯穿整个战争的长时间、高强度的舆论对抗。美国的舆论攻势已在前文中说明，而伊拉克虽然整体处于劣势，但也尽其所能地争夺舆论阵地。比如，美军刚刚宣布"萨达姆被炸伤"，伊拉克电视台就播出萨达姆号召伊拉克军民反抗美英的电视讲话，以此挫败美国的舆论阴谋。第二，舆论战涉及面更广，美伊双方都努力争取国际舆论支持。美国在发动战争前反复强调伊拉克是"邪恶轴心国"的概念，设置议题称萨达姆政权压迫伊拉克人民，并且拥有杀伤性核武器，成功地引导了国际舆论，为战争发动创造了有利的国际舆论环境。伊拉克也不示弱：一方面展示被制裁12年造成的灾难，并向联合国表示愿意接受核查的诚意，以无辜面目博取国际舆论的同情；另一方面迎合中东地区反对西方社会的情绪，争取周边国家的支持。这些都表明，国际舆论成为战场外双方争夺的焦点。

（2）国际争端中的舆论战——以南海争端为例。

21世纪，在国际合作加强、国际一体化趋势下，国际舆论得到空前重视。有学者将国际舆论定义为"以大众媒体为主要传播渠道，以大众媒体言论和报道倾向为主要表现形式，反映大众媒体、国际公众、国际组织和非政府组织等国际事务和问题的相对一致且具有广泛影响的信念和态度的总和"[13]。国际舆论越来越成为大国间追逐利益的工具。在国际争端中，国家之间常常展开舆论战，以争取已有利的国际舆论形势，掌控国际话语权。

美国为了实现"亚太再平衡"的战略，成为南海仲裁案实质上的策划者和操控者，美菲联手借由南海仲裁案掀起对中国的舆论战。

第一，美国不断设置议题，在舆论战中打主动仗。美国设置并炒作中国破坏"航行自由"、进行"岛礁建设"、挑战"国际法"、谋求"地区霸权"等议题，极力塑造中国"以强欺弱"的形象。第二，美国政界、军界、学界、媒体以及智库、非政府组织等配合协作，制造舆论氛围，引导国际舆论。比如，美国政府会有意将信息透露给合作密切的学术机构或媒体。美国军方还邀请电视媒体从业者搭乘军机赴南海采访，通过现场的即视感增强对外传播的感染力和轰动效应。[14]第三，美国奉行"双重标准"，罔顾事实抹黑中国。美国对自己派军用舰机侵入中国领海避而不谈，却指责中国在没有争议的西沙群岛上部署战机加剧地区紧张，威胁地区安全。第四，菲律宾配合美国打舆论战。虽然菲律宾的国际影响力比不上美国，但在南海仲裁案中是当事方，对国际舆论也有一定影响力。一些菲律宾官员对于美国的舆论战策略遥相呼应，大肆炒作。菲律宾大理院法官安东纽·加彪在位于华盛顿的战略和国际研究中心的一次讲座上警告说，"如果舰炮的原则在我们的海洋和大海上获胜，不再有法制，这将导致沿海国家进行海军军备竞赛"。[15]

（三）舆论战的演变规律与趋势

1. 舆论战的发展与媒介技术进步紧密相关

舆论战以舆论为武器，而舆论的形成、发展需要媒介对信息、观点和态度的传播。最初，人类社会的舆论形成主要依靠口对传播。随着媒介技术进步，书籍、报纸、广播、电视、互联网先后登上历史舞台。媒介形态的不断丰富使得塑造、引导舆论的手段更加多样，效果也更为良好。舆论战也在这一过程中从无到有，从萌芽到成长，并不断向前发展，其组织性更强，专业化水平更高，战略地位也更加重要。

2. 社交媒体舆论场开辟舆论战新场域

当前，社交媒体深入甚至嵌入人类的生活，个体不再是单一的信息接收者，而且成为信息的传播者，社会舆论的形成更加复杂。社交媒体舆论场也成为一个不得不重视的舆论战新场域。"伊斯兰国"是近些年影响力最大的恐怖组织，它在各种社交媒体上注册了大量账号，发布斩首人质的视频，达到震慑西方政府、炫耀实力、吸引激进分子、引发世界恐慌的目的。他们还注重传播策略，发布日常生活的图片，吸引年轻人加入。其中一个名为"××××猫咪"的账号发布其成员收养的猫的图片，引起千万人的关注、转发。人们在浏览猫的图片的同时，自然而然就会接触到账号上有关"伊斯兰国"的教义和信息。[19]"伊斯兰国"正在社交媒体舆论场域渗透自己的力量，也是在和世界反恐力量进行隐性的舆论战。

3. 舆论战从军事发端，延伸至政治、经济、文化等领域

舆论战在军事战争中孵化发展，但在政治、经济、文化等领域，舆论的力量越来越受到重视。因而在这些领域，舆论之间的争夺也愈演愈烈，并且形式更加隐蔽。从本质上说，舆论属于社会意识的范畴。所以，隐藏在政治、经济、文化等领域的舆论战和国家意识形态、领土安全、经济安全、文化安全等诸多方面密切相关，尤其需要重视并加以研究。

4. 综合国力成为左右舆论战成败的最大因素

舆论战是综合国力竞争的外显形式之一。首先，实行舆论战需要财力、人力的支撑。舆论战越来越专业化、形式越来越复杂、技术越来越先进，舆论战的投入没有综合国力做支撑很难维系。其次，当代舆论战绝不仅仅是舆论层面的争夺，在舆论层面之下，经济、文化、科技、政治、军事才是左右舆论战的真正力量。

5. 国际舆论争夺引起全球瞩目

随着国际交往的深入，"地球村"村民之间往来密切，国际舆论不仅涉及的范围越来越广，其地位也越来越重要，尤其是在处理国际问题上。正如罗国强和张阳成所说，"国际争端的当事国在选择争端解决办法时，不仅要考虑该办法带来的利益和风险，还要考虑国际舆论对其做法的评价所带来的深远影响"。[20] 因而，在国际争端中，当事国不仅重视开展舆论战，而且越来越重视争夺国际舆论的支持，是否掌握国际舆论的主导权也成为决定舆论战成败的关键。

人类军事斗争在历经材料对抗、能量对抗之后，已经进入了信息对抗阶段。本文认为，在当今的信息对抗阶段，最主要的特征已经变为舆论对抗。国际舆论战是国家之间为了凝聚本国的军心，采取一定的战术，利用多种传播方式，通过操纵、策划、控制等手段，对于某一个重要的国际舆论体进行导向性宣传或对抗性宣传的相对独立的政治斗争模式。在战争时期，舆论战主要服务于军事战争，通过心里恫吓、虚假信息、利益诱导等心理战术击溃敌方的军心，并且吸纳敌方势力投诚。自从第二次世界大战以后，除了区域性的小规模战争以外，全球以和平与稳定的发展趋势为主。现当代的国际舆论战早已不仅仅局限于军事层面，而是扩展到政治、经济、文化、科技等各个领域，旨在谋求本国政策、价值观等的国际认同，提升本国的国际议程设置能力和对境外释放的"妖魔化"言论的对抗能力。

二 国际舆论战的参与主体研究

（一）国家政府

政府以国家的立场和态度进入国际舆论场域并发挥自身影响，是国际舆论战中重要的行为主体。第一，任何国家出于维护本国国家利益（包括政治利益、经济利益、安全利益等）的需要，对某一利益内容的反应，势必会与其他相关利益国家发生关联，引起连锁反应，形成国际性的意见和认知环境。这些利益相关国家之间的博弈、制衡与对抗构成了国际舆论战的主要内容。[21]第二，从国际关系角度看，历史文化、地缘背景和价值观念较为相似的国家之间容易结成战略联盟，持有相对一致的立场和态度，在国际上形成舆论声势。第三，政府作为社会资源的掌控者，其分配方式不仅制约着媒体的竞争力和市场地位，还规范其行为的合法性。

政府为了国家利益，通过各种制度和手段监督、干预和控制信息传播的过程，传播带有一定意图和倾向性的观点。美国政府的权威外宣机构有三家：新闻发言办公室、传播办公室和全球传播办公室。美国各级政府中的新闻发言办公室由专职的新闻发言人领导和管理，上情下达，主动发声，有计划地通过议程设置等方式引导媒体，掌握舆论话语权，安排媒体按照政府的意图和倾向开展舆论宣传和造势活动。[22]日本采用官僚体制与行政指导下的制度化媒体运作应对舆论战，2013 日本政府设立了名为"围绕领土主权的内外宣传综合调整会议"的部际联席工作会议机制，组建了加强对外宣传的部委联席工作事务机构"对外宣传战略企划组"，该机构对日本国内的对外传播工作进行了有效统筹与整合，对外传播效果明显增强。

（二）高端智库

高端智库又称思想库，以公共政策为研究对象，其目标是为了科学地影响决策和修正制定政策，不受制于政治体制，相对中立稳定的第三方非营利性研究机构，是政策过程中的一个重要参与者。在全球化时代，国际化、高水平的智库逐渐成为各国决策者在处理政治、经济、军事、外交等问题时所倚重的一支重要社会力量。[23]高端智库是国家智慧的体现，代表了一个国家软实力水平，是政府决策科学化、民主化的可靠保障，其实力直接关系国家的长远战略部署。[24]

从欧美智库发展的实践经验来看，西方智库在国际舆论战中处于关键位置。各国政府在处理国际事务和国际关系中需要具有专业知识的研究服务机构提供智力支撑。西方智库具有一定的非营利性和独立性，可以触及国际社会中的各个阶层进行信息和资源交换，对其他国家进行潜移默化的意识形态渗透，营造有利于本国利益的舆论认知环境。以布鲁金斯学会、兰德公司、传统基金会、斯坦福研究所、罗马俱乐部、野村综合研究所等为代表的国际知名智库，凭借着新思想、新观点、新理论所产生的学术影响力对国际舆论的影响更为长久和深刻。自20世纪90年代以来，随着全球网络化、信息化发展的深入，西方智库日益注重在国际社会传播其研究成果，这些成果经媒体和网络介绍给普通民众和政府官员，潜移默化地影响他们的思想认知，从而影响国际舆论，引领社会思潮。

智库与政府部门联动，精心策划议题，利用大众传媒选择性报道，引发国际社会热议，是发挥影响力的重要途径。当某一国际重大事件或问题被大众媒介集中大规模地报道，也会引起国际社会关注。智库基于专业权威和价值中立的特质，发表自己的观点和建议，其态度立场、政策思路或解决方案往往成为大众媒体的重点议题。西方智库会及时召开例行新闻发布会和定期的媒体吹风会，通过解读自己对重点议题的看法，进一步纠正舆论的片面或偏激的观点，反复改进的政策方案更加科学，容易得到社会大多数人的支持和认同，形成有利于被决策者采纳的社会舆论。[23]

（三）大众媒介

大众媒介被视为一个独立的国际舆论主体在于其对国际舆论有着直接和重要的影响，并在信息的采集、加工、传递过程中具有较强的选择性和倾向性。一般意义上的媒介既是指"信息传递的载体"也是指"从事信息采集、加工制作和传播的社会组织"，但是作为国际舆论主体的媒介仅是指后者。作为一种社会组织，大众媒介的发展必然会受到社会意识形态、法律制度的制约，同时媒介也在以某种"我们无法界定的方式逐步影响着我们的社会"。[21]

在国际舆论的生成、汇聚和传播的过程中，大众媒介是信源与信宿的中介，为各种意见和观点的相互交锋提供了恰当的场所。尽管在全球化进程不断加深的历史语境中，各种形式的跨国家、跨文化传播日益增多，但是国家之间的相互识别和认知，在很大程度上仍是借助媒介来完成的。随着互联网技术的飞速发展，媒体全球化的特征愈加凸显，对国际政治的影响也越来越突出。贝内特（Bennett，1990）指出，大众传媒倾向于在主流政治争论的范围内反映或"引用"一系列声音和观点。大众传媒在国际舆论战中往往站在本国政府一边，扮演着政府形象维护者、价值方略传播者的角色。以西方媒体为例，新闻媒体对国内政治事件进行集中、大量地报道，例如竞选运动等，使之成为全球关注的国际政治事件，以凸显本国的政治地位，提升全球影响力。

在国际舆论战中，大众传媒是舆论信息和公众意见的主要来源。大众传媒守门人被看作可以为政治行为"设置议程"的人。一般来说，在国际政治议程设置的过程中，本国媒体通过对某一事件或者问题进行集中的、大量的报道，使这一事件或问题的显著性提高，波及范围扩大，促使相关利益国家的媒体也对这一事件和问题进行关注和报道，继续扩大影响面，引发国际社会关注和议论，逐渐给敌对国家的决策者造成舆论压力，从而形成有利于己方的舆论态势。反之，本国媒体也可以通过选择性报道等手段让其他国际政治事件降解为次要事件，消解该事件对本国政治地位的威胁。总之，"大众媒体正面或负面的关注、曝光与议论，提升了某一国际事件或问题的重要性和紧迫感，从而把该事件推上国家之间的外交议程"[25]。

除此之外，在大多数情况下，任何国家以任何方式卷入舆论战中，都会被其他国家的媒体"审判"，因此开展舆论战的国家需要集中精力做好"战略性"媒体报道，掌握更多的媒介话语权，以争取在舆论战中获得有利的地位。

（四）非政府间国际组织（NGO）、国际公关公司、跨国企业等

1. NGO

国际组织包含两种类型：一种是政府间国际组织；另一种是非政府间国际组织。在国际政治关系中，这两种类型的国际组织有各自的权益诉求，同时也能够担当一定的国际职责，因而成为国际舆论引导主体的组成部分，由于非政府间国际组织是民间性质，没有类似于国家那样的执行力，在其参与国际活动的过程中更依赖于舆论的发动和支持，因此这里我们主要讨论国际非政府间组织在国际舆论战中的引导作用。由于国际非政府间组织没有主权特征，在国际舆论场中可以在更广阔的领域内发挥作用。国际非政府间组织在国际关系中扮演着日程设定者、顾问、

专家、压力集团和监督者等角色，不断地加强国际制度的合法性，尤其在国际问题纠纷中更加明显。[26]

2. 国际公关公司

国际公关公司是一种组织型、传播型的服务性机构，兼有智力型和信息型的特点。国际公关公司主要是由资深的公共关系专家和各种专业职业人员组成，目的是专门为国家机关和社会组织提供专业的公共关系咨询，亦可受理客户的委托定制公共关系活动。在国际化进程发展的今天，其重要性越来越凸显——处理好公共关系对于国家、企业、社会、个人等等都具有重要的作用。[27]国际公关公司非官方的性质决定了其能在各国政府与媒体之间起到巧妙、灵活的软化作用。乌克兰和俄罗斯一度剑拔弩张的外交局势曾经造成美俄关系的剧烈动荡，凯彻姆公司积极地在美国府院之间为俄罗斯游说，[28]从而化解了俄罗斯的外交危机，彰显了和平时代的世界背景下国际公关公司的重要作用。

3. 跨国企业

今时今日，中国国家利益日渐突破传统的区域地理界限而向全球范围拓展，跨国企业的经济属性、跨国特质以及对自主权的追求决定跨国企业是国际舆论中必不可少的有机组成部分。[29]最典型的例子是，美国政府和美国跨国公司的紧密协作，二者在全球话语权的发展上一直进行着隐蔽而密切的协同合作。美国国家安全局前雇员斯诺登泄密和叛逃事件证明了美国跨国公司诸如微软、Facebook 等在对外国政府乃至国际反美势力的非法监听项目上与国家机构之间的密切合作关系。虽然说，相比较而言，中国跨国企业的发展起步较晚，但是将中国目前的国际经济优势迅速转化为国际话语权的把控优势是未来的重要方向。

（五）国家情报体系

国家情报是为了实现国家战略目标，保障国家和平和发展的安全状态，应对国家安全问题而采用的情报和反情报策略。国家情报体系服务于国家战略，支撑着国家的外交政策体系，更是国际舆论战最重要的智囊参谋。国家的安全情报体系非常广泛，不仅包括宏观层面上的战略情报，还有中观层面（如面向各行各业、各种领域）的情报以及微观层面上（如面向公司、组织、个体等）的情报，对于充分了解和掌握国际舆论战的情势、国际社会舆论环境、现有或潜在敌对势力群体具有深刻的战略价值与社会意义。

国家情报体系为国际舆论决策者和引导者提供情报服务。首先，国际舆论战是以舆论为主要对抗形式的意识形态斗争，实质上是对关键情报的争夺。开展国际舆论战的国家为求赢得有利的舆论形势，必须了解国际社会和敌对国家的情况和意图。各国均利用情报机构揭开或渗透事件的表象，探求其他国家事务和国际关系的核心。其次，国家情报体系联合智库为国际舆论战略决策提供专业参考。在国家情报领域，美国的探索、实践和经验值得借鉴。美国智库是国家情报理论研究和实践相连接的桥梁，以全面准确的分析和研判，影响美国政治、经济、社会、军事、外交等方面的重大决策。国家情报机构还可以邀请国际著名的智库专家学者直接参与国家舆论战的战略计划的研究和制定，如兰德公司等一直为美国国防部提供有关国际安全情报的研究报告。最后，一般来说国家情报机构对于信息的搜集能力、调查能力和甄别技术非常强大。这种能力优势，不仅有助于提前研判可能会威胁国际舆论战争的各方面的有利与不利因素，还能帮助国家重要机构做出科学的预警措施，如采用看高科技手段发射收集情报的间谍卫星、建立全球化的电子监控网络等。

（六）军事机构

国际舆论战是一种与军事战紧密配合的作战手段，可以通过各种媒介或渠道，运用意识渗透、政治进攻、舆论诱导等策略争取国际社会的支持，使国际舆论发生有利于己而不利于敌的变化，从而达到"不战而屈人之兵"的目的。[30]当前，在全球军事信息化发展的趋势下，国际舆论战已经成为中军战时政治工作的重要作战样式。

第一，军事机构对国际舆论战进行策划和指挥。军事机构的战略优势在于拥有精通现代作战各个领域的专家群体，作为专门负责国际舆论战谋划的智囊。国际舆论战的策划程序开始是设定目标、收集情报，此外还要进行舆论的分析、战略战术的创意构想和评价选择、精确实施、调整反馈等。美军舆论战的组织与实施在指挥层，助理国防部长专管公共事务，除了300家电台、电视台以外，还有1800多种刊物，这些庞大的媒体平台美国是政府开展舆论战工作的重要基础。[31]在国际舆论斗争的操作层面，美军有专业部队从事舆论战。例如广播舆论战，由美国陆军第四心理战大队和一九三特种任务联队共同负责。

第二，军事机构能够更好地控制和引导媒体，开展国际议程设置，掌握国际舆论的主导权。首先，在国际舆论战中，军方要通过大众传媒有效控制和影响舆论，把国际社会的关注点集中到经过设计的问题上去，大量发布对己方有利、对敌方不利的信息，形成符合政治需要的舆论潮流。其次，军事机构利用媒体制造出符合己方需要的"战争现实"，从而建构起对战争进程有利的国际舆论。最后，军事机构操纵媒体进行持续、全面的"信息轰炸"，在作战空间上形成主导性的信息优势，从而左右国际舆论，赢得主动。如美伊战争时，美军通过牢牢把握国际传媒机器，编织战场信息传播网络，及时、快速、大量地发布了有关信息，有效地压制了处于传播劣势的伊拉克舆论，牢牢控制了战争的舆论主动权。

第三，一旦在战争状态之下，军事机构更有能力对各种类型的媒体进行有效的舆论信息管控。国家的舆论信息管控是军事机构维护国家安全和利益的必要手段，同时也是战争中打击敌人的最重要武器之一。首先，战争状态下，军事机构可以严格管控舆论信息的内容，更有效地保护和利用有价值的信息，减弱甚至消灭冗杂、负面的信息。在此基础上，准确地把握战时舆论信息传播的主动权，及时有效地转变和引导舆论。其次，就媒体从业人员的管理和控制来说，军事机构可以采用事先制定新闻规则、专业军官引导等方法规范、管理战时新闻采访活动，实行战时新闻规定。最后，对于传播渠道的管控，军事机构可通过规范战地采访、稿件审批、信息发布程序，严格管控传播渠道，阻断不利舆论信息的传播。

三　我国国际舆论战存在的问题及对策研究

近年来，我国在中日钓鱼岛争端、菲律宾南海仲裁案中均处于国际舆论战旋涡，美国等国家借国际问题之机，利用"中国崩溃论""中国威胁论"等论调不断贬损中国，或以西方意识形态对我国进行渗透，挑战我国主流意识形态。本文对我国在国际舆论战中存在的问题进行了总结和分析，参考其他国家舆论战的经验，结合中国的实际情况，提出了中国应对国际舆论战对策的建议，以期对提升中国的国际舆论应战能力有所助益。

（一）中国在国际舆论战中存在的问题

1. 舆论战统筹机构尚不成熟，制度化运作不足

国际舆论战是一项系统工程，涉及政治、军事和传播多个领域，上至政府决策者，下至普通民众，都是舆论战中的重要环节，需要国家多方投入力量专注于同一目标共同推进。目前，我国面对国际重大事件的舆论战，缺乏统筹全局的舆论管理和领导机构，未能形成系统化、规范化和制度化的运行体制，难以在短期内迅速凝聚多方力量，制定统一的战略部署和实施规划。

2. 尚未形成完善的中国特色外宣理念，反击力量较为薄弱

一直以来，中国期望在国际社会中能树立起和平发展和负责任的大国形象，但西方国家不断用"中国威胁论"等论调来贬损中国，我国由于缺乏较为成熟的舆论战论调和策略予以反击，尚未形成较为完善的中国特色的外宣理念，而容易成为被误读甚至异化的对象。

国际舆论战中的理念建构尤为重要，我们必须植根于中国传统文化和话语体系，建构具有中国特色的外宣理念，有力反击国舆论攻击。结合国情建立具有国家特色的外宣理念，能够有效回避质疑和刁难，避免陷入舆论陷阱和西方价值观的圈套，在自身强有力的理念庇护下有选择性地予以回应，驳回外界舆论的攻击和指责。

3. 参与主体未能有效配合，多方联动效应欠缺

目前，我国舆论战的各参与主体存在各守其职、各司其政的问题，政府、智库、媒体、调研机构、公关公司等主体未能实现更为有效地配合。在舆论战的协调配合层面，美国的官方、学界和媒体紧密配合的成功经验，值得我国学习。舆论战中美国官方发声注重多主体、多渠道之间的相互配合。发声主体除总统、国务卿外，各部长和军政发言人也会在第一时间出面说明，美国官方与学界和媒体一贯保持紧密联系，以此形成多方联动效应。发声平台除了媒体，还借用双边、多边外交场合表明立场。

4. 片面注重舆论宣传，与心理战法律战协同不够

长期以来，我国对舆论战的认知存在一定偏差，认为舆论战就是舆论宣传，片面强调媒体的重要性，仅注重媒体宣传力量的投入，忽视了心理战和法律战的协同。心理战和法律战是舆论战的重要组成部分，三者相互借势、互相巩固，才能将舆论战的影响力发挥到最大。

5. 媒体议程设置能力不足，舆论战中容易陷于被动

在国际舆论战中，中国媒体在议程设置方面的不足主要表现在议题、态度和特色三个方面。首先，深受大选文化影响的西方受众对政治新闻颇为敏感，他们更关注与中国政治体制和领导人有关的新闻。但中国新闻媒体的报道议题设置与西方受众的需求存在断层。新闻报道的议题得不到国际社会的关注，就难以夺取国际话语权和舆论攻势的主动权。

其次，西方媒体一直信奉所谓"客观、公正、独立、均衡"的报道原则，认为有悖于该原则的媒体都有喉舌的嫌疑并加以排斥。中国媒体的议程设置一贯秉承正面宣传原则，媒体中的正面报道具有压倒性优势。这种报道方式不同于西方受众信奉的理念，认为中国媒体都是政府喉舌、党派媒体，丧失了公信力，难以在国际舆论战中说服西方民众并改变他们的想法与立场。

最后，中国媒体的议程设置存在太多样板式议题，在国际舆论的洪流中难以脱颖而出。国际报道没有成规与定律，能最确切地呈现国家形象和国家特色的报道就是好报道。仅仅套用西方报道框架并不能体现中国化，更不能在舆论战中掌握主动权表明我国立场，能呈现中国特色的议题应该立足于中国的立场和思想，通过精心的策划和扎实的信息内容引导舆论，抢占舆论战的先机。

6. 国际传播力量分散，忽视使用新媒体进行宣传

第一，国际传播存在力量分散、实力弱、规模小的问题，阻碍了舆论战中国际传播能力的提升。中国媒体的区域分管制度削弱了传播的总体实力，不同行政区域的分管限制了资源的集聚，不能推动合作与竞争，限制了媒体的自身发展；中国经济发展迅猛，但是国际传播力的发展状况与经济极不匹配，我国目前的国际传播力实力较弱，且仍未形成具备国际竞争力的传媒集团，媒体规模过小，不具备国际竞争力。

第二，国际竞争的发展存在粗放式、同质化的问题，导致国际传播竞争力不足，在舆论战中中国媒体难以与西方媒体抗衡。推动传媒行业的集团化发展是集聚传播力量、提升国际传播力的必由之路，我国政府自1996年起推行传媒集团化政策，至今文化产业集团已经初具规模，但自上而下的推动进程导致粗放式发展问题的出现，缺乏市场竞争的发展环境使集团之间和集团内部出现同质化现象，导致中国传媒集团的国际传播竞争力不足。

第三，国有资本拉动国际传播力增长，媒体消费作用不明显，发展面临西方跨国媒体集团的挑战。我国的国有媒体性质决定了国有资本是拉动国际传播力的主要动力，社会资本对国际传播力贡献的力量有限。对国际传播力发展具有重要推动作用的媒体消费力量还未被挖掘，作为媒体消费者的读者与广告商的潜能还有待释放。随着中国传媒力量不断走进国际媒体市场，西方跨国传媒集团的力量也不断往中国渗透，利用其专业化团队挤占中国的传媒市场和文化资源，市场和受众资源的流失对于我国传媒产业提升国际传播力提出了更严峻的挑战。

第四，中国媒体的传播理念有待纠正。传播不同于宣传，一味地宣传容易忽视受众的需求；同时，更应体现对于中国价值观的传达。传播强调有效性，需要了解受众的媒介使用心理与习惯，熟悉西方媒体的传播规则和表达技巧。但若矫枉过正，一味地迎合西方价值观，也会影响中国立场的表达和价值观的传递。

第五，组织管理体制有待完善。在国际传播过程中，管理体系存在指挥、审核体系过于臃肿的问题，导致新闻时效性受到延误，不能及时传播。目前，我国媒体的传播手段尚不够丰富，渠道过于单一，协作效率较低，不能实现全媒体传播，对外传播的信息落地困难，容易导致在国际大事件上的失语。

7. 人才培养渠道单一，舆论战存在人才短缺问题

由于以往对舆论战的研究多集中于军事领域，因此舆论战的人才培养仅限于军事院校。在数量上占绝对优势的普通高校在舆论战人才的培养上只是个"旁观者"，没有引起足够的重视。近年来，军队依靠国民教育体系在培养军队人才方面取得了长足的进步，普通高校成为军队专业技术人才输出的重要渠道，但在人才培养类型上，仍以军队急需的专业技术人才为主。

随着中国综合国力的提高，中国国际话语权逐步提升，面临着日趋复杂的国际舆论环境，对舆论战专业人才的需求不断加大，增加舆论战人才培养的投入力度成为当务之急。如何利用普通高校的科研和人才培养优势

培养舆论战人才成为亟待解决的问题。面对全球化背景下的机遇与挑战，我国应该更新教育理念、改革教育体制、强化人文社科尤其是新闻传播专业人才的培养。并且，人才的培养应与国际传播人才的培养接轨，着眼于国际化人才的教育。

（二）中国应对国际舆论战对策的建议

1. 设置舆论统筹管理专职机构，采用制度化管理

我国应建设起舆论战统一管理和规划机构，通过制度化管理规范运作，统筹舆论战全局。机构和体制建设可以从其他国家汲取经验，例如，近年来，日本政府在内阁府先后新设了"领土·主权对策企划调整室""对外宣传战略企划组"等机构，委任政府官员为机构管理者，全面展开日本政府的形象宣传，并积极就国际舆论展开公关。我国应该植根于我国的实际情况，设立舆论统筹管理专职机构，专门管理国际舆论传播、国际舆论公关和应对，并使之成为日常舆论管理机构。

2. 建构具有广泛意义的中国价值观，占据舆论制高点

在舆论战中，一味迎合西方的话语体系不能有效夺取话语权，我国应该打造具有广泛意义的中国价值观理念。传递中国声音首先要打造中国话语，构建中国的思想体系和价值体系，在舆论战中占据道义制高点。

建构具有普遍意义的中国价值观可以从构建关于中国传统文化、民族发展和复兴的价值观等多角度切入。其一，中国五千年的传统文化是宝贵的精神财富，也最能体现中华民族的精神内核。儒家的"仁义""和谐""大爱"等思想可以对现实世界予以观照，对于解决民族争端、宗教冲突等世界问题具有指导意义。中国可以尝试提出对现实问题有所回应的儒家思想文化，对中国的和平崛起进行解答。其二，建构中华民族复兴的价值观。自中国改革开放以来，西方层出不穷的"中国崩溃论""中国威胁论"等论调不断贬损中国，我国由于缺乏植根于本国经济和文化背景下的国际传播话语体系，经常陷入西方国家的话语陷阱，成为被忽略、误读的对象。对此，我国需要针对现实发展状况，建构起植根于传统文化、与中国发展模式相适应的价值观，并根据本国国情和经济文化背景进行解读，表达我国坚持走和平崛起之路的立场，为国际传播搭建对话桥梁，解答西方国家的困惑，消除误解和谬传，最大限度地求同存异。

3. 官方、学界、媒体紧密配合，各部门统筹协调

在舆论战中，我国应该充分调动官方、学界、媒体和民间的力量，多方紧密配合共同提升舆论传递的有效性和广泛性。重大事件当前，除了官方的政府口径，鼓励智库和民间力量发声；民间媒体可以多发表观点与评论，智库可以从研究的角度出发，发布观察报告。同时整合智库资源和国际传播渠道，鼓励智库与媒体的合作，探索多渠道的信息和成果发布机制，推动智库的社会化传播，加强智库和学界舆论战研究与预测能力，将智力成果与实战相结合，推动负责任且具有影响力的舆论机构出现，强化舆论战的传播效果和作战能力。

4. 舆论战、心理战、法律战统一有序协同推进

心理战和法律战是舆论战的重要组成部分，三者相互借势、互相巩固，才能将舆论战的影响力发挥到最大。三种战法均是非武力作战行动的政治攻心战，舆论战基于大众传媒的途径，通过有目的和针对性地传播强化我方观点，瓦解对方舆论攻势，争取民意归属，从而占据有利地位。心理战通过传播特定信息而征服人心，通过摧毁对方的战斗意志弱化其作战能力，应该将心理战作为舆论战的重要作战内容和作战目标。法律战运用法律揭露对方弱点，从而占据法理优势进行法律对抗。中国在舆论战中需要将"三战"统一起来，有序推进舆论战、心理战和法律战的共同展开，在时间和空间上相互衔接照应，在资源上优势互补，形成整体合力，从而增强舆论战的战斗力和威慑力。

5. 加强媒体议程设置能力建设，化被动为主动

首先，我国媒体应当建立起主动设置议程的理念并积极践行，面对突发事件，及时设置议程第一时间做出报道，以速度争取舆论的主动权，避免媒体的失语与空位，提升媒体的影响力，使中国成为世界性媒体关注的对象，为国外民众通过媒介了解中国提供更多客观而翔实的信息，从而避免西方媒体的误读和歪解，改善西方民众的不良印象，维护我国的国家形象。

其次，中国媒体应该积极参与国际热点问题的报道，从而跻身国际主流媒体行列，融入国际传播的话语体系。抓住热点议题的话语权，有理有据地陈述我方观点，有助于提升中国媒体对国际舆论的引导能力。同时，面对西方的抹黑和质疑，中国媒体不能不闻不问，应该根据实际情况予以反击，阐明真相与中国立场，争取话语的制高点，掌握舆论主动权。

6. 强化媒体传播平台建设，全面开展网络舆论战

首先，强化新媒体传播力度，建立权威的对外传播网站。例如，在钓鱼岛问题的舆论战中，日本利用官方网站建立专题页面，从历史到现实进行多媒体解说与宣传，并设计动画强化说服效果，制定标语和图片宣传主张，以此吸引他国的理解和声援。我国也应该强化新媒体的宣传力度，更新传播理念，结合图片和动画等多种新媒体传播手段修正刻板严肃的宣传形式。同时，主流网站应该利用独家新闻强化传播权威，树立起强势的主流媒体形象，以此获得更多的发言权，掌握舆论战的主动权。

其次，加速新媒体与传统媒体的融合，建立起立体化的国际传播网络。随着新媒体传播力量的提升，新媒体对于舆论战的介入和影响力越来越强大，中国应该通过推动新旧媒体的融合来促进立体化信息网络的建设，不仅通过电视、广播等手段宣传造势，还要利用新媒体提升覆盖面和渗透力，使新旧媒体优势互补，推动传播能力产生质的飞跃，建立起立体化的传播网络，提升舆论战的应战能力。

7. 加强人才和智库建设，为舆论战提供智力保障

国际舆论战需要人才和智库的智力支撑，提升中国舆论战的应对能力，需要加强人才培养和智库建设。

人才培养方面，需要加强翻译人才、法律人才和国际传播人才的培养。国际舆论战的基础是话语权，争夺话语权首先要对语言有较好的把握。打好舆论战首先要有高质量的翻译队伍。目前，我国的翻译工作者能较好地胜任口语翻译工作，但兼具学术和艺术的跨文化翻译难以胜任，需要我国提升外语教学水平，加强翻译人才培养。国际舆论战多涉及国际法和国际惯例，需要大量的法律咨询和司法建议人才，而国外聘请的法律团队又不了解中国国情，因此我国在法律人才培养上应加强应用教育，培养自己的精英型的法务人才。

智库建设方面，需要充分发挥民间智库的作用，并注重对智囊的培养与提升。我国政府和高校智库占据较高比重，活跃的民间智库却少见。民间智库具有较强的独立性，能对政府的管理和决策产生一定影响，其观点因具有一定的中立性更容易被西方媒体和受众所接受。此外，要注重对智库智囊的培养，中国智库的组成人员以政府官员和学者为主，专于经济学领域的研究者居多。国外智库注重对智囊进行全局性、前瞻性的培养，不拘泥于纯学理性的研究，更注重多元学科背景。中国的智库学者欲达到此标准，需要具备海外学习或工作经历，具备较强的国际视野，具有通识之才和政府工作经验，培养该类复合型智囊才能满足目前我国舆论战中的人才需求。

8. 有序推动民间公共外交，探索舆论传播新路径

"'民间组织'是一个颇具中国特色的词汇，通常指由各级民政部口作为登记管理机关并纳入登记管理范围的社会团体、民办非企业单位和基金会三类社会组织的总称。然而，中国的民间组织有官方、非官方之分，涵盖了国际上的非政府间组织、非营利组织、慈善组织、志愿组织、公民社会组织等等。"[32]随着公民社会的推进，民间组织凭借其灵活性和独立性更易受到国际组织的认同，在国际舆论战中可以发挥独特的作用。

其一，应该支持民间组织参与国际对话。民间组织可以在多种国际对话中发挥填充功能，例如，文化交流活动中成为文化交流和传递主体，在生态环保议题中运用更丰富的表现形式呈现中国环保建设成果等。其二，鼓励港澳台同胞和海外华人积极发声，参与国际论战。港澳台和海外华人一般拥有当地传播媒介，他们的声援对于引导舆论具有重要意义。对此，我国一方面可以给予华人媒体经费支撑，另一方面可以适度进行议程设置，提供议题供其参考。其三，挖掘国际传播过程中的舆论领袖。除国家领导人和权威媒体外，民间交往的典型人物在国际舆论战中也发挥着不可替代的作用，他们可能来自政界、商界或学界，作为友好人士而成为民间的形象大使，获得他国好感和信任。这种友好交往人士跨越了国别的界限，具有较高的关注度和信任度，成为公认的舆论领袖。在舆论战中，可以挖掘舆论领袖协助发声，寻求他国声援和支持。

[课题负责人：上海交通大学舆论学研究院谢耘耕、荣婷；作者：上海交通大学舆论学研究院姬雁楠、刘璐、付翔、许骏、张若溪、刘俞雯。本文系教育部人文社科青年项目"西方国家对华舆论战的新形态和新手段研究"（批准号：17YJC860017）阶段性成果]

注释

[1] 张晓天、吴寒月：《怎样打赢舆论战：古今中外舆论战战法研究》，国防大学

出版社，2006，第2页。

[2] 徐颖：《信息化条件下我军舆论战的运用》，转引自《中国人民解放军舆论战心理战法律战纲要学习读本》，解放军出版社，2006，第26~82页。

[3] 转引自朱金平《舆论战》，中国言实出版社，2005年第6期，第6~7页。

[4] 吴旭：《舆论战的理论界定和基本框架》，《军事记者》2005年第1期。

[5] 转引自程宝山《舆论战心理战法律战基本问题》，军事科学出版社，2004，第33~34页。

[6] 刘燕、陈欢：《传播技术发展与舆论战的嬗变》，军事科学出版社，2007，第11页。

[7] 王洪续：《舆论战研究》，白山出版社，2004，第66页。

[8] 〔美〕哈罗德·D.拉斯韦尔（Harold D. Lasswell）：《世界大战中的宣传技巧》，张洁、田青译，中国人民大学出版社，第160、161、170~171、174页，序。

[9] 张朝龙：《无形利刃刺破铁幕的思考——以80年代中后期美国对波兰的舆论战为例》，《理论导刊》2009年第5期，第97页。

[10] 张朝龙：《舆论战中的捧杀策略——以20世纪80年代后期美国对苏联舆论战为例》，《军事记者》2009年第4期，第43页。

[11] 柯醒褚：《分析：从伊拉克战争看现代战争中的新闻舆论战》，搜狐新闻，2003年7月15日，http://news.sohu.com/91/27/news211092791.shtml。

[12] 樊高月、符林国：《第一场初具信息化形态的战争——伊拉克战争》，军事科学出版社，2008，第148~149、149~150页。

[13] 刘肖：《理智与偏见——当代西方涉华国际舆论研究》，中国社会科学出版社，2010，第25页。

[14] 刘海洋：《美国南海"舆论战"技战术意图分析及启示》，《亚太安全与海洋研究》2016年第3期，第50页。

[15] 李金明：《南海仲裁案：美菲联手打舆论战》，《太平洋学报》2016年第3期，第26页。

[16] 雷东瑞：《中国多位驻外大使就南海问题密集发声阐述中方立场》，新华网，2016年5月17日，http://news.xinhuanet.com/world/2016-05/17/c_128988822.htm。

[17] 李果：《南海宣传短片亮相纽约时代广场　我们应该让全世界都了解事实真相》，中国网·中部纵览，2016年7月26日，http://henan.china.com.cn/news/2016/0726/2964259.shtml。

[18] 郑玮娜：《美国打南海"舆论战"居心叵测》，新华网，2016年6月16日，

http://news.xinhuanet.com/world/2016-06/16/c_1119055170.htm。

[19] 万婧：《"伊斯兰国"的宣传》，《新闻与传播研究》2015 年第 10 期，第 101 页。

[20] 罗国强、张阳成：《论国际舆论对国际法的影响——兼析对解决东海南海岛屿争端的启示》，《南洋问题研究》2013 年第 3 期，第 14 页。

[21] 李仲天：《全球传播语境中的国际舆论调控》，中国传媒大学博士学位论文，2008，第 19 页。

[22] 陈一收：《美国政府舆论宣传的策略与技巧》，《理论月刊》2015 年第 5 期，第 185~188 页。

[23] 朱瑞博、刘芸：《智库影响力的国际经验与我国智库运行机制》，《重庆社会科学》2012 年第 3 期，第 110~116 页。

[24] 王厚全：《智库演化论——历史、功能与动力的三维诠释》，中共中央党校博士学位论文，2016，第 192 页。

[25] 李智：《国际政治传播控制与效果》，北京大学出版社，2007，第 131 页。

[26] 叶江、甘锋：《试论国际非政府组织对当代国际格局演变的影响》，《国际观察》2007 年第 3 期，第 58~64 页。

[27] 袁冰：《公关公司在大众传播中的角色与策略》，《国际公关》2008 年第 2 期，第 78~79 页。

[28] 孙卓：《揭秘华盛顿 K 街的"普京游说团"：最高入账 2600 万美元》，《第一财经日报》2014 年 3 月 12 日。

[29] 李志永：《企业公共外交的价值、路径与限度——有关中国进一步和平发展的战略思考》，《世界经济与政治》2012 年第 12 期，第 98~114 页。

[30] 沈绿：《美国舆论战在现代局部战争中的特点及策略》，《新闻界》2005 年第 3 期，第 5~9 页。

[31] 乔硕功：《舆论战背景下高校传媒人才的培养》，中南大学硕士学位论文，2007，第 12~13 页。

[32] 吴贤军：《中国和平发展背景下的国际话语权构建研究》，福建师范大学博士学位论文，2015，第 217 页。

舆论史研究

从自由到自律

——汪康年《刍言报》"针报"栏目的舆论思想

王梅竹

摘　要　汪康年的办报实践活动长达16年。其间,他的办报理念发生了一系列转变。由最初的提倡新闻报道要全面且详细,消息要准确而迅速,到呼吁报刊不必"有闻必录",要保持客观与理性,对发表的言论负责。这充分体现了汪康年对报刊言论的认识从自由转向到自律,文章基于对《刍言报》"针报"栏目的分析,来呈现汪康年的这一报刊舆论思想。

关键词　《刍言报》　有闻必录　舆论自由　自律

From Freedom to Self-discipline

—The Thought of Public Opinion in the "Zhenbao" Column of Wang Kangnian's *Chuyan Daily*

Wang Meizhu

Abstract　Wang Kangnian's practice of running a newspaper had been for 16 years, during that period, his thought of press underwent a series of changes. Initially, he advocated that reports should be comprehensive and detailed and news should be accurate and rapid, after that he called on newspapers not have to record everything that happend, the newspaper should maintain objective and rational, and be responsible for the remarks that made. This fully shows that Wang Kangnian's understanding of newspaper speech changed from freedom to self-discipline. Based on analysis of the "Zhenbao" Column of *Chuyan Daily*, this article will present Wang Kangnian's thought of press public opinion.

Keywords *Chuyan Daily*; Record Everything That Happened; Freedom of Public Opinion; Self-Discipline

汪康年是国人第一次办报高潮中的代表人物之一，在其独特的办报经验中积淀了丰富的报刊思想。从办报之初非常注重译报，到创办综合性报纸，将登载新闻、评论时政的现代报刊功能充分发展起来，再到抨击时局，舆论参政，其报刊思想在实践中不断演进调整，促使其对报刊的社会功能产生深刻的思考，希望通过报刊"救亡图存"的意愿更加强烈。1910年11月2日，汪康年在北京创办了一份纯政论性报刊《刍言报》，他一人包揽所有业务，负责编辑、校对和发行工作。《刍言报》以评论及记载旧闻，供人研究为主，不以登载新闻为职志。并且独资经营，不对外筹款，不登载广告。1911年11月14日，汪康年去世，《刍言报》随之停刊。[1]

《刍言报》作为一份政论性报纸，其办报首要目的便是"舆论监督"，汪康年在创办《刍言报》之初，就在报纸《小引》中写下其办报目的：

> 本报因近来各报立论，或有失之偏宕之处，亦有但言此一面而未言彼一面者，又有因外交及种种因由，当时未便揭载，日后亦未及补正者。然各地研究之人，或因而有误会，甚至滞于闻见，而智识不能增长，心思不能圆活，殊于实际有害。故时因管见所及，随事说明，或并为纠正。[2]

《刍言报》是汪康年进行"监督舆论"的平台，也可以说是其对当时报刊进行媒介批评的武器。所以汪康年在发表言论时往往具有很强的现实针对性，《痛论颁行新刑律之宜慎》《为预备立宪敬告政府及国民》这类关注政府立法、政治体制改革的评论，可以说是独到而犀利，发人深省。晚清收藏家、文献学家叶昌炽便注意到该报"专纠各报之横议，亦警世钟也"。[3]汪康年认为报刊不仅要自由，而且要自律。因为它不仅是用来增长国民见识、教化社会大众的工具，更是舆论的代表，报纸握有话语权，它的一言一语都关乎国家的生死存亡。报刊在发表言论时有失偏颇，会影响大众对整个社会时局的认识，产生不良的社会效果。因此，汪康年对报刊舆论弊病的批判，在"针报"这一栏目中表现得尤为明显，其主要体现在以下几个方面。

一 报刊不必"有闻必录"

"有闻必录"一词最早出现于 19 世纪 70 年代，1876 年 6 月 29 日，《申报》首次使用了"有闻必录"一词，称"中英近日龃龉一事，非但为目下之新闻，且攸关日后之大局。故本馆不厌既详且尽，有闻必录"。[4] 80年代之后，许多报纸更是把"有闻必录"当作一种登载新闻的原则。1884年 12 月广州的《述报》，在一则题为《天津要电》的新闻中说："按此事西友亦得之传闻。姑照有闻必录之例书之。"1899 年 10 月 23 日，《觉民报》在《纪本报创办之由》一文中称："报馆之设，始于泰西。记载事实，罗列新闻，上自朝廷，下至草野，有闻必录，无语不详"。[5] 著名新闻史专家、复旦大学教授宁树藩在《"有闻必录"考》一文中对"有闻必录"的批判史进行了梳理，其中谈到，最早对"有闻必录"这一做法进行质疑的是在华外国报人林乐知，曾在其主编的《万国公报》上公开进行批判。文章中写到中国人对"有闻必录"的批判是从 1918 年开始的，最早对"有闻必录"进行猛烈抨击的中国报人是徐宝璜、邵飘萍。而南京理工大学新闻学教授胡正强则认为我国最早批判"有闻必录"口号的报人是汪康年，他的依据就是汪康年在《刍言报》上发表的对"有闻必录"有批判性意向的多篇文章。如其在宣统三年四月二十一日"针报"栏目发表的一篇文章，说到对"有闻必录"的看法：

> "有闻必录"四字，欧洲各报实无此说，即来函登载之语，亦必报馆担其责任，此等事盖不知几经波折乃成今日办法。盖报馆者兵刃之类能卫人亦能害人，不得不多方防备之也[6]

汪康年对"有闻必录"的批判有两个方面。一是"有闻必录"会降低新闻的真实性。"针报"中有较多斥责当时报刊只提供信息不追究消息来源、不负责辨别真伪的文章，对报刊不经过核实就草草报道的现象提出批评："吾国报馆习气遇有外来之电绝不究处，实滥行登载，纵使次日即行更正而此等诬捏之事已早一日遍布各处或已至误事。"[7]汪康年主张"事必求其确实，论必求其正当"。[8]新闻的真实性要放在第一位，反复求证其真实性之后报刊再进行登载。

二是"有闻必录"并不能凸显新闻价值。汪康年强调报刊要报道有价值的新闻。"针报"将批评的矛头对准那些避重就轻、言语草率的报刊，时常能够看到其对《帝京新闻》《京津时报》《国风日报》等报刊言论的批评。对于某些没有新闻价值的报道，汪康年在文章中写道："若谓议事日表所载不能不议，则拟日表在前降论旨在后，既见论旨则删此条可矣。况乎应议之事甚多何必议。"[9]"初一帝国日报又载劳君乃宣受外人贿赂反对新刑律，此等不值一笑之语亦腼然形诸笔墨。日报之无价值至今日为己极矣。"[10]在汪康年看来，报纸不必做到有闻必录，要学会权衡，分清主次，着重讨论重要事件，不要为了没有意义的事情大费周章，这样既浪费时间又显得报纸草率。

批评报纸"有闻必录"并不是对新闻言论自由的限制，而是为了更好地保护言论自由。报刊之所以出现虚假消息、无价值新闻等现象，根本上源于报者缺乏责任感，态度不端正，语言不严谨。如果其在报道新闻时违背真实性这一原则，那么报刊将会失去监督政府、引导舆论的作用，也就没有存在的价值。那些刻意捏造虚假新闻的报纸更要学会自省，深刻认识到自身的行为带来的舆论效果。作为报者，在登载新闻时一定要多方求证，反复确认消息的真伪，并且在发表言论时重视措辞，对他人的名誉负责。只有这样才能得到社会大众对报刊的尊重。

二　报刊立场要客观公正

纵观中国报业史，可见新闻从业者基于对新闻价值的不同追求，创办了具有不同立场的报刊。维新派报刊到革命派报刊再到商业报刊，是不同身份报人办报目的的体现。维新派报人的代表梁启超把报纸作为宣传和实行其政治主张的工具，以"维新变法、救亡图存"为办报宗旨，抨击封建顽固派的因循守旧。[11]孙中山创办的革命派报刊《民报》则是将"民权主义"的思想传播给社会大众，试图瓦解封建君主专制的政体。无论是维新派还是革命派，他们的政治目的虽然不同，但都认识到报刊作为舆论宣传阵地的作用。商业报刊的目标在于盈利，因此具有极强的经济目的，招揽广告，扩大报刊发行量都不外乎谋求经济利益。以上三种类型的报刊办报目的不同，便衍生出不同的报刊立场。如果一份报纸在创办之初就表现出强烈的功利性，那么就不乏有的创办者为了实现其政治或者经济目的，起到良好的舆论宣传效果或者取得巨大收益，选择抛弃报刊应有的立场。

汪康年在创办《刍言报》时就强调不依附于任何政治派系，经济上保持独立。因此《刍言报》也成了一份不宣传政见、不登载广告的特殊报纸，迥异于同时代的政论报纸和商业报纸。不仅如此，该报对其他报纸所发言论多有持见，文章多是对当时各报言论的分析，主张报纸的功能在于监督政府，引导舆论，不是报者用来谋私的工具。报者的个人偏好不能表现到报纸上面，其应该坚持自身的职业底线，站在公正的立场上报道事实。在汪康年的论述中，也有较多的对缺乏职业道德的报者的批评。其中针对报纸主笔以嘲讽的口气评判官员描绘世界地图不专业一事，汪康年这样说道：

> 近来报纸好掉弄笔墨矣，似非加嘲笑则不成其为报者而不知堂堂正正之日报绝不用此等口吻窃恐阅报者亦因此而有误视故特表出之。[12]
>
> 近来报章于其所喜或相联络之人，则其人虽极荒谬必极力抢扬之，且交口颂之。于所不喜或受人嗾使，则其人虽极无他必极力诋诟之，且交口毁之，如是则适足炫惑用人者之耳目，陷社会于迷罔之域。报品如此而欲得人信用不啻南辕北辙矣。[13]

这种客观公正的认识与后期《大公报》的"四不"方针有一定的相通之处。报纸保持独立与自由是其向专业化发展的基础，更是其长久存在于新闻业的保障。报纸往往引导着社会的公共舆论，它如果不能够坚持公平公正的立场，无非存在两种结果：一是社会大众听之信之，长此以往，必定会引起纷争，社会秩序就会陷入混乱；二是报刊失去社会大众的信任，没有了读者，那么报刊事业的发展将会受到阻碍。无论是哪种结果，都不利于社会的和谐稳定。因此报刊一定要坚定立场，以不偏不倚的姿态全面客观地报道新闻，在发表言论时更要积极承担起维护社会稳定、正确引导舆论的责任。

三 报刊言论不应逾"矩"

英国哲学家、政治思想家以赛亚·伯林在1958年的《两种自由概念》一文中对"积极自由"和"消极自由"进行了划分。他指出"积极自由"强调的是主体活动的主动性和自治性。而"消极自由"的重点在于外部力量没有对主体形成束缚和控制，未受到他人的干涉。虽然两种理论反映了伯林关于政治自由的思想，但其同样适用于社会领域。在中国，舆论是随着新式学堂、学会、报刊的大量涌现而逐步形成的，时人对报纸舆论的力量有着充分的赞许，如称"盖报者，全国人之指南"，能为读者信仰的报纸，对人的影响力"甚于火炮百倍"。[14]但其时还鲜有人意识到报刊在自由行使舆论监督权的同时，要注意舆论的界限，学会自律，保持"积极的自由"。汪康年十分重视报刊的导向作用，他指出，报纸既然代表舆论机关，那么就必须"自保其誉，自尊其资格，自重其价值"。[15]报纸的功能在于积极地"引导"舆论，而不是一味地"迎合"舆论。

汪康年批判的对象是那些为扩大报纸销量，故意用夸张的题目吸引受众的报刊，也就是我们现在所称的"标题党"。这些报刊内容往往具有耸人听闻，断章取义，低级庸俗的特征。这类报刊掌握受众的猎奇心理，迎合受众的阅读习惯，用低俗的内容获得较高的关注度。面对此类意图明显的报刊，汪康年发表评论：

《帝京新闻》有瑞莘儒之病原来如此，观其所载则谓自称发痔实则淋症，为新娶妾所致噫。此何关大局而枉烦笔墨且标以大字列诸要闻亦足怪矣。[16]《国风日报》四面八方栏中有看书报一则亦在二十七八等日，其中竟有极淫秽字面，该主笔靦颜书之报而警厅亦不干涉可怪也。[17]此类报刊忽略了新闻所产生的社会影响，放弃了应当承担的社会责任。长此以往，报刊便会失去其作为媒体的权威性和公信力。

在经历了鸦片战争、甲午战争、八国联军侵华战争之后，中国人民对"瓜分"一词较为敏感，对于涉及民族危机的新闻呈现出高度关注的状态。此时某些报刊就以此为契机，投大众所好，不时在新闻报道中出现"瓜分"等言论。

《国民公报》载大清国尚有干净土耶。中言某君得俄人信，谓中国万一瓜分必留出数省仍归中国云云。按此信之有无及说之足信与否，姑勿具论然吾国人今日断无许外人有瓜分我之事，亦断无有承认外人瓜分我之心，此理至确。无论为满为汉（为）新为旧，均须确守此范围，今或举此而易言之又或举此而平平言之，甚至用为戏谑，岂非全国无心肝之证据。[18]

汪康年对报刊的这种做法十分反感。他认为在面对外来威胁之时，此类新闻只能激化社会矛盾，不利于社会的稳定。报刊要以国家和民族利益为重，表现出强烈的爱国主义精神，要发挥舆论的引导作用，达到稳定人心的效果。如果舆论的导向发生错误，那么造成的社会危害将会是巨大的。因此报刊要把握好舆论的限度，既要做好舆论监督，又要守住理性的边界，迎合民意应以不失理性为"矩"。

四 结语

从上述"针报"的内容可以看出，无论是对报刊"有闻必录"的批判，还是对新闻客观、理性的强调，都反映出汪康年强烈的媒介批判意识，表现为对报刊言论自律的提倡。汪康年对于报刊的态度主要表现为两方面：一是强调报刊作为舆论监督机构，具有独立报道新闻而不受政府机关约束的权力；二是在报道新闻时不必有闻必录，要有选择的登载。这两种报刊思想并不冲突，如果说他在前期报纸中提倡报刊言论自由的话，那么他在《刍言报》中更多的是倡导报刊言论自律。

报刊言论自由重点在于报刊对政府进行监督，具有独立报道的立场，有权对政治制度、政府官员的行为做出批评，其言论不受政府的限制。此类以言论自由为主题的文章多见于《京报》，他在《论粤督限制报馆》《〈通报〉停闭感言》等文章中强烈反对政府限制报刊的言论自由，表明"语言不慎，激怒官场"并不能成为封报的理由。文章认为中国之所以无人可用，正是因为"上无名贤硕德以表率朝右，下无端人直士以风厉末俗"，只有使言论享有自由，"许各自发其言论，采其可用，而宽其过失"，才能养成"士气"，发扬"志节"。[19]

报刊言论自律重点在于报刊舆论应受到一定的制约，不仅受到政府和民众的监督，更要学会自我约束。汪康年所处时期的社会正值中国的转型期，在西方民主自由思想的影响下，中国的民众主体意识开始觉醒，逐渐摆脱中国传统文化的束缚，这时的报刊作为传播先进知识的载体，一定要摆正自己的位置，承担起教化大众的责任。汪康年对于自由和自律的认识概括起来就是"守法之自由"，以理性为前提，在法律和道德允许的范围内自由地发表言论。

《刍言报》"针报"栏目可以说是汪康年晚年报刊舆论思想的集中体现。其中关于报刊权力与边界的讨论对于同时代报刊具有一定的警示意义，促进了新闻从业人员职业素质的提高和社会责任意识的增强。汪康年时期新闻法制仍处于有名无实的阶段，导致报刊业虽然存在各种问题，但缺少有力的他律。此时对报刊舆论自律的认识与提倡，具有重要的时代意义。

（作者单位：河南大学新闻与传播学院）

注释

[1] 孙淑鸿：《汪康年新闻思想及报业活动》，吉林大学硕士学位论文，2007。

[2] 汪康年：《〈刍言报〉小引》，《刍言报》，宣统二年（1910）十月初一日。

[3] 转引自金梁《近代人物志》，北京图书馆出版社，2007。

[4] 《"有闻必录"的流行与现代新闻观念的萌生——以〈申报〉为中心的考察（1872~1912年）》。

[5] 宁树藩：《"有闻必录"考》，《新闻研究资料》1986年第1期。

［6］汪康年：《针报》，《刍言报》，宣统三年（1911）四月二十一日。

［7］汪康年：《针报》，《刍言报》，宣统三年四月十六日。

［8］汪康年：《汪穰卿笔记　卷三　杂记》，上海书店出版社，1997，第408页。

［9］汪康年：《针报》，《刍言报》，宣统二年（1910）十一月二十六日。

［10］汪康年：《针报》，《刍言报》，宣统二年（1910）十二月初六日。

［11］肖燕雄、卢晓：《近现代不同立场办报之人的身份认同——以梁启超、于右任、李大钊、史量才等人撰写的报刊发刊词为主的考察》，《新闻界》2017年第3期。

［12］汪康年：《针报》，《刍言报》，宣统二年（1910）十二月十一日。

［13］汪康年：《针报》，《刍言报》，宣统三年（1911）三月初六日。

［14］《〈通报〉停闭感言》，《京报》1907年7月28日，转引自《遗卷三》，第25页。

［15］《汪穰卿先生传记》卷五·年谱四，第311页。

［16］汪康年：《针报》，《刍言报》，宣统三年（1911）三月十六日。

［17］汪康年：《针报》，《刍言报》，宣统三年（1911）三月初六日。

［18］汪康年：《针报》，《刍言报》，宣统三年（1911）二月二十一日。

［19］许莹：《办报干政的另一种探索——汪康年报刊思想与实践研究》，《中国书籍》2012年3月1日。

晚清中国报刊舆论的初探

——以《申报》对"杨乃武案"报道为例

许建根

摘　要　中国传统舆论监督多指臣向君进言劝谏以求君主贤明仁智，而现代意义上的舆论监督则与之大不相同，它伴随着近代报刊兴起，随报刊影响力扩大逐渐成为维护社会公平正义的中流砥柱，《申报》作为中国早期商业性报刊的代表在中国新闻舆论的发展历程中起着至关重要的作用。本文以《申报》对"杨乃武案"的报道为例，对案情发展做了一个大致的梳理，然后分析了《申报》报道的信息源及有关内容，了解晚清时期报刊是如何通过新闻报道来引导舆论从而完成社会监督的使命的。文章还对《申报》对"杨乃武冤案"的报道与当下媒体的新闻报道进行比较，以反思当下整个媒体行业存在的媒介素养缺失现象。

关键词　杨乃武冤案　《申报》　舆论监督　晚清报刊

A Preliminary Study on Press Public Opinion in the Late Qing Dynasty China

—Take the Report of "Yang Naiwu Case" in *Shun Pao* as an Example

Xu Jiangen

Abstract　The traditional public opinion supervision in China tended to be persuasion to the monarch by courtiers so that the monarch can be wise and benevolent, while the public opinion supervision in the modern sense is quite different. Along with the rise of the modern newspapers, public opinion supervision gradually became the mainstay which maintain the society as the spread of newspapers' influence. As the representative of early commercial newspapers in China, *Shun Pao* played a crucial role in the development of Chinese press public opinion. This paper will take the report of Yang Naiwu case as an example and give a general description of the case's development, then analyze the information source and relevant contents of the report, learn how the newspapers in late Qing Dynasty guided public opinion through news reports so as to complete the mission of social supervision. The article also compares the coverage of Yang Naiwu's injustice case by *Shun Pao* with the current media news coverage to reflect on the lack of media literacy in the entire media industry nowadays.

Keywords Yang Naiwu's Injustice Case; *Shun Pao*; Public Opinion Supervision; Influence; Introspection

"自古圣贤听舆论之言,闻诽谤之书"为中国历代文人的立言立身之本,以文论政、针砭时弊,成为有识之士所追求与向往的理想,可见舆论在中国知识分子阶层有着举足轻重的地位。但由于教育的限制与阶层的分化,近代报刊出现之前中国社会舆论力量仅在上层统治阶级范围内活跃,而随着传教士来华办报所兴起的社会办报热潮,由报刊所开启的社会范围内的舆论大讨论开始渐渐形成。本文以《申报》对当年轰动一时的"杨乃武与小白菜案"的报道为例,讨论中国近代报刊舆论的形成。

《申报》是英国商人美查于 1872 年 4 月 30 日在上海创办的中文报纸,历时 77 年,是中国存在时间较长、影响巨大的商业性报纸。《申报》创刊不久,率先突破当时"只重文章不重社会新闻"的报业理念,注意刊登一些反映下层群众不平遭遇的社会新闻,并善于抓新闻卖点,敢于伸张正义,不畏权势、不受利诱。因大胆披露、追踪报道清代第一冤案、清朝四大冤案之一的"杨乃武与小白菜案"而名噪全国,发行量也大幅上升,在中国报刊史上有口皆碑。

一 《申报》与"杨乃武案"始末

"杨乃武案"是《申报》在继"杨月楼事件"报道后的又一特别关注的社会事件。《申报》以媒体舆论之声对此案进行长达 3 年的报道，并对案件中所暴露出的一系列司法弊端以及官场陋习进行指斥，彰显自己作为媒体舆论的民本立场。《申报》凭借其发行量与阅读群体的广泛在社会上掀起了一股对"杨乃武案"密切关注的舆论力量，最终推动、促成此案的昭雪。其间，《申报》作为近代西人在华创办的早期华文报刊之一，充分彰显了近代报刊对社会生活的关注以及在一定程度上对政府施政行为的舆论监督作用，由此开启了近代报刊媒体在社会事务中发挥舆论监督作用的端绪。

1873 年（同治十二年），杭州府余杭县豆腐店帮工葛品连突然发病，不治而亡。经查验，知县断定葛妻葛毕氏与前雇主杨乃武通奸，二人合谋毒死葛品连，拟葛毕氏凌迟处死、杨乃武斩首，该判决经知府、按察使、巡抚、学政重审亦未推翻。《申报》在命案发生不久后发表一篇名为《记禹航某生因奸谋命事细情》报道杨乃武案件：

> 邻有卖浆之妻，小家碧玉、风韵天然；生（指杨乃武）窃好之，时肆调谑；眼波眉语、相视莫逆；乘间密约、订以中宵。[1]

文章以轻薄的笔调描写杨乃武与葛毕氏通奸经过，作为一篇桃色新闻来吸引读者眼球，但随着杨家人的反复上诉以及案情种种疑点的浮现，《申报》对该案件进行了持续的报道。在该案发生 5 个月后，从 1873 年年底到次年春天，《申报》共做了 5 篇报道来关注该案件，分别为《详述禹航某生因奸谋命事案情》《禹航生狱中自毙》《禹航生并非监毙》《记禹航生略》《明慎用刑论》。其中在《详述禹航某生因奸谋命事案情》一文中指出该案的种种疑点，将社会上对"杨乃武案"的疑点讨论做了整理与公布。

随着疑点的浮现，《申报》开始重视该案件，并对此案做了持续的追踪报道，杨乃武的姐姐与妻子在地方申诉无望之后便开始赴京向都检察院申诉。同年（即 1974 年，同治十三年），《申报》在 12 月 7 日、8 日连载，全文刊出《浙江余杭杨詹氏二次叩阍原呈底稿》，公布杨乃武冤情，《申报》还加了"本馆附识"，相当于现在的"编者按"，杨詹氏的呈稿和不久前北京《京报》发表的都察院御史关于"杨案"的奏折加以比较，指出奏折里把杨詹氏呈文中请求都院奏闻，请旨交刑部严刑根究等内容都删去了，"其中亦有所回护耶？"[2]紧接着在 12 月 10 日，《申报》又以头版头条的位置发表《论余杭案》，认为此案是非非常难断，可能存在冤案的可能性，应谨慎对之，以避免冤案的发生。

> 此案众心为之大疑，所求于各上司者，于复审之际，毋为同僚情分所感，须彻底研鞠，使水落石出。若果系案犯图脱其罪，则宣告其细底，以期释解群疑，设使查明为冤案，务必体恤民隐，使知虽为官者犹必负罪，以召公正也。[3]

随着《申报》所推动的社会舆论的发酵以及杨詹氏进京之后的不懈努力，朝廷决定对该案进行秘密审讯，两个多月连审十五堂，但始终对外封锁消息，《申报》虽未能直接参与审讯，但通过其他渠道了解了部分情况，并于 1875 年 4 月 10 日和 12 日以路边新闻的方式发表两篇关于此案的报道《天道可畏》和《杨氏案略》，报道指出杨乃武与葛毕氏均否认在审讯过程中存在刑讯逼供的情况，同时对秘密审讯提出质疑，对于再审的公正性提出质疑，但当局对于《申报》所提出的质疑置若罔闻。随着《申报》对审讯中案情疑点的更多披露，这一系列报道在社会上引起极大的讨论，但再审的结果依旧是维持原判，这一结果引起社会甚至是浙江地方官员的极大不满。由于结果与社会舆论的极大反差，《申报》发表了这样的言论：

> 此案已由刑部审讯，自有水落石出的一天。杨乃武是冤还是不冤，胡学政有没有回护，不久就可以清楚，本报用不着多说了。但是，过去本报一论及此案，就有人不辨公私，不论是非，不同曲直，笑我们是多管闲事，骂我们是杨姓讼师，现在浙江士人为杨伸冤鸣屈，朝廷已经批准，那么本报是为公为私，是是是非，是曲是直，大家都可以看得清了。
> 还有奇怪的，本报只要稍微涉及一下官场，浙江当局各部门就要

来查话。本报与杨乃武并无一面之缘，再三论述此事，不过是因为社会上议论纷纷，代他们进言，希望各有关方面有所动心，妥善处理此案。孟子说："国人皆曰可杀，然后杀之。"现在此案众口称冤，为什么非杀之不可呢？[4]

该案所涉风波之大最终引起慈禧太后的关注，并使得该案获得再次审讯的机会。所有证人再次到京，但在该案再次审问之时关键证人钱宝生却突然离世。《申报》凭着敏锐的嗅觉发现此事蹊跷，发表评论《论钱宝生之死》，质疑这样重要的一个人物怎么死得那么突然，并且进一步指出钱宝生一向受到官府优待，并未经常上公堂，此案中其他人受的苦要重得多，为什么别人都不死，唯独死他一个；接着申报又发表《书余杭葛毕氏狱》一文，大胆假设原先审判已认定葛毕氏"奸夫甚夥"，这说明丈夫葛品连管不了其妻子，是个愚而无用的人。既然可以任其所为，无所顾忌，那又何必杀夫？此案实际上是以葛毕氏之"矢"，去射杨乃武之"的"。

这个假设一经提出便引起社会的极大反响，《申报》进一步曝光有个叫陈竹生的，是余杭县的一个讼棍，素来与杨乃武不和，余杭知县刘锡彤之子看中了葛毕氏，要讨她做小老婆，但葛品连不同意。一个卖豆腐的敢与县令的公子抗衡，是因为得到了杨乃武的支持。杨乃武考中举人，陈竹生恨之入骨，正好葛品连死了，打起了官司，就嫁祸到了杨乃武头上。在《申报》曝光不久，作为证人之一的陈竹生也莫名其妙地死在狱中，所谓刘知县之子之事也被刘知县否定。

一方面是《申报》在不停地搜罗案件的蛛丝马迹，向社会还原事件的疑点及各种与案情相关的背景资料，另一方面刑部对于此案又开始进一步的审讯。1876年11月2日，刑部奏本将葛品连的遗体运入京城重新验尸，1877年1月22日，开棺重验尸体，并断定葛品连"委系无毒，因病而死"，至此本案以一种看似公正的结尾收场。主犯杨乃武与葛毕氏被认定为蒙冤入狱而被无罪释放，知县刘锡彤判过失误判而被革职，浙江巡抚、学政也因受此案牵连而遭到革职。至此该案完结，江南舆论也得以平息，但《申报》并未因此案完结而结束对该案的追问，于1877年3月20日发表《余杭案疑窦》，对本案中一些悬而未决的疑点提出质疑，随后又在4月9日的评论中写道：

杨案初定，官场人士都以为铁案如山，无可平反，而浙江士民，都好像非常熟悉案情，莫不为之呼冤。本报收到许多读者来信，众口一词，方才予以公开评论。但浙江官员非但不听这些意见，反而说本报向来专登谣言，意欲禁止，活现出一副厚于责人、薄于责己的顽固相！[5]

但无论如何，杨乃武与小白菜最终冤情得雪，虽有很多疑点未被解决，但从整个社会大环境而言这无疑是《申报》甚至中国报刊史上的一场舆论造势的胜利。

二　《申报》对社会舆论的构建

（一）"有闻必录"的追踪式报道

从1873年11月份葛品连暴毙到1877年3月30日刑部上奏本案结审，接近4年时间里，《申报》共发表103篇相关文章，分为消息类54篇、评论类24篇、谕旨公文类25篇。[6]从一开始的《记禹航某生因奸谋命事细情》，以情色新闻对杨乃武案的报道，到后面对街头巷尾小道消息的披露，再到对政府公文原件的公布，我们大致可以看出《申报》消息来源大致可以分为三类，一是来自官方的谕旨公文或政府对外公告（邸报等，包括《京报》），如"嗣于十五日亥时，又在水利厅衙门提集人犯封门讯问，约有一时之久，严密谨慎，外间无所闻知，讯后口供亦难访悉。惟闻葛毕氏一口咬定杨乃武所为，问官并未用刑，惟虚心讯查而已，俟有确实口供再行登录以供众览"。[7]

二是民间信息渠道（多以街头巷尾的小道消息为主），如"故就鹫峰老樵来稿及今湖上散人来信，其人既无可稽，惟愿阅者置之不论不议焉可也。顾此案既在密室审问，本馆于供词无从探访详细，亦不得不即旁人所告者而登之。"[8]

三是记者去现场的采访与记录，如"余杭葛品连一案，前经刑部体验，委系因病身死，此已见诸邸报。兹据京师人来信，当日检验时，刑部堂司各官与原审之余杭县刘令，并在公、在案诸人，俱于两旁静视"。[9]

从《申报》对案情的报道来看，它在尽力将各方面的声音汇聚在报纸之上，避免一家之言有失客观公正，通过对各方面信息的报道以及自己的采访与评论来还原事件真相，这样既平衡了信息源，同时也为公众开辟了一个公正的舆论空间，让公众了解各方面的信息以便其做出选择与判断。

（二）对官场腐败的控诉与监督

中国自古有"为尊者讳"的传统，身居高位的官老爷自然是民间舆论监督所回避的对象。作为一家由英商所创办的报纸，《申报》带有浓厚的西方民主监督的气息，在对这种民间冤案报道上并未因牵扯到官老爷而做出让步，相反，在"杨乃武案"中关于余杭县令儿子对于葛毕氏的觊觎而对葛品连的谋杀的猜测也被《申报》直接在文章中点出，这点质疑一度让余杭知县刘锡彤非常紧张，并在公开场合澄清传言并非属实。从这一细节可以看出，《申报》在报道过程中对官员无所顾忌。另外，在慈禧过问案件并让刑部重新审讯后，《申报》又接连曝出刑讯逼供与密审的存在：

> 日昨本馆又录浙江学政胡侍郎复讯已革举人杨乃武一案之近闻，内载：胡侍郎询乃武：既犯王法，今日又有何说？况是案早经定案，何以又至翻供？如今可即明白直招，免得受刑。杨即大声供称：严刑之下，何求不得。某既受人污蔑，原想见官之后，定能公断是非，再不想官官相护，只知用各样非法之刑。某理直气壮，问心无愧，岂肯招认乎！至于前供，亦是问官刑逼万分，某因痛极，只得妄招。[10]

《申报》随后又在杨乃武的供词后面加以评述：

> 壮哉！此言。中国刑讯之枉民，于此而尽包括于其中。在上者若能静思此言，其深有仁心，并怀公道者，岂肯仍令刑讯之弊其犹行于中国乎！夫刑讯之弊，本馆自开设以来，屡次力陈其非，近亦欣见陈御史奏陈其弊。[10]

对于这种中国自古以来所存在的审讯流弊嗤之以鼻，将这些腐败的官场陋习公之于众是"杨乃武案"中至关重要的一步。以往大家对此刑讯逼供心知肚明却又讳莫如深，而经过《申报》这样大肆宣扬一番之后直接给当局造成了极大的舆论压力，致使本案被一而再地翻供与重审，《申报》这次大胆抨击与监督官场的初探也为日后中国民间报纸舆论监督树立了典范。

（三）大胆质疑官方结论

在刊登过胡侍郎对杨乃武案重审的经过后，胡侍郎对本案做出维持原判的决定并上书朝廷，随后《申报》对其奏本原文刊登在报纸上：

> 奉谕旨查办余杭县民葛毕氏因奸毒毙本夫葛品连一案，前因犯供狡展，未能定谳。今考遗事毕，仍会同委员审办，供仍狡展。连日熬审，始据杨乃武、葛毕氏供认因奸谋毒各情，随提全案人证，复加研鞫……经反复推究，供词佥同，并非问官滥刑逼供。按律载妻因奸同谋杀死亲夫者，凌迟处死。又奸夫起意杀死亲夫之案，奸夫拟斩决。今此案葛毕氏因与杨乃武通奸，所以谋毒本夫葛品连身死，葛毕氏合依律凌迟处死；杨乃武讯系该犯起意，其装点情节京控，应照诬告加等，惟罪已至死，无可复加，应即照本律科断，杨乃武斩立决。此案原拟罪名，查核并无出入，合并申明云云。[11]

胡侍郎在结案呈奏的奏稿中明确指出杨乃武、葛毕氏等人的口供与之前并无出入，而在此之前，《申报》对杨乃武案再审的经过与供词的完整描述中，杨乃武与葛毕氏以及其他证人都有翻供现象存在，而对于此出入胡侍郎并未在奏稿中提及，《申报》抓住这两处情况的出入，发文质疑胡侍郎在结案奏稿中所存在的种种疑点与漏洞。再审结果经《申报》这样一番追问与质疑，最终当局妥协并将杨乃武等疑犯押送至京城等候京审，这也促成了该案重要的转折。

三 《申报》构建报刊舆论的影响

（一）开社会舆论监督之先河

《申报》作为中国商业性报刊的代表，通过发行谋利，自然自觉承担起部分社会责任，这与最初传教士所办的以传播自然科学为目的的宣传册和后来政治家所创办的以议论国事的政治性报刊不同，它将自己关注的焦点更多地聚焦到社会民生，从街头巷尾到家长里短，都成了其主要关注报道的素材，因此对小人物的命运和所受到的不公正对待显得格外关心；同时，由于《申报》创办者是一名英国商人，其本身就带有浓厚的民主平等与言论自由的思想，因此，《申报》敢于监督政府、揭露官员腐败行为。从"杨月楼案"到"杨乃武案"，《申报》都以斗士的身份站在鸣冤的最前线，直面腐败的清政府和不公正的司法审判，这样一种大无畏的精神也为创办不久的《申报》赢得了良好的口碑。紧随其后的那些如雨后春笋纷纷创办的商业性质办刊均开始竞相效仿《申报》这种鸣冤揭丑式报道，包括日后的《大公报》对"沈荩案"的报道，梁启超在其办报生涯中也曾将"对政府为其监督者、对国民为其向导者"看作报馆的两大天职等，这些或多或少受到晚清《申报》等商业性质报刊社会报道的影响。

（二）搭建舆论参与平台

传媒应该是公共信息和公众意见交流交换的平台，客观而全面地反映各方意见成为一个优秀媒体应尽的职责所在，《申报》搭建的舆论参与平台做到了这一点。从《申报》对杨乃武案件的报道来看，除了《申报》自己派记者去余杭和京城探访与调查所发回来的报道以及刊发邸报上面朝廷的公文与大臣的奏稿外，它还刊发了社会群众对该案件所了解信息的信件。它大量刊登多样的民众来稿，有来信、传言、传闻、评论等，这些主要为"杨乃武案"伸冤的民间呼声，间接揭露、抨击了官府衙门对草民生命的漠视。如《申报》曾经刊登过一篇名为鹫峰老樵主笔的《天道可畏》，文中这样表述"闻邻证人等以及药材店户，均云并无其事，即葛毕氏亦已翻供，剖吐实情"，[12] 指出了案件的重要证人以及犯妇小白菜已经推翻以前供词，说明了案件在某一阶段的进展情况。时隔不久，又刊登了湖上散人的《杨氏案略》，报道了曾为证人的卖药者钱宝生的部分口供，称"钱宝生亦供：药非杨乃武所买，书差教我如此供法，保无他虑，县主又不细加拷问。至上省时，县主亲对我言，不可翻供，若经翻供，尔必死矣。因此含糊答应"。[8] 此篇报道对衙门官员逼迫证人作伪的丑恶现象披露无遗，也侧面印证了"杨乃武案"确有冤情。

（三）开启国民法制思维

两千多年的封建专制统治导致集权思想在中国社会根深蒂固，官大于法被植根于文化传统之中，《申报》这次对杨乃武案的报道直接质疑官员之间的包庇与腐败，并向中国司法流弊提出质疑，无形之中宣扬了西方司法文明的公开公正以及无罪推定等思想，率先打破了中国封建思想的桎梏，让那些本以为罪由官定的百姓认识到法律本应具有的尊严与权威，这一思想启蒙为日后中国社会舆论力量的崛起奠定了基础。杨乃武案可以看作一场传媒对中国传统司法的胜利，这场胜利不但为日后报纸舆论监督增加了信心，同样也使高高在上的官老爷们认识到了在他们的背后出现了无时无刻不在盯着他们所作所为的眼睛。紧随《申报》之后渐渐出现的商业性报刊也开始加入监督司法审判的大潮之中，自此传媒关注司法成为中国典型媒体的特征之一。

四 从晚清报刊舆论反思当下传媒

（一）持续关注 勿妄定论

《申报》对杨乃武案从 1874 年案发到 1877 年平反一共做了持续 4 年的追踪报道，从一开始仅以桃色新闻博人眼球到发现案件中疑点百出进而开始持续关注案件进展，推动案情一审再审直至翻案，在案情尚未明了之际《申报》并未急着给案件下结论，而是将多方意见平等地呈现在媒体上，以供公众讨论与判断。而随着案件疑点的逐渐浮现，《申报》又将疑点加以整理与点评，在案件申诉的 4 年内《申报》既坚定立场又平衡信息，这样一种跟进式报道避免了急功近利的"媒介审判"所带来的妄断。反观当下不少媒体，在社会舆论引导中却往往失去了这样一种耐心与公心。从 20 年前的呼格案，再到近些年的药家鑫案、李天一案，媒介带有情绪化的报道早已超越了"旁观者"的身份，传媒一边倒的指责或是同情给司法机关的判断与抉择过程中带来了极大的压力。传媒影响力的扩大带来其所应承担的责任进一步提高，但在实际操作过程中部分媒体往往忽视了其身份的特殊性，媒介越位此起彼伏，一方面是由于这些媒体在刻意迎合社会呼声与情绪，另一方面则是部分媒体缺乏严谨的调查与坚定的立场所致。

（二）多方发言　平衡信息

杨乃武案中《申报》的另一大特点就是将案件之中各方声音全部放到了报纸之上供公众讨论与评断。在《申报》对杨乃武案的 103 篇调查报道之中包括了记者亲临现查所发回的报道、报社评论、官方消息以及读者来信和街边小道消息，并没有单方面报道有利于杨乃武的消息，相反，《申报》合理利用官方所发布的消息，指出前后矛盾之处，从而给当局施压，以至重审案件。反观当今部分媒体在做舆论引导时，虽时刻强调新闻的客观性，但在信息筛选之时却又不能给予各方平等的话语权，当事件被贴上标签之后，媒体便有意无意地搜集与之相关的证据而忽视其他与标签无关的证据。当年轰动一时的"我爸是李刚"事件，当"官二代"标签被贴上之后媒体便断章取义，大肆宣扬"官二代"飞扬跋扈的形象，而对肇事者的声音不闻不问，这样一种媒体的舆论引导片面且不公，当社会舆论被这样一群媒体所引导时，这个社会只会失去理智，变得极端情绪化。作为环境监测功能的大众媒介本应缓和社会情绪，使社会矛盾以一种平和的方式化解，而不应该在社会矛盾中煽风点火，大肆鼓动公众情绪。

（三）不畏权势　秉笔直书

"铁肩担道义，辣手著文章"，是中国历代记者心向往之且为之奋斗的座右铭，无论时代如何，公心与责任是历代媒体人都不应舍弃的理想。《申报》以初生牛犊不怕虎的气概将杨乃武案坚持到了最后，成为《申报》的成名之作。也正是凭借这样一种精神，《申报》才能成为近代中国新闻史上最为重要的报刊之一，并享有"中国近代百科全书"的美称。《申报》记者在"为尊者讳"的封建人治社会之中秉笔直书，成就"杨乃武与小白菜"的中国近代第一奇案。而今部分媒体在某些大是大非面前却显得畏首畏尾，社会公心与责任在金钱与权势的威逼利诱下逐渐丧失。在更多本该需要媒体大声疾呼的地方我们往往看到的却是他们的沉默不语，一些曾经以梦为马、以笔为戈的媒体人渐渐失去了热情与理想，这样的媒体又如何能担起社会公心这一大任呢？

（四）吐故纳新　开启民智

《申报》在那个封建独断的社会以杨乃武一案向清廷的权威发起挑战，并在其推动下使杨乃武的沉冤得雪，向民众展示了报刊的独特魅力，同时使民众开始了解所谓西方的民主法制为何物，就此而言，在思想解放与民智启蒙方面是杨乃武案的另一大突破。由《申报》所开启的报刊舆论力量的觉醒更是具有时代意义，这也为20世纪初封建中国的思想解放运动奠定了一定的基础，可见报刊所开辟的舆论力量是足以强大到改变一个时代甚至是一个国家的，媒体所具有的力量在当今依旧存在。典型者如由媒体曝光的"孙志刚案"所引发的收容制度的废除、"唐慧上访案"所引发的对劳教制度的讨论直至废除等。当制度、法律落后或无法满足时代要求时，需要媒体有敢为天下先的勇气，打破一些长期的却又不合时宜的存在，以教诲者的身份挺身而出，点醒公众。

五　结语

本文并非为了探索杨乃武案的"事实"，而是旨在讨论晚清商业报纸出现伊始是如何报道案件以及最初的报刊舆论是如何形成的，通过对杨乃武案从开始到平反近4年间《申报》的新闻报道的梳理，我们可以看出，虽然晚清社会之中报刊的普及有限，报刊的舆论影响力并没有那么广泛，但是《申报》通过其并不强大的舆论影响力使得杨乃武案获得到再审机会，最终使得杨乃武案沉冤得雪，这在中国新闻舆论的发展历程中是浓墨重彩的一笔。它不仅开了报刊舆论监督司法审判的先河，更为日后崛起的新闻业树立了敢于揭丑、不畏强权的典范。然而再将《申报》与当下媒体的舆论监督作比较，我们可以明显看出虽然如今部分媒体的影响力在不断扩大，但其新闻理念与新闻人的理想追求却没能达到时代所赋予的希望。相较而言，如今媒体在新时代所赋予的使命之路上依然任重而道远！

（作者单位：安徽大学新闻传播学院）

注释

［1］《记禹航某生因奸谋命事细情》，《申报》1874 年 1 月 8 日。

［2］陈镐汶：《申报与杨乃武冤案》，《新闻旧事》1991 年第 5 期，第 34～37 页。

［3］《论余杭案》，《申报》1874 年 12 月 10 日。

［4］《论目今要务三件》，《申报》1875 年 6 月 5 日。

［5］《余杭案审结》，《申报》1877 年 2 月 16 日。

［6］操瑞青：《构建报刊合法性："有闻必录"兴起的另一种认识》，《新闻与传播研究》2015 年第 5 期，第 99～115 页。

［7］《审杨氏案略》，《申报》1875 年 1 月 28 日。

［8］《杨氏案略》，《申报》1875 年 4 月 12 日。

［9］《刑部审余杭案》，《申报》1877 年 4 月 5 日。

［10］《论覆审余杭案》，《申报》1875 年 8 月 14 日。

［11］《审余杭谋夫案出奏》，《申报》1875 年 8 月 30 日。

［12］《天道可畏》，《申报》1875 年 4 月 10 日。

舆论学研究方法

基于组合预测的突发事件衍生
舆情监测模型研究

连芷萱　夏一雪

摘　要　针对突发事件舆情传播过程中的衍生舆情引导不及时的现状，本文构建组合预测模型，将常用的数据预测模型——改进的 Logistic 模型、指数平滑法模型和灰色 GM（1，1）模型组合在一起，以实际数据为标准值，计算三种模型的预测数据之间的灰色相关系数，并以灰色相关系数为三种预测模型的权重进行赋值，得出适用于衍生舆情数据的预测模型。基于此组合预测模型，本文定义了舆情衍生程度的衍生指数 R，并建立衍生舆情监测预警模型，最后通过实证分析，验证了理论研究的可行性，以期为政府实现突发事件舆情管理提供参考。

关键词　突发事件　衍生舆情　灰色相关系数　改进 Logistic　指数平滑法　GM（1，1）

Research on Public Opinion Monitoring Model of Derivative Derivative Based on Combination Forecasting

Lian Zhixuan　Xia Yixue

Abstract　This paper constructs the combined forecasting model, and uses the commonly used data prediction model: the improved logistic model, the exponential smoothing model and the gray GM（1，1）model combination, which is based on the fact that the derivative public opinion is not timely in the process of public opinion communication. The gray correlation coefficient between the three models is calculated by using the actual data as the standard value, and the gray correlation coefficient is used to assign the weight of the three prediction models, and the forecasting model suitable for the derivative data is obtained. Based on this combination forecasting model, this paper defines the derivative index R of public opinion derivative degree and establishes the early warning model of public opinion monitoring. Finally, through the empirical analysis, the feasibility of the theoretical research is verified, which can provide reference for the government to realize the public opinion management of emergencies.

Keywords Emergent Event；Derivative Public Opinion；Gray Correlation Coefficient；Improved Logistic；Exponential Smoothing Method；GM（1，1）

一　引言

根据 CNNIC 发布的第 40 次《中国互联网发展状况统计报告》，截至 2017 年 6 月底，我国网民数达到 7.51 亿人，互联网普及率为 54.3%。在全民上网的情况下，突发事件舆情信息极易发生信息异化，从而衍生出一系列舆情波。舆情事件的涟漪式扩散，不仅会扩大原事件的影响，更会唤醒其他沉睡的相关事件，从而造成突发事件舆情对社会的二次影响。所以，对突发事件衍生舆情的监测问题成为突发事件舆情治理的重中之重。

本文利用 Citespace 软件对有关突发事件衍生舆情的 91 篇文章进行关键词聚类分析，可知国内学者主要从以下四个方面展开研究：一是对突发事件衍生舆情的特有环境进行研究；二是对突发事件衍生舆情的衍生规律进行研究；三是对突发事件衍生舆情的应对处理进行研究；四是从电子政务的角度对突发事件衍生舆情进行研究。

（A）突发事件衍生舆情的环境方面，涉及关键词有"意见领袖""新媒体时代""网络舆论"等。李彪认为，社交媒体时代的新环境下，海量信息高效传播使政府被置于"共景监狱"中心，受众结构重组使得自我表达情感化，导致传统媒体话语权式微使得把关缺失，推动了突发事件衍生舆情的常态化。[1]李晚莲认为在新媒体环境下，突发事件衍生舆情的发展离不开意见领袖的推动。[2]

（B）突发事件衍生舆情的传播规律方面，涉及关键词有"话题演进动态模型""seirs 模型""衍生效应""信息异化""网络谣言"等。王国华、方付建提出了突发事件衍生舆情效应，对突发事件舆情衍生效应的基本类型、发展要素和影响作出分析。[3]朱恒民、李青利用 seirs 模型对突发事件衍生舆情进行模拟仿真，探求其传播规律。[4]兰月新基于 Logistic 模型提出一种突发事件舆情衍生率预警模型，同时基于信息异化视角对突发事件衍生舆情进行数学建模。[5]

（C）突发事件衍生舆情的应对方面，涉及关键词有"应急管理""监测管控""舆情危机""突发事件"。李晚莲指出源生事件、舆情引导主体、舆情传播渠道是影响突发事件衍生舆情的三大要素，构建突发事件衍生舆情引导机制需推进相关制度建设、加强信息搜集与研判，并完善应急与保障机制。[2]

（D）以电子政务角度看突发事件衍生舆情，涉及关键词有"电子政务""信息社会""新媒体"等。相丽玲、王晴从政府信息公开的角度下，提出了信息汇集、危机预警、管控引导和公开透明的信息发布等一系列治理机制。[6]

已有研究对突发事件衍生舆情做了全面的研究，但是多集中于对突发事件衍生舆情的理论研究与发展规律建模上，而其识别、研判、分析、预警等实操方法方面研究较少。故本文提出一种确实可行的网络衍生预警监测模型，以期为后续研究和政府应对突发事件舆情提供决策思路。

突发事件舆情是网民针对特定突发事件，在网络上表现出的认知、态度、情感和行为倾向的集合，呈现出一种围绕主观点、众多辅观点的演变、生灭的状态，所以突发事件舆情的形成离不开网民观点的汇聚、锐化、耗散等。而突发事件舆情的衍生是指由原舆情演变产生新舆情的过程。常规舆情的发展包含多个舆情的不完全衍生，使得常规舆情在其信息数据上呈现一种多峰值、震荡的形态。如何有效地剔除舆情不完全衍生的影响，而有效地监测衍生舆情，是本文的研究难点。本文基于对突发事件舆情衍生传播规律的研究，建立一种基于组合预测的监测模型，并归纳可操作的衍生舆情监测步骤。

二　突发事件舆情衍生过程的传播类型

本文利用"百度指数""微指数""清博舆情"等舆情软件，提取相关数据，归纳出往年重大突发事件舆情事件典型的数据形态特征，并以此为前提，结合前人研究，将突发事件舆情的衍生过程分为以下几种形态，同时针对不同的舆情衍生形态构建不同的衍生舆情监测方法。

（一）单链式衍生结构

单链式衍生结构是指，初始的突发舆情事件在引发衍生舆情的过程中，上级事件引起下级事件，但是相对独立，呈单线链式结构（如图1）。单链式结构中，上下级事件内在关联性较小，上级事件引发下级事件后，上级事件关注度转移到下级事件，上级事件关注度下降，下级事件关注度上升。

图 1　单链式衍生结构

例如，2012 年的"微笑门"。2012 年 8 月 26 日，陕西省包茂高速公路发生一起特大交通事故（如图2A 区），百度指数升至 12362。事故发生后陕西省安监局局长杨达才微笑出现在现场的照片引发网民声讨，引发衍生舆情风波。8 月 27 日，"包茂高速"的百度指数下降为 9216，"微笑门"百度指数由 216 升至 17219，而到了 28 日，"包茂高速"百度指数仅为 4297，而"微笑门"百度指数升至 108208。"包茂高速特大交通事故"的关注度被"杨达才"的"微笑门"吸收掉。如果合并两个关键词单纯检索两级事件都包含的关键词——"杨达才"的百度指数（如图 2），则可发现明显的双峰结构，第一个高峰由事件"包茂高速交通事故"形成，第二个由事件"微笑门"形成。

从上述"微笑门"事件中可以看出，在一步一步的舆情衍生下，

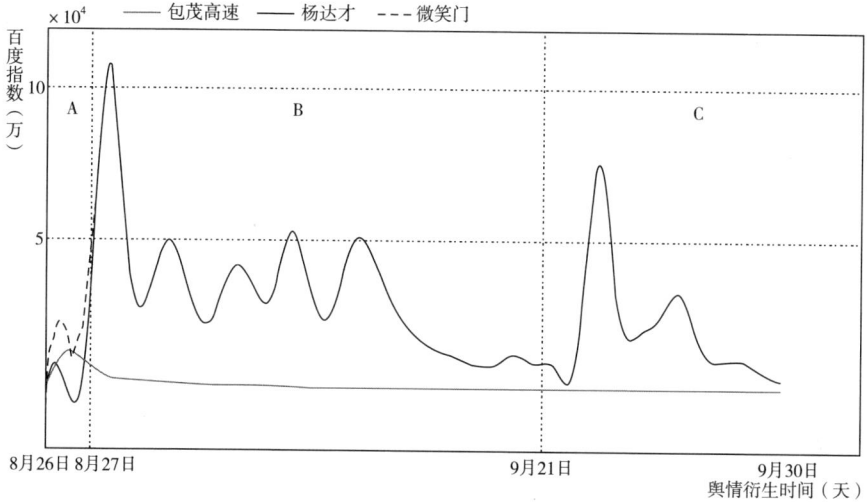

图 2 "微笑门"事件百度指数

"包茂高速公路特大交通事故"事件衍生出杨达才"微笑门",从而原事件关注度耗散,网民关注焦点转移至"微笑门"事件,构成了典型的单链式衍生结构(如图 3)。

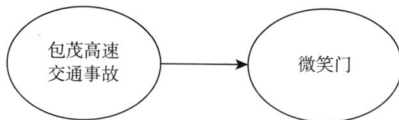

图 3 "微笑门"单链式衍生结构

(二)鱼骨式衍生结构

鱼骨式衍生结构是由复杂多重交错的单链式结构组成的,具有部分单链式结构的特点,但是多层单链结构的交织使其具有了网络的结构特性(如图 4)。该结构描述的是原事件 1 从不同侧面衍生出事件 2、事件 3、事件 4 等,各个事件本质上相关度很高,所以衍生事件群都不足以形成新的舆情来消化吸收原事件的关注度形成新事件。同时,又因为各个事件之间相互呼应、相互影响,使得原事件并未因衍生舆情而耗散,反而在舆论共鸣中影响扩大,呈舆论波引起的数个涟漪状扩散。正因为事件之间紧密的内部关联使得鱼骨式衍生结构对突发事件舆情的演化程度比单链式结构影响更大。

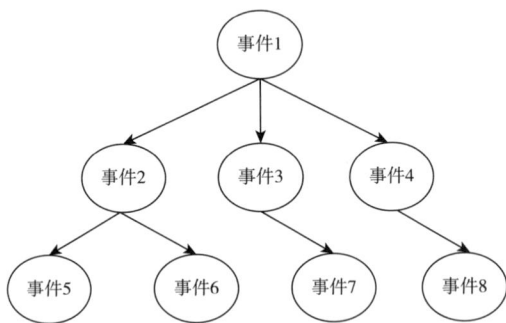

图 4　鱼骨式衍生结构

　　例如，由"微笑门"事件 8 月 27 日至 9 月 21 日的数据（如图 2B 区）观测可知，在杨达才"微笑门"事件曝光后，"杨达才"百度指数升至 108208，9 月 2 日回落到 22779。但是随着衍生舆情"杨达才依靠岳父上位""杨达才情妇""杨达才教你戴名表""杨达才天价溥仪眼镜"等的持续曝光，从而形成了百度指数在 6963 到 52711 之间的小幅震荡，使得该事件的网络舆论波群能量叠加，波尾弥散时间延长，影响进一步扩大。

　　从上述"微笑门"事件中可以看出，由于事件本身的议题分化，原事件形成了多个衍生方向，关注点由最开始"微笑门"的官僚作风转移至腐败问题的"名表门"、"眼镜门"与八卦新闻"岳父门"上，各个议题之间相互关系紧密，其整体衍生过程构成了典型的鱼骨衍生结构（如图 5）。

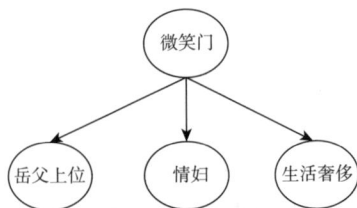

图 5　"微笑门"鱼骨式衍生结构

三 基于组合预测的突发事件衍生舆情监测模型

(一) 基于组合预测的监测模型建模

突发事件舆情是网民在网络平台上表现出的认知、态度、情感和行为倾向的集合，所以当其认知态度发生变化时，网络平台上的舆情数据也必定发生变化，通过舆情数据监测，便可预测衍生舆情的变化趋势。基于上文研究，突发事件舆情的衍生可以看成网民态度观点的议题演化，基本分为单链式和鱼骨式两种，对两种衍生舆情的监测可以分为三步（如图 6）。首先，在突发事件舆情发生后，通过热词软件对舆情议题的演化进行监测，初步确定衍生舆情的类型。其次，针对不同类型的衍生舆情，采用以改进 Logistic 模型为基础的组合预测模型来进行舆情衍生规律预测，加入实时数据进行仿真。最后，构建衍生指数，确定其衍生程度，判定预警等级。

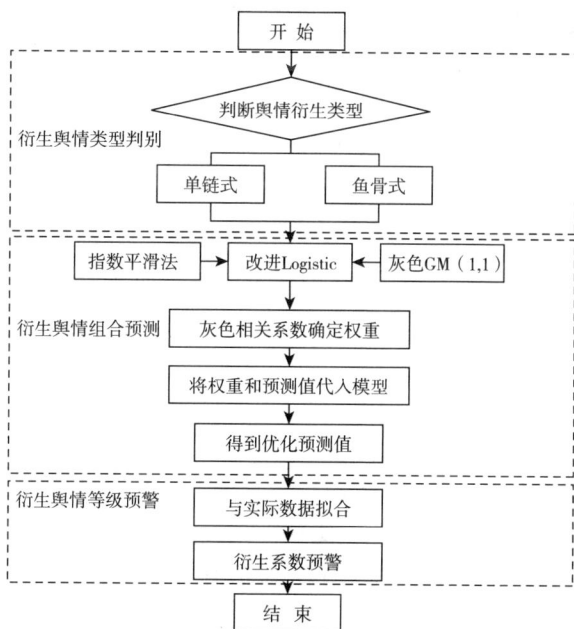

图 6 基于组合预测的监测模型流程

（二）舆情衍生类型的判别

舆情衍生监测的第一步便是舆情衍生类型的识别。目前对于衍生舆情类型的识别方法研究较多，本文仅提供一种简单的区分方案，不作为研究重点。根据上文研究，单链式、鱼骨式舆情衍生在议题演化和网络数据变化形态上各有不同，故提出如下识别方案（如图7）。

图7　舆情衍生类型识别方案

（三）组合预测建模过程

1. 组合预测原理

组合预测模型就是将不同的预测模型按照一定权重组合在一起，综合各种模型对突发事件衍生舆情数据的预测值，从而尽可能地高度拟合突发事件舆情衍生趋势线，以达到模拟舆情进一步的演化规律。利用组合预测模型的建模原理如下。设 x_i 为第 i 天实际舆情数据（$i = 1$, 2, 3, 4, 5, $\cdots$, n, n 为总预测数据天数），则 n 天舆情的实际值可得时间序列 $(x_i)_{1 \cdot n}$。设 p 为第 k 种方法，第 i 天的舆情数据预测值（$k = 1$, 2, 3, 4, 5, $\cdots$, k），$e_{ik} = | x_i - p_{ik} |$ 为第 k 种方法第 i 年的舆情数据预测值误差，

w_k 为 k 种方法权重系数的估计值，y_{ik} 为组合预测值，则有式（1）。

$$y_{ik} = \sum_{i=1}^{k} w_i p_{ik} \qquad (1)$$

设 E 为组合预测的误差平方和，由于组合预测模型的权重是基于误差平方和最小的原则，权重和值为 1，因而可以构造式（2）组合预测模型。

$$y_{ik} = \sum_{i=1}^{k} W_i P_{ik} \begin{cases} \min E = \sum_{i=1}^{n}(y_i - y_{ik})^2 = \sum_{i=1}^{n}\left(y_i - \sum_{i=1}^{k} w_k p_{ik}\right)^2 \\ \text{s. t.} \sum_{i=1}^{k} = 1, 0 \leqslant w_k < 1 \end{cases} \qquad (2)$$

建立组合预测模型的关键点在于各个预测模型的定权，各个模型的权重不同，预测结果也不同，比较常用的定权方法有三类。线性组合预测法，如平均定权法、残差倒数法、最小二乘法等；非线性组合预测法，如蛙跳优化法、神经网络分析法等；基于定性分析的 ahp 层次分析法、模糊综合评价法等。但是，线性优化定权方法忽略了权重分配指标的实际背景，预测结果难以解读。而基于定性分析的定权方法主观成分较大，预测结果容易失真。为此，本文选用了非线性的灰色关联度分析法，依据数据本身的特性，以实际数据为标准值计算三种模型的预测数据的灰色相关系数，为三种预测模型的权重进行赋值，得出适用于突发事件衍生舆情数据的预测模型。具体流程如图 8 所示。

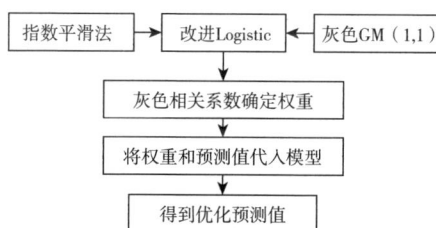

图 8　组合预测模型流程

2. 基础模型——改进 Logistic 模型

原始舆情与衍生舆情都属于网络信息的传播，符合网络信息传播的基本规律，已有研究提出突发事件舆情数量随时间呈 Logistic 曲线式分布（如图 9），故而本文选用 Logistic 模型为基础模型。但是，突发事件衍生舆情呈现的多峰值（单链式）、小波震荡（鱼骨式）的数据特点和典型的

Logistic 曲线分布有很大的差别，所以本文对舆情衍生类型做出初步判断，以改进的 Logistic 模型为基础模型。同时，本文选择了指数平滑法和灰色 GM（1，1）模型作为 Logistic 模型的辅助模型。在舆情的衍生作用对数据扰动较大时，可利用指数平滑法对时间序列函数的趋势外延作用，修匀数据，得到减弱异常数影响的预测模型。根据突发事件舆情复杂多变、影响因素多的特性，本文采用可以从复杂因素中分辨出数据内在积分特性的灰色 GM（1，1）模型作为另一个辅助模型。

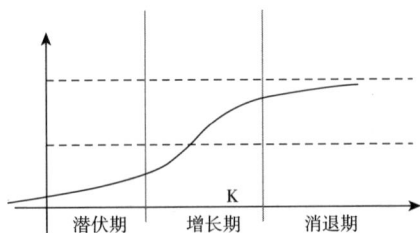

图 9　突发事件舆情增长曲线

（1）改进 Logistics 模型

描述突发事件舆情传播规律的变量很多，本文以百度指数为例，假设舆情事件发生后，关于该事件的百度指数累计数量是关于舆情传播时间呈连续可微函数，即 $f = f(t)$，该事件的初始百度指数为 f_0（$t = 0$ 时），该事件的百度指数累计上限为 K，网络剩余空间为（$1-f/K$），r 为该条舆情的最大增长率，为定值。其中，该事件的百度指数累计上限为 K 与网络剩余空间为（$1-f/K$）成正比，即式（3）。

$$\frac{\mathrm{d}f}{\mathrm{d}t} = rf\left(1 - \frac{f}{K}\right) \tag{3}$$

求解微分方程，可得 Logistic 方程，即式（4）。

$$f(t) = \frac{K}{1 + \left(\dfrac{K}{f_0} - 1\right)e^{-rt}} \tag{4}$$

由式（4）可知，K 与 r 是待定参数，可由历史数据观测得出。由于舆情的衍生效应，该事件的网络剩余空间和最大增长率受到影响，所以要根据衍生舆情类型修正该模型。根据已有研究，舆情的衍生通常发生在舆情潜伏期,由于篇幅所限,本文仅考虑潜伏期的舆情衍生过程。

（2）单链式衍生舆情模型

在舆情发生衍生后,单链式衍生舆情分化出的新舆情会吸纳原舆情的网民注意力,所以原舆情的网络剩余空间缩小。同时在新舆情完全脱离原舆情的过程中,会推动原舆情的传播速度。故构造注意力吸纳指数 a、异化程度指数 b 和推动指数 c 对 Logistic 模型进行改进,设衍生出的新舆情为 f',新舆情最大增长率为 r',即式（5）。

$$\frac{\mathrm{d}f}{\mathrm{d}t} = r'f\left(1 - \frac{\int}{K-a} + c\frac{f'}{b(K-a)}\right) \tag{5}$$

（3）鱼骨式衍生舆情模型

在舆情发生衍生后,鱼骨式衍生舆情分化出多个子舆情,各个舆情从不同方面吸纳网民注意力,使得本身不关注该舆情事件的网民开始关注该舆情事件,所以原舆情网络剩余空间扩大。同时子舆情的形成,会推动原舆情的传播速度。故构造注意力吸纳指数 a、异化程度指数 b 和推动指数 c 对 Logistic 模型进行改进,设衍生出的新舆情为 f',新舆情最大增长率为 r',即式（6）。

$$\frac{\mathrm{d}f}{\mathrm{d}t} = r'f\left(1 - \frac{f}{K+a} + c\frac{f'}{b(K+a)}\right) \tag{6}$$

式（5）、（6）中参数 r'、K、a、b、c 为待定系数,其中 r'、k、a 可通过初步观测得出,k 为原舆情关键词热度累加最大值,a 为衍生舆情的关键词热度累加最大值。由于根据数据可生成 $n-1$（$n-1>2$）个方程,故可以代入实际数值计算 b、c 值。将 r'、K、a、b、c 代入式（5）、式（6）,可用于改进 Logistic 方程的最终预测。

3. 辅助模型——动态指数平滑法

在舆情传播过程中,受到多种因素影响,舆情数据在整体上升或者下降的大趋势下,呈一种小幅震荡的锯齿形态。而指数平滑法遵循"厚近薄远"的原则加权平均、修匀数据,抹平锯齿,如此得到的预测模型具有抵御或减弱异常数据影响的能力,从而使时间序列所包含的历史规律性能较显著地体现出来。故本文选择动态指数平滑法作为辅助模型。

首先,将时间序列数据进行累加,构造累加时间序列数据。设 $f(t)$ 为累加时间序列及其观测值，则传统的二次指数平滑模型如式（7）。

$$
\begin{aligned}
S_t^{(1)} &= af(t) + (1-a)S_{t-1}^{(1)} \\
S_t^{(2)} &= aS_t^{(1)} + (1-a)S_{(t-1)}^{(2)} \\
S_t^{(3)} &= aS_t^{(2)} + (1-a)S_{t-1}^{(3)}
\end{aligned} \tag{7}
$$

其中，$S_t^{(1)}$ 是一次平滑曲线，$S_t^{(2)}$ 为二次平滑曲线，$S_t^{(3)}$ 为三次平滑曲线，根据一般经验，当 $t=0$ 时，一般取 $S_0^{(1)} = S_0^{(2)} = S_0^{(3)} = \frac{1}{3}[f(1) + f(2)+f(3)]$。构造动态平滑系数 a，令 $a = \frac{\alpha}{1-(1-\alpha)^t}$。$a$ 根据时间序列数据变化而确定，α 是静态平滑系数，为确定值，针对波动较大的数据，α 取 0.6~0.8；针对波动小的数据，α 取 0.1~0.3。据此，建立二次曲线修正模型，如式（8）。

$$
f(t+T) = a_t + b_t T + c_t T^2 \tag{8}
$$

其中 t 为当前时间，T 为预测时间与当前时间的时间差，$f(t+T)$ 为 $t+T$ 时间的预测值，a_t、b_t、c_t 为二次修正系数。其计算公式为式（9）。

$$
\begin{cases}
a_t = 3S_t^{(1)} - 3S_t^{(2)} + S_t^{(3)} \\
b_t = \frac{a}{2(1-a)}[(6-5a)S_t^{(1)} - 2(5-4a)S_t^2 + (4-3a)S_t^{(3)}] \\
c_t = \frac{a^2}{2(1-a)^2}[S_t^1 - 2S_t^2 + S_t^3]
\end{cases} \tag{9}
$$

通过计算式（9）得出二次修正系数，代入式（8），可用于动态指数平滑方程的最终预测。

4. 辅助模型——灰色 GM（1，1）

灰色 GM（1，1）模型是一种基于少量数据、贫信息系统特征、运行机制和表现行为的分析，具有要求数据少、不考虑分布规律和变化趋势、运算方便等优点。GM（1，1）模型是最常用的一种灰色模型，由 1 个只包含单变量的一阶微分方程构成，通过对原始数据作累加生成，使生成的数据列具有指数增长的规律。对生成后的数列建立微分方程模型，求得微分方程的时间响应函数，累减还原即可得到原始数列的灰色预测模型。原始数列的灰色预测模型建模过程如下：

生成原始数列，式（10）。

$$X^{(0)} = x^{(0)}(1), x^{(0)}(2), x^{(0)}(3), \cdots, x^{(0)}(n) \tag{10}$$

生成原始数列的累加数列，式（11）。

$$X^{(1)} = x^{(1)}(1), x^{(1)}(2), x^{(1)}(3), \cdots, x^{(1)}(n) \tag{11}$$

其中，$X^{(1)}(k) = \sum_{i=1}^{k} x^{(0)}(i)$，$k = 1, 2, 3, \cdots, n$

生成紧邻均值序列式（12）。

$$z^{(1)} = z^{(1)}(1), z^{(1)}(2), z^{(1)}(3), \cdots, z^{(1)}(n) \tag{12}$$

其中，$z^{(1)}(k) = \dfrac{1}{2}\left[x^{(1)}(k-1) + x^{(1)}(k)\right]$，$k = 2, 3, \cdots, n$

建立灰色微分方程，式（13）。

$$x^{(0)}k + az^{(1)}k = u \tag{13}$$

其中 a、u 为未知参数，而根据数据所生成的方程有 $n-1$ 个（$n-1>2$），故采用最小二乘法计算参数 a、u，即令：

$$B = \begin{bmatrix} -z^{(1)}(2) & 1 \\ -z^{(1)}(3) & 1 \\ \cdots & \cdots \\ -z^{(1)}(2) & 1 \end{bmatrix} \quad Y_n = \left[x^{(0)}(2) x^{(0)}(3) \cdots x^{(0)}(n)\right]$$

最小二乘法估计参数 a、u 列满足关系式（14）。

$$\hat{a} = \begin{bmatrix} a \\ u \end{bmatrix} = (B^T B)^{-1} B^T Y \tag{14}$$

得到白化序列方程，式（15）。

$$\frac{\mathrm{d}x^{(1)}}{\mathrm{d}t} + ax^{(1)} = u \tag{15}$$

还原得到预测数列为式（16），可用于灰色 GM（1，1）模型的预测：

$$\hat{x}^0(k+1) = a^{(1)}\hat{x}^{(1)}(k+1) = \hat{x}^{(1)}(k+1) - \hat{x}^{(1)}(k) \tag{16}$$

5. 组合预测法——灰色相关系数确权法

本文采用灰色相关系数确权法来进行权重赋值，灰色关联度分析对于一个系统发展变化态势提供了量化的度量，非常适合动态历程分析；同时，由于三种预测方法各因素的物理意义不同，导致数据的量纲也不尽相同，而灰色相关度分析可对数据进行无量纲化处理，故而所得的灰色相关度可以更好地描述参考数据的内在相关性。

选取参考时间序列，本文拟用实际的突发事件舆情数据作为参考数列，如式（17）。

$$X^{(0)} = x^{(0)}(1), x^{(0)}(2), x^{(0)}(3), \cdots, x^{(0)}(n) \tag{17}$$

其中 n 表示时刻，假设有 m 个比较数列，本文中使用三种方法进行组合预测，故产生 3 组比较数列，如式（18）。

$$x_i = x_i(k) = x_i(1), x_i(2), \cdots, x_i(m)\ (k=1,2,\cdots,n, m=3) \tag{18}$$

为比较数列 x_i 对参考数列 x_0 在时刻 k 的关联系数，设参数 r（$0<r<1$）为分辨率，一般取 0.5，计算该时刻点的关联系数 $x_i(k)$，得式（19）。

$$x_i(k) = \frac{\min_i \min_k |x_0 t - x_s t| + r\max_i \max_k |x_0 t - x_s t|}{|x_0 t - x_s t| + r\max_i \max_k |x_0 t - x_s t|} \tag{19}$$

由于时间序列里每一个时刻点都会产生一个关联系数 $x_i(k)$，为方便比较，故定义关联度 R_i，如式（20）。

$$R_i = \frac{i}{n}\sum_{k=1}^{n} x_i(k) \tag{20}$$

通过式（20）计算各个预测方法所得数列与实际舆情监测值的相关度，以各个方法的相关度值作为组合预测的权重。

4. 舆情衍生监测的预警

本文在通过组合预测法确定舆情的预测模型后，构建衍生指数 r，即实际值与预测值的相对误差率。首先，计算各个时间节点的衍生指数 R，构建衍生指数数列 $r=r_1$，r_2，r_3，$\cdots$，r_n，n 为时间节点数。以该数列中最大值为警戒值，即，当时间增加，计算新增时间节点的衍生系数 $r_{(n+1)}$，若 $r_{(n+1)}>$max$r$ 则发出预警报告。

其次，构建预警程度系数 h，如式（21）。

$$h=\frac{r(n)-\min r}{\max r-\min r}\times100\% \qquad (21)$$

其中，R（n）为新增时间节点的衍生指数，$\min r$ 为原时间段内各个时间节点衍生指数的最小值，$\max r$ 为原时间段内各个时间节点衍生指数的最大值。

最后，根据预警系数，发出预警报告。

四　模型应用实证分析

（一）建模思路

为验证衍生舆情规律，本文选取人民网舆情案例库中 50 个舆情构建案例库，进行实证分析，并利用百度指数获得的关键词"杨达才"监测数据，进行案例演示。首先，根据组合预测模型计算舆情案例库案例的拟合程度，计算平均拟合程度，即衍生率预警值。由此确定舆情的预警等级。其次，应用监测舆情首次高峰的真实数据进行组合预测，得出该舆情的传播规律，再将预测数据与真实数据相参照，计算各个衍生舆情高峰点的衍生率，对应衍生率预警等级，确定衍生级别。具体流程如图 10。

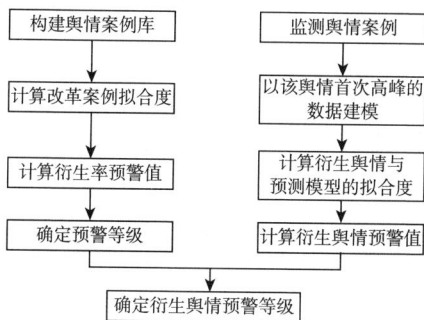

图 10　建模思路流程

（二）数据来源

2012年8月26日，在36人遇难的延安特大交通事故现场，陕西省安监局局长杨达才被曝"微笑"表情，由此引发网友强烈声讨和质疑，后有网友曝料，他在出席不同的活动时，经常更换自己的手表，至少有5块不同的表，且都是奢侈品。由此引发的一系列相关杨达才腐败案被层层剥开。9月21日，中共陕西省纪委经认真调查表明，杨达才存在严重违纪问题。杨达才2012年8月26日~9月30日的百度指数监测数据如图11。

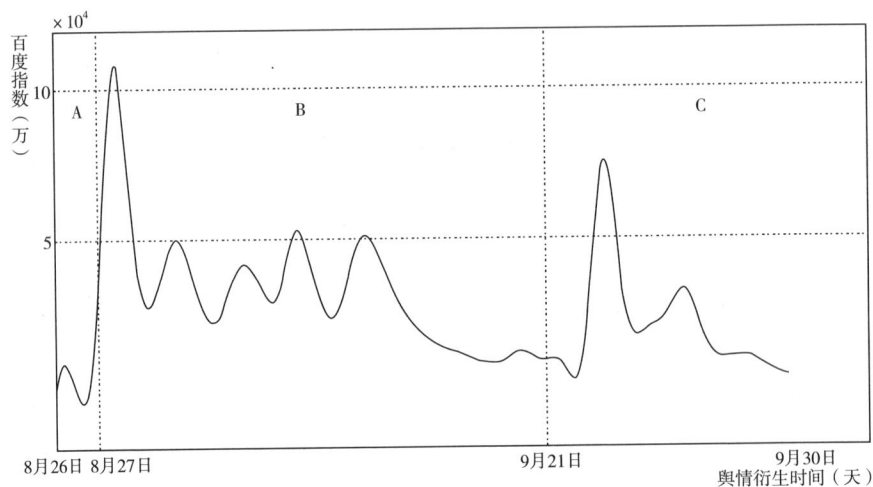

图11　"杨达才"百度指数时间序列

由此我们可以列出百度指数的原始数列如表1。

表1　杨达才百度指数时间序列

日期	8月25日	8月26日	8月27日	8月28日	8月29日	8月30日	8月31日	9月1日	9月2日
百度指数	0	216	17219	108208	44941	31829	49951	32193	22779

日期	9月3日	9月4日	9月5日	9月6日	9月7日	9月8日	9月9日	9月10日	9月11日
百度指数	39502	36711	30034	52711	31821	25917	48686	44069	27549

续表

日期	9月12日	9月13日	9月14日	9月15日	9月16日	9月17日	9月18日	9月19日	9月20日
百度指数	18927	13801	11630	8852	8664	11849	8965	7600	12205
日期	9月21日	9月22日	9月23日	9月24日	9月25日	9月26日	9月27日	9月28日	9月29日
百度指数	75362	29176	18849	23887	32651	15744	9643	10465	6963

为方便统计，我们以舆情发生天数来显示时间，为找到数据变化内在的积分规律，我们将时间序列数据进行累加处理，得到累加数据如表2所示。可得出"杨达才"百度指数累加时间序列如图12所示。

表2　"杨达才"百度指数累加时间序列

日期	1	2	3	4	5	6	7	8	9
百度指数	0	216	17435	125643	170584	202413	252364	284557	307336
日期	10	11	12	13	14	15	16	17	18
百度指数	346838	383549	413583	466294	498115	524032	572718	616787	644336
日期	19	20	21	22	23	24	25	26	27
百度指数	663263	677064	688694	697546	706210	718059	727024	734624	746829
日期	28	29	30	31	32	33	34	35	36
百度指数	822191	851367	870216	894103	926754	942498	952141	962606	969569

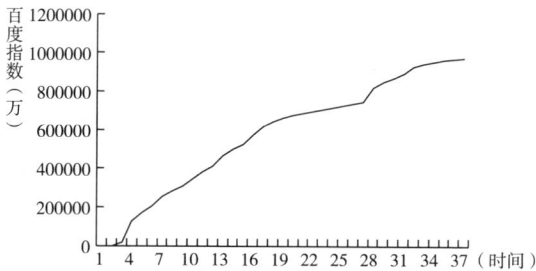

图12　"杨达才"百度指数累加时间序列

根据图12、表2所示，该舆情第一次高峰时间为舆情发生的1~12天。故本文以舆情发展1~12天内数据构建模型数据库，进行舆情发展建模，以 13~36 天的数据做衍生率分析。选取 1~12 天内该主舆情关键词、衍生关键词的数据（如表3），对数据进行累加后建模运算（如表4）。

表 3　主舆情关键词、衍生关键词时间序列数据

天数	1	2	3	4	5	6	7	8	9	10	11	12
主关键词：杨达才	0	216	17219	108208	44941	31829	49951	32193	22779	39502	36711	30034
辅关键词：名表门	0	0	139	12260	7449	2084	1692	1786	927	776	227	194
综合百度指数	0	216	17358	120468	52390	33913	51643	33979	23706	40278	36938	30228

表 4　主舆情关键词、衍生关键词累加时间序列数据

天数	1	2	3	4	5	6	7	8	9	10	11	12
主关键词：杨达才	0	216	17435	125643	170584	202413	252364	284557	307336	346838	383549	413583
辅关键词：名表门	0	0	139	12399	19848	21932	23624	25410	26337	27113	27340	27534
综合百度指数	0	216	17574	138042	190432	224345	275988	309967	333673	373951	410889	441117

3. 计算各模型预测值

（1）舆情类型判断

根据百度指数提供的热词图谱显示，围绕热词"杨达才"的相关热词有"名表""溥仪眼镜""皮带哥""表哥""岳父"等，其演化流程如图14（a）（b）（c）（d）。

杨达才百度指数的数据分布形态（图13）总体属于波动式，其相关热词为一个高频热词"杨达才"与多个低频热词"名表""溥仪眼镜""皮带哥""表哥""岳父"等，故初步判断该舆情属于鱼骨式衍生舆情。

（2）改进 Logistic 模型

根据 logistic 模型定义 $\lim t\to\infty\, y=K$，即 y 无限趋近于 K，所以 K 的取值与时间序列 y 最大值有关，所以根据关键词"杨达才"数据特征（如表3），K 取 413583。同理根据关键词"名表门"低频热点词等的数据特

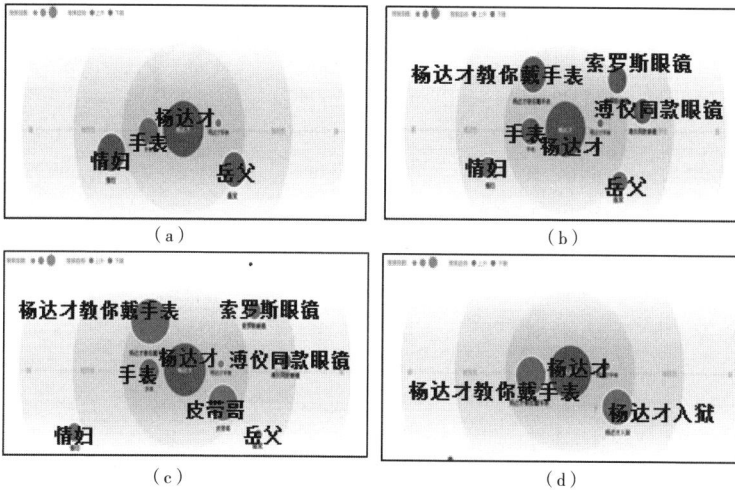

图 13 杨达才相关热词分布

征，a 取其累加最大值 27534，即 $K+a = 441117$。对主关键词"杨达才"百度指数进行累加处理，并对其进行 logistic 拟合，求得 $r' = 1.47783$。并将 K、a、r' 代入式（6），得到关系式（22）。

$$f - \frac{413583}{1+1913.736e^{-1.1811t}}$$

$$\frac{df}{dt} = 1.47783f\left(0.9994 + \frac{cf'}{b413583}\right) \tag{22}$$

代入实际数据，求解式（21）微分方程，得到 c/b 的值为区间 [13.03，13.48]，故取其平均值 13.25 代入式（23）。

$$\frac{df}{dt} = 1.47783f\left(0.9994 + \frac{13.25f'}{413583}\right) \tag{23}$$

根据式（22）可得预测结果如表 5 所示：

表 5 改进 Logistic 模型预测

时间（天）	预测值	实际值	相对误差
1	702.8896	0	
2	2281.229	216	956.12%

续表

时间（天）	预测值	实际值	相对误差
3	7340.721	17435	57.90%
4	22994.22	125643	81.70%
5	66558.58	170584	60.98%
6	159049.9	202413	21.42%
7	277347.6	252364	9.90%
8	359396.2	284557	26.30%
9	395289.8	307336	28.62%
10	407790.5	396838	2.76%
11	411787.6	403549	2.04%
12	413030.3	413583	0.13%

（3）动态指数平滑模型

使用指数平滑模型，首先需要计算初始值，本文采用对前三个原始数据求平均值的算法，求 $S_0^{(1)} = S_0^{(2)} = S_0^{(3)} = \dfrac{1}{3} \left[f(1) + f(2) + f(3) \right]$，得157.68。经过实验，取平滑系数 α 为0.3，构造动态平滑系数为 $a = \dfrac{0.3}{1-0.7^c}$。所得平滑值如表6。

表6　动态指数平滑模型预测

时间（天）	实际值	动态指数平滑	相对误差（%）
1	0	151.2	
2	216	12249.86	5571.23
3	17435	91625.06	425.52
4	125643	146896.3	16.92
5	170584	185758	8.90
6	202413	232382.2	14.81
7	252364	268904.6	6.55
8	284557	295806.6	3.95
9	307336	331528.6	7.87
10	396838	367942.9	7.28
11	403549	399891	0.91
12	413583	446373.1	7.93

（4）GM（1，1）灰色模型

使用 matlab 的 GM（1，1）模型程序求出该 GM（1，1）模型预测值如表 7 所示。

表 7　GM（1，1）灰色模型预测

时间（天）	实际值	灰色 GM（1，1）	相对误差（%）
1	0	0	
2	216	102064.8	
3	17435	120296.9	589.97
4	125643	141785.9	12.85
5	170584	167113.5	2.03
6	202413	196965.5	2.69
7	252364	232150	8.01
8	284557	273619.7	3.84
9	307336	322497.2	4.93
10	396838	380105.8	4.22
11	403549	448005.2	11.02
12	413583	528033.6	27.67

（5）灰色相关度权重计算

根据上文计算可知，三种模型预测结果如表 8 所示。本文以实际值为参考数列，三种预测模型所得预测值序列为比较数列，计算通过灰色相关度分析，计算出三种预测模型与实际值每个时间节点的灰色相关度（如表 9）。在舆情演进中，本文暂不考虑首次高峰的潜伏期、增长期、衰退期的各个时段的重要程度，故采用等权重的方法来求三种模型预测相关度的权重，即将各个时间节点的灰色相关度求其平均值，作为该模型整体的灰色相关度，最终确定该模型在组合预测中所占权重（如表 10）。

表 8　三种模型预测结果

时间（天）	实际值	改进 Logistic	动态指数平滑	灰色 GM（1，1）
1	0	702.88965	151.2	0
2	216	2281.2295	12249.86	102064.79
3	17435	7340.7212	91625.058	120296.92

续表

时间（天）	实际值	改进 Logistic	动态指数平滑	灰色 GM（1，1）
4	125643	22994.215	146896.32	141785.91
5	170584	66558.583	185758	167113.54
6	202413	159049.93	232382.2	196965.52
7	252364	277347.6	268904.56	232150.04
8	284557	359396.17	295806.57	273619.68
9	307336	395289.76	331528.57	322497.1609
10	396838	407790.49	367942.87	380105.77
11	403549	411787.61	399890.96	448005.17
12	413583	413030.26	446373.09	528033.64

表 9　灰色相关度计算

时间（天）	改进 Logistic	动态指数平滑	灰色 GM（1，1）
1	0.3333	0.3891	0.6991
2	0.965	0.839	0.363
3	0.9552	0.4330	0.7337
4	0.2968	0.2499	2.1364
5	0.6643	0.5848	2.8265
6	2.9827	1.9705	3.4529
7	6.5280	11.685	4.9677
8	2.7707	3.0793	5.2182
9	2.662	3.2608	6.6275
10	22.729	8.2389	21.16992
11	13.85	12.368	6.000928
12	8.1389	5.1922	3.385914

表 10　三种模型灰色相关度确权结果

模型	灰色相关度	权重（%）
改进 Logistic	5.240242435	37.26
动态指数平滑	4.024532399	28.62
灰色 GM（1，1）	4.798536875	34.12

（6）组合预测模型衍生指数

在利用 1~12 天数据进行建模后利用灰色相关指数来确定最终衍生舆情模型，最后将 13~36 天数据依次纳入该模型进行运算其预测结果（如图 14、表 11），并计算纳入新数据后，预测结果与实际结果之间的线性相关系数 r^2（如表 11、图 15），根据图可知，在第 11 天后，该预测模型与实际数值线性相关系数 r^2 稳定在 0.99，即该模型经过足够的数据学习后，较为成熟，可以用于衍生指数的计算，得出结果如表 11 所示。

表 11　组合预测模型预测，衍生指数与 r^2

时间（天）	预测值	实际值	衍生指数	r^2	时间（天）	预测值	实际值	衍生指数	r^2
1	0	262		1	19	663263	533450	0.196	0.980387
2	216	97352	449.703	0.629571	20	677064	546156	0.193	0.98167
3	17435	106693	5.119	0.708455	21	688694	558206	0.189	0.982978
4	125643	139388	0.109	0.847515	22	697546	569748	0.183	0.984209
5	170584	175720	0.03	0.912245	23	706210	581354	0.177	0.985322
6	202413	225723	0.115	0.945341	24	718059	593884	0.173	0.986298
7	252364	287819	0.14	0.960325	25	727024	606389	0.166	0.987107
8	284557	333814	0.173	0.969172	26	734624	618902	0.158	0.987789
9	307336	360055	0.172	0.976297	27	746829	632639	0.153	0.98857
10	346838	380279	0.096	0.98029	28	822191	659708	0.198	0.989353
11	383549	397733	0.037	0.982395	29	851367	681850	0.199	0.990116
12	413583	413103	0.001	0.981554	30	870216	700783	0.195	0.990827
13	466294	432548	0.072	0.981054	31	894103	720116	0.195	0.991494
14	498115	449205	0.098	0.981073	32	926754	741692	0.2	0.992091
15	524032	464025	0.115	0.97992	33	942498	760936	0.193	0.992554
16	572718	483048	0.157	0.978721	34	952141	778657	0.182	0.992861
17	616787	502607	0.185	0.97859	35	962606	796501	0.173	0.992962
18	644336	519225	0.194	0.979268	36	969569	814112	0.16	0.992801

（四）预警系数计算

由于表 11 可知，在 1~12 天内衍生系数最大值为 0.173，即警戒值为 0.173，求得 13~36 天内舆情的预警系数（表 12）。

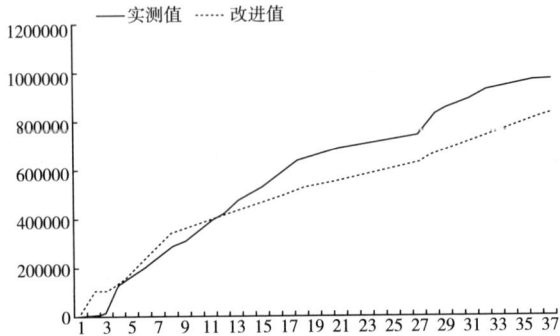

图 14　组合预测模型预测

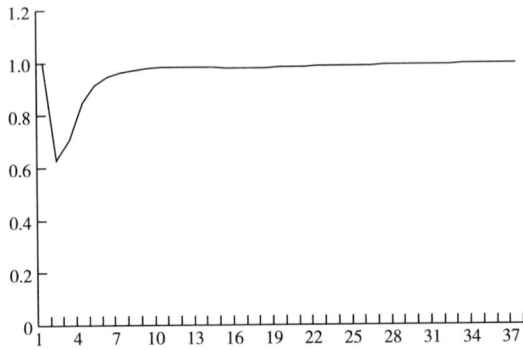

图 15　预测结果线性相关指数

表 12　预警系数计算表

时间（天）	预警系数（%）	时间（天）	预警系数（%）
13	未预警	25	未预警
14	未预警	26	未预警
15	10.50	27	未预警
16	69.50	28	12.10
17	106.90	29	15.20
18	70.80	30	16.70
19	56.70	31	21.50
20	45.80	32	27.20
21	19.10	33	未预警
22	未预警	34	未预警
23	未预警	35	未预警
24	未预警	36	未预警

（五）舆情分析

通过上文分析，对比预警结果与实际数据，可将该舆情分为 1～12 天、13～24 天、25～36 天三部分。

（1）该舆情 1～12 天，为典型突发事件舆情生长模型，经历潜伏期、增长期和消退期，通过对该时间段进行建模分析，确定组合模型的基础模型。

（2）该舆情 13～24 天，舆情热度小波震荡，与所建预测模型差异较大，故虽然该段时间内舆情热度值不高，但是可控性弱，预警系数较高。

（3）该舆情 25～36 天，形成第二次舆情高峰，该舆情高峰较为符合所建预测模型，经历潜伏期、增长期和消退期，偶然有小波震荡，故该段时间内虽然舆情热度反弹较大，但是可控性强，预警系数较低。

本文提出的监测模型是基于对衍生舆情预测结果的可控性提出的，综上可看出，该模型更具有可解读性和操作性，方便舆情管理人员把握舆情走向，减少不可控因素，提高舆情应对能力。

五　结语

目前对于突发事件衍生舆情监测模型的研究仍在进一步的探索之中，本文在改进的 Logistic 模型、动态指数平滑模型和灰色 GM（1，1）模型的基础上，利用灰色相关系数计算权重，构建出一种组合预测模型，并基于该预测模型来对衍生舆情进行监测，通过实证分析，证明了该模型的优越性。

第一，该模型具有良好的数据自适应功能，通过对两种基本衍生类型的判断而选择不同的基础模型，使得模型监测结果更具有准确性和科学性。同时，该模型可根据数据本身的内在变化，自动调整参数，操作更为简便。

第二，该模型的预警系数，是基于对该模型的预测数列的累加数列之上的，可根据预测结果的变化自动修正，所以，越偏离预测结果则预警程度越高，较为符合预测结果则预警程度较低，可读性较强。

但是，对于本文基础模型 Logistic 模型还可以随着对突发事件衍生舆情定性研究的深入进一步改进，使得其更具有科学性。对于舆情数据的组合预测也不仅仅局限于此三种方法，如马尔科夫链预测、贝叶斯分析法、神经网络分析等方法各自具有一定优越性，值得进一步探讨。

（作者单位：中国人民武装警察部队学院）

注释

［1］李彪、何健：《社交媒体时代衍生舆情运作机制与治理对策研究》，《湖北警官学院学报》2016年第2期，第17~22页。

［2］李晚莲：《衍生型突发事件网络舆情引导机制研究》，《理论探讨》2015年第6期，第149~152页。

［3］王国华、方付建：《突发舆情危机事件衍生效应研究》，《天津社会科学》2012年第1期，第70~72页。

［4］朱恒民、李青：《面向话题衍生性的微博网络舆情传播模型研究》，《现代图书情报技术》2012年第5期，第60~64页。

［5］兰月新：《突发事件网络衍生舆情监测模型研究》，《现代图书情报技术》2013年第3期，第51~57页。

［6］相丽玲、王晴：《信息公开背景下网络舆情危机演化特征及治理机制研究》，《情报科学》2014年第4期，第26~30页。

舆情观察

社交媒体谣言治理：
用户视角下的治理政策反馈与评估

——基于代表性调查数据的实证研究

周　全

摘　要　随着社交媒体在世界范围内的广泛流行，谣言传播问题日益严重。如何有效地开展社交媒体谣言治理已成为现阶段世界各国互联网治理过程中所面临的最棘手问题之一。本研究选取微博作为研究对象，通过问卷调查，考查了用户对于现有谣言治理策略的反馈与评估。研究结果表明，用户都更倾向于将社交媒体视为一个网络共同体，谣言产生于社交媒体平台内部，其治理首先应当在这一网络共同体内部完成，行政/立法/司法措施应当被视为微博内部自组织治理的补充和外部保障。

关键词　社交媒体　谣言治理　政策评估

The Governance of Social Media Rumor:
Feedback and Assessment of Governance Policies
From Users' Perspective

—An Empirical Study Based on Representative Survey Data

Zhou Quan

Abstract　With the widespread of social media in the world, the problem of rumor propagation is becoming more and more serious. How to effectively carry out governance of social media rumor has become one of the most difficult problems faced by all countries in their internet governance nowadays. In this study, Weibo is chosen as the research object, through questionnaire survey, the article consider users' feedback and assessment of current rumor governance strategies from the perspective of policy assessment. The results show that users are more inclined to regard social media as a network community, rumors are generated from the inside social media platforms. so the governance should firstly be completed within this network community, and administrative、legislative、judicial measures should be regarded as supplement and external guarantee of Weibo's internal self-organization governance.

Key Words Social Media；Rumor Governance；Policy Feedback

一　背景与问题的提出

"互联网本身不由任何个人、企业、组织或政府运营与控制……包括民间团体、互联网用户、私营部门、政府、国际组织、学术和研究机构以及技术界在内的多方利益相关者都对互联网的运作方式有发言权。"[1]

负责管理全球互联网顶级域名以及互联网协议地址（IP 地址）分配的国际组织"互联网名称与数字地址分配机构"（The Internet Corporation for Assigned Names and Numbers，ICANN）在其报告《谁运营着互联网？》（*Who Runs The Internet?*）中的陈述实际上指出了互联网治理所面临的最大挑战——互联网本身是全球分布的计算机网络，任何私营与政府部门都无法完全掌控所有用户的网上行为。互联网的治理是通过由民间团体、私营部门、政府、学术和研究机构等构成的分步式国际多方利益相关者治理网络开展的。他们以各自的角色协同工作，创建符合公众利益的通用政策和标准，以保证互联网的全球可访问性。[1]

随着网络技术的发展，一系列被称为"社交媒体"的网站迅速崛起，将互联网时代的交互方式推进到了一个全新的阶段。在为人际交往和社会生活带来便利的同时，这一新兴互联网服务也将互联网治理的复杂性和难度提升到了一个新的高度，这其中首先要面对的就是社交媒体谣言泛滥问题。从《纽约时报》Twitter 账户被盗用于发布虚假新闻[2]到"假冒辽宁抚顺水灾图片"事件[3]，世界各国都饱受社交媒体谣言的困扰，如何通过有效的治理手段遏制社交媒体平台上的谣言传播，成为摆在世界各国政府面前的一个棘手问题。

二 文献综述与研究问题

社会化媒体本身尚处在高速发展之中，因此学界对其概念界定尚未达成一致，但大多数学者认为，社会化媒体最基本的特征是基于 Web2.0 技术，实现"用户生成内容"（user generated content）的创作与交流。[4,5] 在美国，67% 的成年互联网用户在使用包括 Twitter、Facebook 在内的社会化媒体服务。[6] 就中国而言，包括微博、微信在内的多种社会化媒体服务方兴未艾。在世界范围内，全球社会化媒体用户在 2017 年超过 26 亿人。[7]

随着社交媒体用户数量的快速增长和社会影响力的不断扩大，未授权访问、个人隐私泄漏等一系列传统互联网犯罪活动也不可避免地蔓延到社交媒体平台。[8] 特别是在信息传播方面，由于过分强调信息传播的时效性，[9] 社交媒体平台上信息的真实性与客观性往往被忽视，[10] 由此造成的谣言泛滥成为社交媒体发展过程中亟待解决的问题。[11] 这一系列问题的出现促使世界各国政府在推进基于社交媒体的公共治理创新的同时，进一步将关注的目光投向如何对社交媒体平台本身进行治理这一问题上来。多利益主体的博弈与动态平衡，是社交媒体崛起背景下的互联网治理最鲜明的特点。

在所有的治理措施中，社会化媒体"实名制"是最早被启用并引起广泛争议的治理措施之一。实际上，除了政府层面的推动之外，包括Facebook、Google 在内的大型社会化媒体服务运营商也大力提倡用户使用实名注册。针对这一现象，相关学者展开了一系列研究，力图对实名制的社会影响进行评估。

Cho 等人[12,13] 针对实名制实施前后韩国网站数据的分析结果显示，实名制对于减少网上不当行为（例如脏话和反规范表达）具有显著效果。但是，这种效果是短期的，在实名制政策执行一段时间之后，其对于用户的影响已不再显著。而且，这种影响对于重度用户的影响要大于一般用户。Omernick 和 Sood[14] 的研究结果进一步支持了 Cho 等人的结论：实名认证用户的发言中会含有更多的有效词语和正面表达，更少出现脏话、愤怒情绪或其他负面表达。而且实名认证用户在新闻评论中的发言内容与新闻本身的相关性更强、质量更高，这使得他们发表的内容更容易获得其他用户"点赞"。

然而，实名制所带来的消极影响也不容忽视。Ruesch 和 Märker[15] 指出，实名制所带来的文明上网行为不足以抵消其负面效应，如用户参与率降低，意见多样性受限，个人焦点对话（person-focused dialog）减少和侵犯隐私权等。Kang、Brown 和 Kiesler[16] 同样担心实名制在阻止恶意行为的同时也会阻止人们开展创造性的、有益的，或至少是无害的网上行为。实名制所带来的双面效应使用户在评价此政策时同样态度复杂。一方面，用户认为实名制会使其网上行为更易于被追踪，强化网上表达限制；另一方面，用户认为社会化媒体为包括网络欺诈、谣言在内的非法网上行为提供了便利，因而有必要对社会化媒体用户的行为进行规范。

除"实名制"之外，世界各国还致力于采取技术手段监控社交媒体上的海量信息流，力图保持对社交媒体的实时掌控。作为社交媒体的起源地，美国自身也深受社交媒体谣言的困扰，为了更好地解决这一问题，美国于 2011 年启动了名为"战略通信中的社交媒体"（Social Media in Strategic Communication，SMISC）的研究计划，[17] 旨在通过技术手段对社交媒体上的谣言等恶意信息进行识别与监测。就中国而言，针对新浪微博等社交媒体的网络舆情实时监测，以及后期数据挖掘和舆情报告/内参编制已成为常态，社交媒体舆情报告已经成为中国各级政府最重要的信息来源之一。[18]

在社会化媒体治理过程中，作为运营平台的社会化媒体运营商，既希望能配合政府保证网络环境的有序性，又不愿意看到过分严格的政府监管扼杀社会化媒体的活力，特别是在"斯诺登"事件之后，"保护用户隐私与账户安全"成为社会化媒体运营商与政府博弈过程中最有力的武器。例如，Facebook 在主页定期发布"全球政府数据请求报告"（Global Government Requests Report），[19] 披露世界各国政府对于 Facebook 的数据调用请求次数并给予排名。Twitter 也同样强调其会拒绝政府不合理的数据调用请求。[20]

作为个体而言，普通用户在社会化媒体平台中可能处于相对弱势地位，但庞大的用户基数使得作为一个整体的用户群在社会化媒体治理中拥有举足轻重的话语权，当用户以集体行动的方式表达自身的诉求时，不论是社会化媒体运营商还是政府，都无法忽视他们的呼声。其中较为典型的是 2013 年英国 Twitter 用户抗议事件。由于对女权运动家 Caroline Criado-Perez 在 Twitter 上遭到抨击和谩骂不满，一名 Twitter 用户 Kim Graham 在 change. org 网站上发起请愿，要求 Twitter 引入举报按钮快速举报不当帖子（类似新浪微博），面对超过 5.8 万人的签名支持，Twitter 表示将立即采取行动删除相关言论并马上测试简化举报流程的方法，英国内务大臣在接受采访时也指出 Twitter 应该采取零容忍政策。[21]

一个理想的公共政策周期一般包括确定问题、设置议程、政策制定、政策实施和政策评估五个阶段。[22] 现有的社交媒体与公共管理相关研究大多集中于探讨社交媒体在公共政策输入端（确定问题和议程设置）以及实际决策阶段（政策制定）所起到的作用，已经有学者指出，新的研究应当更多地将目光聚焦于之前经常被忽略的公共政策输出端（政策实施和评估）。[23] 用户是社交媒体治理政策反馈与评估中最有发言权的群体，因此，本研究希望能够从用户的视角出发，对国内社交媒体谣言治理策略的公共政策反馈进行研究。基于我国社交媒体发展现状，我们选取了微博这一目前最具代表性的社交媒体平台作为研究对象。重点考察下列研究问题。

研究问题 1：从微博用户的视角来看，哪些组织或个人应当为微博平台上信息的真实性负责。

研究问题 2：从微博用户的视角来看，对现有的微博谣言各项治理措施的支持程度如何。

研究问题 3：用户对微博谣言治理措施的评价是否会受到微博用户的自身属性（人口统计学特征）、微博使用习惯和微博虚假信息感知影响？

三 研究方法

本文的研究数据来自课题组开展的以"用户微博使用与微博谣言治理"为主题的全国性问卷调查。调查使用便利样本自填式问卷法，调查实施时间为 2012 年 3 月 20 日至 4 月 20 日。具体实施过程如下。首先由项目组对 60 名研究助理进行调查培训，研究助理在培训结束 7 天后，向项目组提交潜在调查对象名单（包含年龄、性别、居住地、受教育程度和收入水平五项数据），潜在调查对象由研究助理通过其社交网络联系人（采用滚

雪球调查方式，包括自己的亲戚、好友以及好友的好友等）获取。项目组
汇总数据，以中国互联网信息中心的网民与社交媒体用户人口统计学特征
为参考，确定每位研究助理负责的调查名额。调查最终确定邀请来自中国
大陆 31 个省（自治区、直辖市），在年龄、性别、居住地、受教育程度和
收入水平等关键人口统计学特征上分布于各个层级的 2500 名微博用户参与
调查。最终回收有效问卷 1313 份，样本回收率为 52.5%。其中，男性占
55.8%，平均年龄为 28.54 岁（S. D. = 8.12），个人月收入均值为 2.40
（S. D. = 1.42）［（个人月收入，1 = 1000 元及以下，2 = 1001 ~ 2000 元，3 =
2001 ~ 4000 元，4 = 4001 ~ 6000 元，5 = 6001 ~ 10000 元，6 = 10000 元以
上）］。在受教育程度方面，初中及以下学历占 4.8%，高中学历占 9.5%，
大专学历占 17.2%，大学本科学历占 50.8%，硕士及以上学历占 17.7%。
从数据描述可以看出，本调查样本偏向于较年轻、学历水平较高的社会群
体。需要指出的是，本研究所使用的研究样本的人口统计学特征与现已发
表的互联网/新媒体用户相关研究大规模调查样本具有高度可比性。[24,25]

在微博使用情况方面，被调查者平均每天花费在微博上的时间为
51.56 分钟［采用选项中间值的方式从顺序量表中转换计算而得出的数据
（例如：1 ~ 2 小时 = 1 小时 30 分钟）］。个人粉丝数量中位数为 56 人，平
均数为 247（S. D. = 680.41）［（受调查对象粉丝数量跨度较大，故在此列
出两种算法的粉丝数）］。

微博注册信息真实度。问卷中的问题是："请问您在微博上的注册信
息是否真实？"1 = 完全虚假，2 = 部分真实，3 = 全部真实。此项均值为
2.35（S. D. = 0.55）。

微博使用责任感。以转发微博前是否会核实信息真实性与准确性作为
衡量用户微博使用责任感高低的标准。问卷中的问题是："请问您在转发
微博时是否会核实信息的真实性与准确性？"1 = 一般不会核实，2 = 看情
况，大多不核实，3 = 看情况，大多会核实，4 = 一般会核实。此项均值为
2.78（S. D. = 0.91）。

微博谣言感知。问卷中的问题是："你认为微博上的谣言多吗？"我们
采用了一个五分量表进行测量：1 = 很少，2 = 较少，3 = 一般，4 = 较多，5 =
很多。此项均值为 3.47（S. D. = 0.81）。

信息真实性态度。问卷中的问题是："你认为有必要采取措施保证微

博上信息的真实性吗？"1＝不必苛求信息真实性，2＝中立，3＝应该保证信息真实性。此项均值为 2.48（S. D. ＝0.76）。

针对谣言治理措施相关题目，课题组在全国性调查实施前首先开展了预研，通过微博用户焦点小组讨论、课题组及外部专家头脑风暴讨论和文献调研的方式，识别、总结出问卷设计所需要的核心备选项。本次研究所涉及的核心调查问题包括以下几个方面。

哪些组织或个人应当为微博信息的真实性负责。这一问题主要希望从公众的视角正面回答哪些组织或个人应当对微博信息的真实性负有直接责任。选项包括以下几个：（1）微博运营商；（2）信息发布者；（3）普通信息转发者；（4）关键信息转发者（意见领袖）；（5）政府。在这里为了进行细分研究，我们把用户细分为信息发布者、普通信息转发者和关键信息转发者（意见领袖）这三个子群体。

现有微博谣言治理政策评估。这一问题列举了现有的治理微博谣言的公共政策，请接受调查者选出自己偏好的治理措施，选项包括以下几个：（1）微博运营机构应加强后台审查；（2）强化政府及主流媒体在微博上的话语权；（3）加强诚信教育，提高用户道德素养；（4）微博运营机构加强管理，建立信用体系；（5）对发布虚假信息博主进行严惩；（6）政府部门加强管理、完善法律法规；（7）鼓励、支持自发的辟谣组织；（8）其他。

其中"哪些组织或个人应当为微博信息的真实性负责"一题采用单选题的形式作答，"现有微博谣言治理政策评估"要求限选三项，从而保证受调查者选出最为重要的备选项。

本文所有的数据分析均使用 SPSS 21.0 完成。

四　研究结果

（一）研究问题 1

对于微博用户而言，信息发布者首先应当为微博信息的真实性负责，持这种观点的被调查者占被调查者总数的接近一半（47.5%），紧随其后的是微博运营商（25.4%）和关键信息转发者（15.1%）——这也正是在微博研究中一再被提及并受到重点关注的微博意见领袖群体。[26] 认

为政府或者普通信息转发者应当负有责任的比例很低，分别为 6.1% 和
5.9%（图 1）。

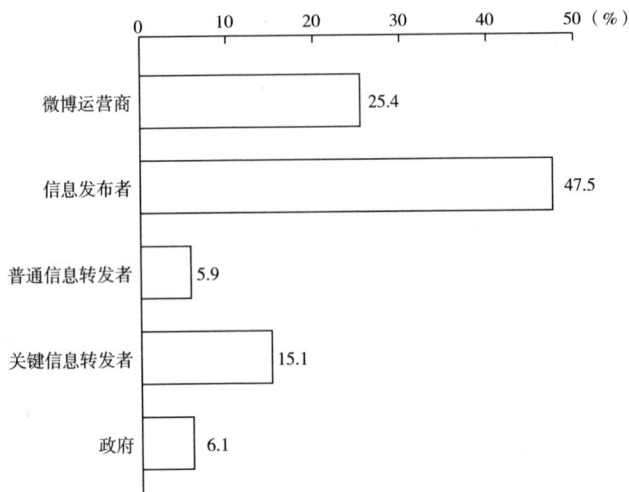

图 1　用户对于哪些组织/个人应当为微博信息真实性负责的态度

（二）研究问题 2

在微博谣言治理策略评估这一问题上，"（4）微博运营机构加强管理，
建立信用体系"，"（1）微博运营机构应加强后台审查"和"（3）加强诚
信教育，提高用户道德素养"这三项的支持率属于第一集团，被选率分别
为 48.5%、46% 和 43.5%。强调政府治理与法制建设的措施"（6）政府部
门加强管理、完善法律法规"和"（5）对发布虚假信息博主进行严惩"被
选率分别为 35.2% 和 21.5% 属于第二集团。"（2）强化政府及主流媒体在
微博上的话语权"和"（7）鼓励、支持自发的辟谣组织"的支持率分别为
32.2% 和 20.3%，属于第三集团（见图 2）。

（三）研究问题 3

表 1 是 Logistic 回归分析结果。由于 Logistic 回归属于广义线性模型而
非线性回归，因此线性回归中常使用的 pseudo R^2 并不适合用于判断
Logistic 回归的整体拟合优度，模型卡方和整体预测准确率也并不总是能够

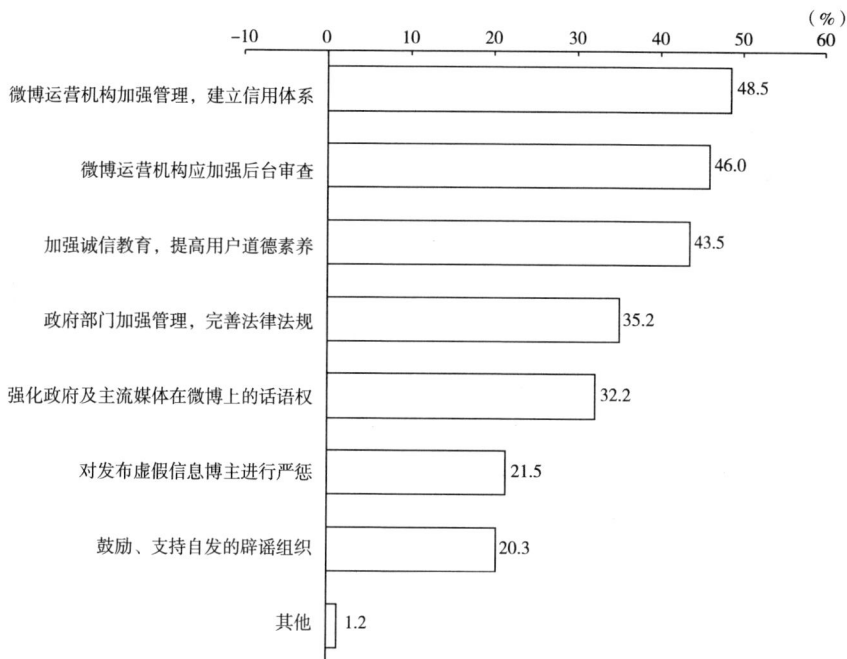

图 2　用户对于微博谣言治理策略的评估

有效地反映 Logistic 回归的整体拟合效果，[27]因此，在本研究中，我们选择
使用被其他学者使用的 - log likelihood 值和 Hosmer-Lemeshow 检验来对
Logistic 回归模型的拟合效果进行描述，[28]表 1 中的 7 个 Logistic 回归的模
型的 Hosmer-Lemeshow 检验结果均不显著 （$p > 0.05$），- log likelihood 值较
小，这些检验综合说明这 7 个 Logistic 回归模型具有良好的拟合优度，其结
果能够很好地对研究的问题进行解释。

表 1　用户属性/微博使用情况对治理措施偏好影响 Logistic 回归

	模型 1	模型 2	模型 3	模型 4	模型 5	模型 6	模型 7
性别	-0.248*	0.093	0.041	0.009	-0.236	0.089	-0.078
年龄	-0.008	0.007	-0.002	-0.001	0.009	0.025**	-0.038**
教育程度	-0.121*	-0.136	0.018	0.022	0.054	-0.033	0.203**
收入水平	-0.068	0.048	-0.123*	-0.086	0.025	-0.013	0.094
每天使用时长	-0.062	-0.068	-0.011	0.024	-0.071	-0.070	0.070

续表

	模型 1	模型 2	模型 3	模型 4	模型 5	模型 6	模型 7
粉丝数量	-0.040	0.078	-0.046	0.018	-0.040	-0.055	0.095
注册信息真实度	0.161	-0.208	0.174	-0.407***	0.257*	0.019	0.215
使用责任感	0.099	0.001	0.071	0.073	0.002	-0.044	-0.052
虚假信息感知	0.144	-0.045	0.001	-0.054	0.141	0.003	0.110
信息真实性态度	0.118	-0.023	-0.130	0.110	0.273**	0.241**	-0.164
样本量	1147	1147	1147	1147	1147	1147	1147
-log likelihood	774.947	597.028	777.634	783.952	709.874	735.391	568.994
Hosmer-Lemeshow 检验	4.130	4.085	8.149	8.133	7.132	2.398	14.356

注：$*p<0.05$，$**p<0.01$，$***p<0.001$。

模型 1 是对"（1）微博运营机构应加强后台审查"的 Logistic 回归。结果显示，该项与性别（女性为对照组）和教育程度均呈比较显著的负相关（$p<-0.05$）。模型 2 是对"（2）强化政府及主流媒体在微博上的话语权"的 Logistic 回归。其结果并没有表现出显著性。模型 3 是对"（3）加强诚信教育，提高用户道德素养"的 Logistic 回归。该项与收入水平呈比较显著的负相关（$p<-0.05$）。模型 4 是对"（4）微博运营机构加强管理，建立信用体系"的 Logistic 回归。该项与注册信息真实度呈非常显著的负相关（$p<-0.001$）。模型 5 是对"（5）对发布虚假信息博主进行严惩"的 Logistic 回归。该项与注册信息真实度呈比较显著的正相关（$p<0.05$），与信息真实度态度呈显著的正相关（$p<0.01$）。也就是说，模型 6 是对"（6）政府部门加强管理、完善法律法规"的 Logistic 回归，该项与年龄和信息真实度态度呈显著的正相关（$p<0.01$）。模型 7 是对"（7）鼓励、支持自发的辟谣组织"的 Logistic 回归。该项与年龄呈显著的负相关（$p<-0.01$），与教育程度呈显著的正相关（$p<0.01$）。

五 结论与讨论

（一）责任归因：用户与平台

研究问题 1 的结论显示，超过三分之二的用户（68.5%）认为微博用户应当对保证微博信息的真实性负有最直接责任。这其中发布信息的用户（47.5%）、转发信息的微博意见领袖（15.1%）和转发信息的一般用户（5.9%）三个群体的责任依次递减。

究其原因，主要在于以下几点。首先，作为社交媒体原创内容创作群体，信息发布者的责任无可推卸，接近半数（47.5%）的被选率足以说明问题。再者，作为拥有强大信息传播能力的关键信息转发者——也即是我们通常提到的微博意见领袖，对于保证微博信息的准确性，遏制谣言传播的责任同样不可推卸。微博意见领袖群体所掌握的话语权使得其能够左右舆论、设定议程，经由他们转发的微博更容易被普通用户所相信与转发，影响力越大意味着责任越大，意见领袖草率的转发可能会造成事态的扩大，进而造成更加恶劣的负面影响。相对而言，普通信息转发者虽然推动了谣言的进一步扩散，但其既非信息源、信息传播能力又有限，因而被认为在直接参与了谣言传播的用户中，所负有的责任最小。

紧随微博用户的责任之后，超过四分之一（25.4%）的被调查者认为微博运营商应当对保证微博信息的真实性负有最直接责任。

与直接创造内容的用户不同，负责提供社交媒体服务的微博运营商在谣言传播这一问题上所需要承担的主要责任在于平台维护与监管——作为一个内容生产与消费平台，微博最大的价值在于为用户提供高质量的内容服务，运营商的责任就在于确保内容本身的真实性与可靠性。要保证这一点，运营商既需要对已发布的微博内容开展审核，又非常有必要基于历史记录对微博账户开展信用评估，赋予用户相应的信用级别——以便为其他用户快速高效地确定某特定用户所发布信息的可靠性提供依据。

（二）微博谣言治理策略组合

微博用户对于微博谣言治理策略组合的评价与反馈是本研究的核心问题与落脚点。基于前文数据分析中的论述可以看出，根据不同治理政策的被选率，微博谣言治理的公共政策可以划分为三个政策组合群，根据其各自包含的治理措施，本文将其归纳为三个治理维度：自治治理维度、公共治理维度和舆论治理维度（见表2）。

表 2 微博谣言治理策略分析

治理维度	具体治理措施	具体描述	用户属性/微博使用情况对治理措施偏好的影响
自治治理	（4）微博运营机构加强管理，建立信用体系	用户支持率在40%以上，治理措施的实施主体是微博运营商	注册信息真实度
	（1）微博运营机构应加强后台审查		性别、教育程度
	（3）加强诚信教育，提高用户道德素养		收入水平
公共治理	（6）政府部门加强管理、完善法律法规	用户支持率在30%～40%之间，治理措施的实施有赖于行政/立法/司法机构的协同行动	年龄、信息真实性态度
	（5）对发布虚假信息博主进行严惩		注册信息真实度、信息真实性态度
舆论治理	（2）强化政府及主流媒体在微博上的话语权	用户支持率在20%～30%之间，治理措施着眼于微博信息本身	无
	（7）鼓励、支持自发的辟谣组织		年龄、受教育程度

1. 自治治理维度

自治治理维度包含了"微博运营机构加强管理，建立信用体系"、"微博运营机构应加强后台审查"和"加强诚信教育，提高用户道德素养"这三项治理措施，在用户支持率方面，这三个选项的被选率都超过了40%，属于第一集团。这一组治理措施组合之所以被称为自治治理，不仅在于其治理措施直接针对微博运营商和微博用户，更为重要的是这三项治理措施都需要直接交由微博运营商来执行——其治理措施的核心理念在于微博平台的内部自治。信用体系和内容审核管理需要运营商的技术支持并在其后台直接实施，针对微博用户的诚信教育同样需要微博运营商的直接推动——如果这一教育过程不在微博平台上直接开展，如何精确定位人群中的微博用户都会成为一个巨大的技术难题，毕竟这一措施是针对微博用户这一特定人群的宣传教育，而不是全社会的公民诚信教育活动。

从用户属性/微博使用情况对治理措施偏好的影响上来看，用户的微博注册信息真实度越低，越倾向于支持"（4）微博运营机构加强管理，建立信用体系"；针对"（1）微博运营机构应加强后台审查"男性用户对此治理措施的支持度比较显著的低于女性用户；随着受教育程度的提升，用户对于这项治理措施的支持度呈现出较为显著的下降趋势；随着收入水平的提高，用户对于"（3）加强诚信教育，提高用户道德素养"的支持度出现了比较显著的下降。

2. 公共治理维度

与自治治理维度相比，公共治理维度治理策略组合的最大特点在于其治理措施的实施需要国家行政/立法/司法机关协同行动。"政府部门加强管理、完善法律法规"与"对发布虚假信息博主进行严惩"这两项治理措施的认可度都介于30%～40%之间，这其中既包括在事前提供外部制度性保障的行政管理和立法，也包括司法部门事后追责的严惩发布虚假信息的当事人。与自治治理维度中所有治理措施均由微博运营商承担不同，公共治理措施均由微博平台外部力量开展实施，并且在政策执行过程中涉及行政/立法/司法机构的协同行动，其治理措施的时效性相对于自治治理维度而言较差。但公共治理的优势同样明显，借助行政/立法/司法机构的权威性，本维度的治理措施具有更强的执行力和更大的威慑力。

从用户属性/微博使用情况对治理措施偏好的影响上来看，年龄越大的用户，以及对于微博信息真实性要求越高的用户越倾向于支持"（6）政府部门加强管理、完善法律法规"；微博注册信息真实度越高的用户，以及对于微博信息真实性要求越高的用户越倾向于支持"（5）对发布虚假信息博主进行严惩"。

3. 舆论治理维度

舆论治理包括"强化政府及主流媒体在微博上的话语权"和"鼓励、支持自发的辟谣组织"两项治理措施。与前两个维度的治理措施更多的关注微博用户的行为不同，舆论治理的着眼点在于微博信息本身。本维度治理措施的核心在于主动在微博平台上建立稳定而可信的信息源——从而主动针对微博平台上的信息内容进行干预，这既包括代表着外部监管者的政府机构及主流媒体，也包括代表着微博内部自治力量的自发辟谣组织——在舆论治理维度中，微博谣言治理的内外部核心利益相关人统一于微博平台，共同针对微博海量信息流实施引导与管理，以期能够在谣言传播治理中达成事前积极预防，事后及时辟谣的治理目标。

从用户属性/微博使用情况对治理措施偏好的影响上来看，用户在"（2）强化政府及主流媒体在微博上的话语权"治理措施上的态度较为一致，没有显著差异；对于"（7）鼓励、支持自发的辟谣组织"而言，随着年龄的增长，用户对于这项治理措施的支持度呈显著下降；随着教育程度的提升，用户对于这项治理措施的支持度呈显著上升。

（三）总结与结论

互联网治理最大的挑战在于没有任何组织或个人能够完全掌控互联网。从很大程度上来说，互联网治理活动成功与否的关键不能只依靠政府单方面的努力而且要调动包括政府主管部门，网络运营商、互联网服务运营商和普通用户在内的核心利益群体，形成有效的公共治理网络是社交媒体崛起背景下互联网治理的必然选择。

在本文中，我们选取以微博用户为中心的研究视角，探讨了用户对于微博谣言治理措施的评价，并在研究中着重关注了用户自身的属性，不同用户群间差异和微博使用习惯对于治理策略偏好的影响。研究结果显示，在责任归因方面，微博用户更多的将信息源（信息发布者）和信息传播路径（包括将加速微博信息扩散的意见领袖，提供服务平台的微博运营商）视为微博信息真实性保障的关键责任人（方）。在涉及微博谣言治理时，用户都更倾向于将微博本身视为一个网络共同体，谣言产生于微博平台内部，其治理首先应当在这一网络共同体内部完成，其原因可能在于微博用户更多的将微博平台视为一个网络共同体，互联网的去中心化和地位对等等特性促使用户更愿意采用共同体内自组织治理和自我规范的方式完成自治管理。行政/立法/司法措施则被视为微博内部自组织治理的补充和外部保障。微博运营商所进行的内容审查在一定程度上体现了国家意志，但这一治理措施的具体执行并没有政府部门的直接参与，因而对于用户来说更易于接受。

本研究基于方便样本调查数据分析，因此研究结论的普适性有待进一步检验。尽管如此，由于目前国内尚无此类研究成果发布，因而本文的实证分析结论还是能够为下一阶段我国的微博谣言治理提供一个参考。在下一阶段的微博谣言治理中，决策者可以通过与微博运营商的沟通与合作，更多地尝试借助微博平台内部力量达成治理目标，并进一步推进互联网

（社交媒体）治理相关法律立法，完善司法解释，为社交媒体治理提供有力的外部制度保障。

（作者单位：中南大学文学与新闻传播学院）

注释

[1] ICANN. Who Runs the Internet? （2013 - 02 - 06）［2014 - 12 - 16］. http：//www. icann. org/en/about/learning/factsheets/governance-06feb13-en.

[2] 《〈纽约时报〉社交账号被黑发布"中美海军交战"》，新华网，http：//xuan. news. cn/cloudnews/globe/20150117/2025618_ c. html.

[3] 《国内首个网站联合辟谣平台公布典型辟谣案例》，新华网，2013 年 9 月 6 日，http://news. xinhuanet. com/zgjx/2013-09/06/c_ 132696112. htm，浏览日期，2015 年 2 月 5 日。

[4] Bertot, J. C., Jaeger, P. T., Hansen, D.. The Impact of Polices on Government Social Media Usage：Issues, Challenges, and Recommendations. *Government Information Quarterly*, 2012, 29（1）：30-40.

[5] Kaplan, A. M., Haenlein, M.. Users of the World, Unite! The Challenges and Opportunities of Social Media. *Business Horizons*, 2010, 53（1）：59-68.

[6] Duggan, M., Brenner, J.. The Demographics of Social Media Users, 2012, http：//www. pewinternet. org/2013/02/14/the-demographics-of-social-media-users-2012/.

[7] 《2018, 跨境卖家不得不知的社交媒体新趋势》，http：//www. sohu. com/a/217520410_ 298446, 2018 年 1 月 18 日。

[8] Taylor, M., Haggerty, J., Gresty, D., Almond, P., Berry, T.. Forensic Investigation of Social Networking Applications, *Network Security*, 2014, 2014（11）：9-16.

[9] Govtech. County Experiments with Monitoring Social Media in Emergencies（2010-09 - 13）［2015 - 07 - 03］. http：//www. govtech. com/public-safety/County-Monitoring-Social-Media-Emergencies. html.

[10] 钟伟军：《公共舆论危机中的地方政府微博回应与网络沟通——基于深圳"5·26飙车事件"的个案分析》，《公共管理学报》2013 年第 1 期，第 31~42 页。

[11] 孙燕：《谣言风暴：灾难事件后的网络舆论危机现象研究》，《新闻与传播研

究》2011 年第 5 期，第 52~62 页。

[12] Cho, D., Kim, S., Acquisti, A.."Empirical Analysis of Online Anonymity and User Behaviors: The Impact of Real Name Policy", Paper presented at 2012 45th Hawaii International Conference on System Science, Maui, HI, USA, 2012, pp. 3041-3050.

[13] Cho, D.. *Real Name Verification Law on the Internet: A Poison or Cure for Privacy?* New York, N. Y., USA: Springer, 2013: 239-261.

[14] Omernick, E., Sood, S. O.. "The Impact of Anonymity in Online Communities", in Proceedings of 2013 International Conference on Social Computing, Washington, D. C., USA, September 8 - 14, 2013, IEEE Conference Publishing Services, pp. 526-535.

[15] Ruesch, M. A., Märker, O.. "Real Name Policy in e-participation", in *Proceedings of the* 2012 *International Conference for E-Democracy and Open Government Krems*, 2012, Edition-Donau-Univ. Krems, p. 109.

[16] Kang, R., Brown, S., Kiesler, S.. "Why do People Seek Anonymity on the Internet?: Informing Policy and Design", in Proceedings of the SIGCHI Conference on Human Factors in Computing Systems, New York, N. Y., USA, 2013, ACM Press, pp. 2657-2666.

[17] Darpa. Social Media in Strategic Communication(2014-07-09) [2015-07-03]. http: //www. darpa. mil/Our _ Work/I2O/Programs/Social _ Media _ in _ Strategic_ Communication_ (SMISC). aspx.

[18] 罗昊：《国内图情期刊关于网络舆情研究的现状及特点》，《情报杂志》2013 年第 5 期，第 43~48 页。

[19] Facebook. Global Government Requests Report(2014-07-30) [2014-12-16]. https: //www. facebook. com/about/government_requests.

[20] Miller, C. C. Techcompanies concede to surveillance program (2013 - 06 - 07). http: //www. nytimes. com/2013/06/08/technology/tech-companies-bristling-concede-to-government-surveillance-efforts. html.

[21] Charlton, A. 55,000 sign twitter abuse petition after jane austen campaigner receives rape threats (2013 - 07 - 29). http: //www. ibtimes. co. uk/articles/495252/20130729/twitter-abuse-petition-signatures-criado-perez-feminist. htm.

[22] Howard, C., The Policy Cycle: A Model of Post-machiavellian Policy Making. *Australian Journal of Public Administration*, 2005, 64 (3): 3-13.

[23] Linders, D., From e-government to We-government: Defining a Typology for

Citizen Coproduction in the Age of Social Media. *Government Information Quarterly*, 2012, 29（4）：446-454.

［24］刘伟、张明新：《互联网的政治性使用与我国公众的政治信任———一项经验性研究》，《公共管理学报》2014 年第 1 期，第 90~103 页。

［25］李亚妤：《互联网使用、网络社会交往与网络政治参与———以沿海发达城市网民为例》，《新闻大学》2011 年第 1 期，第 69~81 页。

［26］韩运荣、高顺杰：《微博舆论中的意见领袖素描———一种社会网络分析的视角》，《新闻与传播研究》2012 年第 3 期，第 61~69 页。

［27］Hoetker, G.. The Use of Logit and Probit Models in Strategic Management Research：Critical Issues, *Strategic Management Journal*, 2007, 28（4）：331-343.

［28］Tufekci, Z., Wilson, C.. Social Media and the Decision to Participate in Political Protest：Observations from Tahrir Square. *Journal of Communication*, 2012, 62（2）：363-379.

互动仪式链理论视角下新闻反转的传播机制分析

——从"罗尔事件"谈起

陆伟晶

摘　要　本文以柯林斯的互动仪式链理论为视角，以 2016 年反转新闻的典型——"罗尔事件"为例，结合百度指数，剖析这起网络事件中互动仪式链的生成、变异、断裂及修复。以"情感能量"为关键词，分析相对于传统媒体，网络媒体中的互动仪式链生成更大情感能量的原因，最终得出结论——社交媒体时代，"情感"在社会互动中扮演着重要角色，需要在社会问题的分析中加以重视。

关键词　互动仪式链　新闻反转　情感能量

The Analysis of the Communication Mechanism of News Inversion under the Persepective of the Interaction Ritual Chain

—From Luoer Event

Lu Weijing

Abstract　Under the persepective of the Interaction Ritual Chain, the essayfocuses on the Luoer Event, an example of news inversion, combined with baidu index, and analyses the generation, variation, fracture and repair of the interaction ritual chain. The essaytakesemotion energy as a keyword and analyses the cause that why more emotion energy generates in the interaction ritual chain in social media than in traditional media. To conclude, emotion plays an important role in the social media era and it needs more attention in the analysis of social issues.

Keywords Interaction Ritual Chain; News Inversion; Emotion Energy

人类是最具情感的动物。"人类的认知、行为以及社会组织的任何一个方面几乎都受到情感驱动。"[1]情感在人类事件中拥有如此重要的地位，在关于社会问题的分析时，却常常被忽略。在网络还不发达的时代，这种低估和忽视所造成的影响还不是很明显。但在社交媒体飞速发展的今天，我们发现运用传统的视角对于诸多舆论现象无法给予充分合理的解释，尤其体现在反转新闻中。公众的情绪在短时间内达到顶峰，形成瞬间的裂变；继而又迅速回落，达到另一个极端。整个舆论过程，反转速度之快令人惊愕。因此，有必要引入最原始的"情感"因素，从社会互动的角度进行解释。

2016年影响力最大的反转新闻无疑是岁末的"罗尔事件"。短短几天内，罗尔从一个"卖文救女"、坚忍温情的父亲形象跌落至表里不一、骗捐诈捐的小人；小铜人公司的承诺"转发一次，捐赠一元"也被斥为"带血的营销"。网络上人们对此讨论很多，但大多集中在如何完善互联网慈善和个人求助等具体问题上，鲜有对事件的整体性反思。在这个互动的过程中，舆论是如何反转的？其中的传播机制是怎样的？本文从柯林斯的"互动仪式链"视角切入，分析网络空间中反转新闻的传播机制。

一　互动仪式链理论

"互动仪式链"理论模型（IRs）由美国社会学家柯林斯在2004年出版的《互动仪式链》一书中正式提出，在情感社会学中占有重要地位。该模型以"情感能量"为核心，详细阐述了仪式的组成要素及各要素间的相互作用、仪式发生的过程及其产生的结果。

仪式分析的传统可追溯至涂尔干。他以宗教仪式为例，提出了情境互动的模型，强调仪式团结的重要性，阐明了在一定情境下社会构成要素是如何结合以及什么因素使仪式成功或失败；戈夫曼则从微观互动的角度将仪式扩展到日常生活情境的层面，"互动仪式"的概念正是由他提出，指一种表达意义性的程序化活动。柯林斯的创见在于他将情感、个人行动、社会团结纳入同一个理论模型中，并以情感为桥梁来连接个人与社会，从微观的互动情境中去解释社会问题。

柯林斯通过 IRs 模型系统阐述了互动仪式的作用机制以及从单个互动仪式发展为互动仪式链的过程。从单个仪式看，互动仪式的核心机制是"相互关注"和"情感连带"（如图 1）。[2]

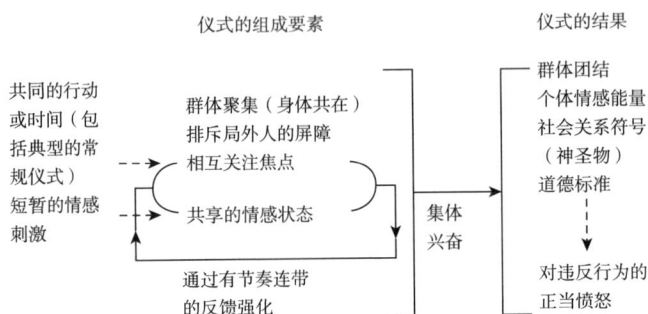

图 1　单个互动仪式（IR）

互动仪式中有四种组成要素：[2]

（1）群体聚集，不管他们是否有意识地关注对方，因为共同在场而相互影响；

（2）对局外人设定了界限；

（3）人们将其注意力集中在共同的对象或活动上，并通过相互传达该关注焦点，而彼此知道了关注的焦点；

（4）人们分享共同的情绪或情感体验。

当个体集聚，便形成了际遇，同时也提供了一种社会氛围，吸引着个体观察彼此的动作、关注彼此的情感状态，并开始针对共同关注的焦点进行讨论，发表自己的看法、聆听他人的意见。在沟通交流中，对某一问题的共同看法催生了共同的情感体验，形成情感共鸣。讨论的热情进一步迸发，参与者们成功建立起了情感协调，产生集体兴奋，最终产生了集体团结感，获得了情感能量。

作为 IR 要素的情感是短暂的，然而产出的情感则是长期的，表现为对群体符号的崇拜和依恋。由此，短期情感成功转换为长期的情感能量，并成为下一次仪式的输入端。

二 "罗尔事件"中的互动仪式链

从 2016 年 11 月 25 日，罗尔在自己的公众号上发布《罗一笑，你给我站住!》，接受网友打赏，到其朋友刘侠风加入，提出"罗尔卖文、公司捐款"，再到 11 月 30 日打赏冲破 200 万元；随即曝出罗一笑的医药费 80% 可报销，舆论反转；再到 12 月 24 日，罗一笑去世，舆论到达巅峰，紧接着事情暂告一个段落。整个过程持续一个月，舆论反转集中在 11 月 30 日到 12 月 4 日。这个过程可以分成互动仪式链的生成、变异、断裂和修复四个环节。

如图 2，以"罗尔"和"罗一笑"为关键词进行搜索，时间限定在 2016 年 11 月 26 日至 12 月 31 日，得出如下趋势图。上面的为网民搜索指数，下面的为媒体报道指数，二者均在 11 月 30 日和 12 月 24 日达到高峰。

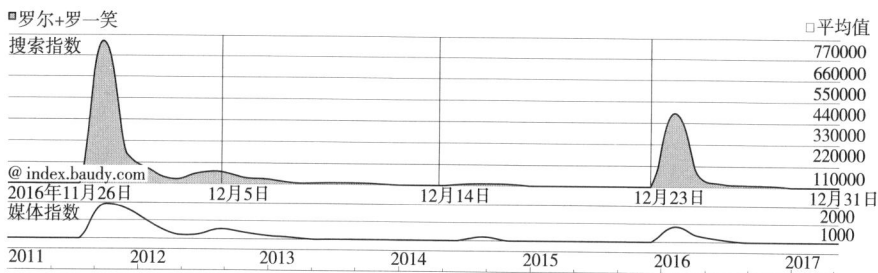

图 2 "罗尔事件"百度搜索指数和媒体指数趋势

(一) 共同关注和共享情感

从 IRs 模型中可知，"身体共在"是第一要素。在社交媒体时代，则更多的是虚拟在场。尤其在半封闭式的微信朋友圈中，这种主要依靠熟人社交建立的共同空间，将个体间的联系维持得更加紧密。在这样的集聚效应下，一条情感指向非常明确的新闻是非常容易被快速传播的。《罗一笑，你给我站住！》这篇文章开始只是在深圳传播较为广泛，但经过小铜人公司的微信公众号"P2P观察"的营销操作之后，文章呈现裂变式扩散，从11月29日晚开始，刷爆朋友圈，成为热门话题。文字悲情而不失温暖，绝望中又带着渴望和希望。"白血病""5岁女孩儿""巨额医药费"这些关键词刺激着公众的敏感神经，同时唤起了他们之前的情感体验。在公众记忆中，因无力承担医药费而延误治疗时机或者因病致贫、因病返贫的案例太多了。令人嗟叹之余，也令人反思，怎么建立高效透明的捐助机制，避免悲剧的重演？如今这样的机会就摆在眼前，无疑极大地激发了公众的同情心。无论是打赏、捐款还是转发，都在情理之中。

当这些行为在社交媒体中扩散时，爱心、同情等善良的情绪不断弥漫，且不断强化。个体间彼此观察、彼此效仿——是直接转发新闻还是在开头加上一段煽情的按语？是仅仅转发还是另外再进行打赏？是略尽绵薄之力还是慷慨解囊？群体讨论的热情进一步迸发，热烈的氛围感染着群体中的每一个成员，每个人都更积极地表达自我、更积极地回应他人，在获得他人更迅速、更频繁的回应之后，个人表达的热情进一步升华。如果置若罔闻或者提出质疑——为什么罗尔没有公布病情诊断书、医药单和报销单，则会被当作群体中的异见，遭到驱逐。

（二）情感连带和集体兴奋

随着话题的不断发酵，越来越多的个体加入其中。经过符号互动和节奏连带，事件参与者的个体情感要么在事件参与过程中被宣泄，要么彼此汇聚，形成更高的情感能量，并在"沉默的螺旋"机制下形成共同情境。支持罗尔的声音越来越高，质疑的声音越来越弱，达到了集体兴奋。至此，单一的互动仪式获得成功。公众的情感诉求得到极大满足，个体情感能量、道德感和群体归属感大大增强。

（三）互动仪式链的生成

个体将获得的情感能量和成员身份符号进行再投资，和其他成员继续寻找共同的分享点，进行下一次互动仪式。如起初可能只是随手转发，现在进行二次转发，并且配上温馨的话语或者自发地给小铜人公司打广告：转发一次，捐款一元。同时，对罗尔的个人公众号以及小铜人公司的

"P2P 观察"公众号进行打赏，进一步表示对当事人的支持。如此循环，"情感互动在持续不断的人际互动和群体互动中得到增强"，[3] 个体则在时空中以持续不断的姿态瞬间流动，交换情感能量。

11 月 30 日零点一过，大批打赏一拥而上冲进罗尔的微信公众号，冲破微信设置的赞赏上限，两小时捐助超过 200 万元。微信发现异常后紧急采取冻结措施。加上先前"P2P 观察"公众号收到的打赏，善款累计达262 万元，这远远超出了罗尔本人的预期，也出乎公众的预料。

(四) 舆论反转：互动仪式链断裂

但这条互动仪式链并没有平稳地发展下去，而是迅速地变异。巨额捐款产生的强大舆论影响力使得质疑的声音变得响亮。舆论在此出现了反转。11月 30 日上午，深圳一名医生的聊天截图开始流传，显示罗尔一家在医院花费每日不足 5000 元。深圳市儿童医院进一步晒出费用清单，截至 11 月 29日，罗一笑三次住院总费用合计 204244 元，自付费用占比 17.72%。而早前发文称孩子在病房每天少则一万、多则三万有余的费用，大半费用少儿医保报销不了的陈述被网友一一贴出，指责罗尔隐瞒事实，诱导大家同情打赏。接着，"罗尔有三套房和一家公司"的消息被曝出，舆论哗然。而罗尔在接受媒体采访时与在公号文章里相矛盾的表述，更是引起了诸多猜测和不满。

由此，互动仪式链出现了断裂。原先公众累积的积极的情感能量也消失殆尽。原先是高度的热情、自豪感、道德感、自信心，现在弥漫着消沉、对社会的不信任和对人性的怀疑。原先于公众而言最大的驱动力——"爱心"在下降，且与中心事件越来越远；反之，"真相""始末""营销""法治"这些词语占据着舆论的中心和公共的情感。

在进行下一场互动仪式前，需要重新积累情感能量。如何积累呢？靠消极情绪的排出。对罗尔的指责、谩骂充斥于网络，群情激昂，还有纯粹的人身攻击，如因为罗一笑是罗尔与第二任妻子的孩子，就抨击他的妻子是"小三上位"，甚至得出"难怪女儿会得白血病"这种伤害性言辞。除了对罗尔的攻击，还有对"无脑网友"的嘲讽以及对人性伪善的怀疑。

(五) 社会自净：互动仪式链的修复

在网友怒斥的同时，真相也在一点点呈现。对于公司，罗尔解释是帮朋友打理，没出钱，没收钱，没有参与经营。对于三套房，他解释为"一套自住，一套留给和前妻所生的儿子，一套留给现任妻子"。随后在深圳市民政局的介入下，罗尔将两个公号所获"赏金"262万多元原路径退还给网友。12月24日，罗一笑病情恶化离世，也给这段争论暂时画上了句号。

从图2中也可以看出，尽管搜索在此又达到了一个小高峰，但相对于11月30日，搜索规模已经小了很多。舆论也不再如此分化，主要集中在罗一笑的病情上，而非原先广受争议的社会道德与社会信任。

尽管这种舆论消散是一种消极的方式，但是互动仪式链在此得到了修复。公众重拾情感能量，参与公共话题的讨论的热情得到激发。随着时间的流逝，为下一次的网络事件中的互动仪式储蓄能量。

三 "罗尔事件"中的"情感能量"

"情感能量"是互动仪式链理论的核心概念，是仪式的本质驱动力和最终结果。需要注意的是，柯林斯笔下的"情感"并非指日常生活中所说的高兴或悲伤等具体情感，而是指"长期的、稳定的社会情感，是一种参与社会互动与获得成员身份的渴求，具有特殊的社会取向"。[2]

个体在仪式互动之初投入的情感是短暂的。互动仪式作为情感的变压器，可以将短期情感转换为长期的情感能量。在"罗尔事件"中，公众起初仅是处于好奇和同情，顺手转发。随着参与人群规模的不断扩大，话题不断发酵，这种初级的情感演化为高级的"情感能量"。但是在舆论反转后，"情感能量"的破坏性也是很大的。之所以产生如此强大的"情感能量"，与网络媒体的两个特性密切相关：一是虚拟在场；二是情感分层的弱化。

（一）从"身体在场"到"虚拟在场"

传统的互动仪式强调"身体在场"。《互动仪式链》出版于2004年，当时社交媒体还不发达，产品的交互性和便捷性还不高，普通人的生活并未深刻打上数字化的烙印。但置于当下的语境，"身体在场"更准确的表述应为"虚拟在场"。先进的技术大大降低了集体准入门槛和互动成本，有利于社会氛围和集体符号的形成。

互动仪式链的核心环节是共同关注和共享情感。仪式成功与否的关键在于能否促进共同焦点的形成并最终形成群体团结、个人情感能量以及群体道德标准等结果。而无论是产生关注、投入情感还是引发集体兴奋，技术在每个环节都提供了便利，加速了互动仪式的过程，扩大了互动的规模。当朋友圈都在转发献爱心时，有些网友可能会产生不转似乎会让自己显得很不合群的心理。基于"印象管理"的压力，公众很容易参与到一致的信息传播中去，这又为该事件增添了传播力。

（二）情感分层的弱化

在传统媒体中，情感传播具有自上而下的等级传播特征，情感流动往往呈现出等级流动的特点，即拥有社会地位或权力的人会更热情地投入仪式中，更可能受到广泛关注，有着更强的仪式成员身份的体验，从而拥有更高的情感能量。久而久之，越是靠近关注焦点的个体获得的情感能量越高，越是接近边缘的个体获得的情感能量越低，甚至有被排斥出群体的危险，由此形成了社会分层，产生了社会冲突。

但是在社交媒体平台上的互动仪式中，这种分层模式的作用力大为弱化。由于社会身份的相对缺失，地位和权力的影响力相对减弱，加上网络的赋权机制，网络空间中的情感传播使人们更容易获得更高的情感能量，从而提升自己的积极情感。

此外，从实际效果来说，在情感连带的范围和强度上，传统媒体很难形成群体的互动和共鸣，而"网络的瞬时性、脱域性、共在性，对群体情感的传播更具优势，更容易产生柯林斯所说的'集体兴奋'"[3]。

四 结语

围绕"罗尔事件"的争论暂告一段落，但是带给我们的思考并没有停止。在这场"中国公益新的标志性事件"[4]中，个体的初级情感如何在民意的裹挟下变得持续稳定并在舆论反转时，体现出惊人的爆发力，"情感能量"发挥了巨大的作用。正如乔纳森·特纳所言，"情感在所有层面上，从面对面的人际交往到构成现代社会的大规模的组织系统，都是推动社会现实的关键力量"。[5]网络媒体的自身特性也加大了这种情感能量。同时，在互动仪式链的生成、变异、断裂及修复的过程中，社会的自净能力也不能为我们所忽略。

（作者单位：南京师范大学新闻与传播学院）

注释

［1］乔纳森·H·特纳：《人类情感——社会学的理论》，孙俊才等译，东方出版社，2009，第7页。

［2］兰德尔·柯林斯：《互动仪式链》，林聚任等译，商务印书馆，2009，第87、86、102页。

［3］蒋晓丽、何飞：《互动仪式理论视域下网络话题事件的情感传播研究》，《湘潭大学学报》（哲学社会科学版）2016年第3期，第122、123页。

［4］邓飞：《复盘"罗尔事件"》，南方周末，http：//www.infzm.com/content/121312，2016年12月8日。

［5］乔纳森·H·特纳、简·斯戴兹：《情感社会学》，孙俊才等译，上海人民出版社，2007，第2页。

国家安全阴影下的新闻自由

——"五角大楼文件案"判例浅析

周 磊

摘 要 "五角大楼文件案"一度被认为是美国新闻自由的里程碑。在庭审过程中,法庭围绕国家安全的概念如何界定、"五角大楼文件"来源的合法性、新闻发布是否影响国家安全、政府是否可以阻止涉及"国家安全"信息的发布等问题进行辩论。通过对联邦最高法院判词的分析,可以发现法院驳回联邦政府请求禁止《纽约时报》及《华盛顿邮报》刊登"五角大楼文件",主要理由并非政府不能事前限制新闻自由,而是因为政府方面事前限制的理由不充分。败诉之后的美国政府吃一堑长一智,在此后多次以国家安全为名,肆意践踏新闻自由,与其说"五角大楼文件案"是美国新闻自由的里程碑,不如说是美国新闻自由的终点站。

关键词 五角大楼文件案 新闻自由 国家安全

Press Freedom in the Shadow of National Security

—A Brief Analysis of the "Pentagon Papers Case"

Zhou Lei

Abstract The case of pentagon papers was once considered a milestone in the history of American press freedom. In the process of trial, the court arounded these issues to debate, including how to define the concept of national security, legitimacy of pentagon papers' source, whether press conference affected national security, whether the government can stop the release of information relating to the "national security". By analysis of the federal Supreme Court verdicts on request, it can be found that the main reason the federal government banned *New York Times* and the *Washington Post from Publishing* "pentagon papers" is not the government cannot restrict freedom of the press in advance but that reasons of the government's limit in advance are insufficient. After losing the lawsuit, the American government learned from its mistakes, and trampled freedom of the press several times in name of national security, so "the pentagon papers case" is the destination of the freedom of the press rather than the milestone.

Keywords The Case of Pentagon Papers; Freedom of the Press; National Security

美国是一个标榜新闻自由的国家，但是美国总统特朗普在上任后第二天，就在中情局演讲时表示自己"和媒体的战争还在持续"，他把新闻工作者称为"地球上最不诚实的人"，对媒体随意报道的厌恶常常溢于言表。特朗普似乎已经忘记了《信息自由法案》，基于国家安全就可以肆意践踏新闻自由吗？"五角大楼文件案"再次被提及，特朗普会引发下一个"五角大楼文件案"吗？在美国的宪政史上，作为第一个对媒体加以事先限制的案例，"五角大楼文件案"表面上是新闻自由战胜了国家安全，实际上新闻自由只能存在于国家安全阴影之下。

一 "五角大楼文件案"事件始末

20世纪60年代中期，深陷越战泥潭的美国政府受到了国内反战人士的攻击，反战的思潮从大学中蔓延到社会，各大城市都爆发了反战游行示威，美国政府内部也产生了分裂，为了赢得大选，尼克松在竞选时信誓旦旦地要逐步减少对越南战争的投入，并最终结束这种出力不讨好的战争，然而，在当选之后，尼克松却做出了错误的决定，他努力扶持美国在越南代理人，虽然减少了派兵的数量，却不断增加空军和海军的投入，越战"越南化"并没有实现既定目标，反而使得美军伤亡人数不断增加，仅1969~1972年就有15000多名美国士兵丧生。巨大的伤亡使美国民众感到不安。然而，尼克松一意孤行，继续他的"越南化"政策，他要求北越在柬埔寨和老挝军事集结，下令美军对柬埔寨实行秘密轰炸，并伪造轰炸报告欺骗国会。事实上，对于柬埔寨的侵略，不仅兑现停止越南的竞选诺言，更为恶劣的是，尼克松违反了只有国会才能宣战的这一宪法条款。

尼克松的行为在美国激起了众怒，其中也包括一些掌握核心机密的官员。丹尼尔·艾尔斯伯格就是其中一员。艾尔斯伯格博士是1964年作为哈佛校友被助理国防部长约翰·麦克诺顿选中担任其特别助理的。进入五角大楼工作后，他从事印度支那战争问题的研究，同时为国防部长麦克纳马拉和麦克诺顿撰写演讲稿。五角大楼文件是1967年由前国防部长麦克纳马拉授权一个越战历史专题组编写而成的，目的是检讨美国在越南的政策。报告完成于1969年春，共47卷，长达700页，使用了大批国防部、国务院的机密文件资料，内容覆盖越战前后30年时间。作为国防部最高机密，该报告仅印制了15份，为政府相关机构或图书馆所收藏，与美国空军关系密切的智库兰德公司也收藏有两份。艾尔斯伯格博士在这份文件中发现约翰逊政府为了私利，误导民众支持战争，他还发现，文件说明尼克松政府继续欺骗民众、隐瞒战争真相。1971年3月，他决定私自复印这些文件并透露给《纽约时报》，借助新闻媒体的力量来反对尼克松政府的战争政策，早日结束越战。[1]

1971年6月，《纽约时报》决定以专题形式分10期发表这批文件。6月13日，《纽约时报》开始连续刊登"五角大楼文件"机密文件的核心内容。《纽约时报》的这一举动引起了美国政府的恐慌。为了避免文件继续外泄，政府决定采取行动。14日，司法部部长米切尔以违反保密法令为由，要求《纽约时报》停止连载，否则，它将根据1917年《间谍法》起诉该报，但《纽约时报》拒绝了政府的要求，并在15日发表的第三期五角大楼文件系列报道中配发声明说，政府要求停止发表文件，《纽约时报》认为人民对其应享有知情权，而其职责就是作为一个自由且不受审查的信息渠道刊发属于自己财产的材料，拒绝了政府的要求。[2]

尼克松政府以保护国家安全为由，要求发布临时限制令，强令《纽约时报》停止继续刊载有关五角大楼文件的内容。得知《纽约时报》被下禁令，舆论嘲讽美国回到封建君主的时代，因为在美国建国200多年的历史中，还没有哪一位总统曾对新闻界发出这样的"预禁令"。这也引起了以

《纽约时报》为首的美国新闻界与政府的对抗，为了表示声援，《华盛顿邮报》《波士顿环球时报》《芝加哥太阳报》《洛杉矶时报》、"美联社"等近20家较有影响的媒体先后公布五角大楼文件信息。[3]

美国司法部随后将《纽约时报》和《华盛顿邮报》告上了联邦法院，政府向法院提出申请：在18日法庭做出裁决之前禁止媒体继续发表文件。在其后的诉讼中两家媒体的审判结果均是胜诉。美国司法部不依不饶，继续上诉，两家媒体在法院的审理期间又一次遭受了来自政府之请的法院禁令，且该禁令一直延长至最高院的并案审理结束。6月30日，美国联邦最高法院宣布《纽约时报》以6：3压倒性的优势赢了这场新闻出版自由与国家安全之争的官司。

这是一起涉及国家安全和新闻出版自由的案件，案件争议的焦点在于《纽约时报》刊登这些机密文件是否会危害到国家安全。美国经历了一场国家权力机关和新闻自由之间最激烈的冲突，在整个诉讼过程中，政府以国家安全之名，运用事前限制原则来阻止媒体的信息传播，出现了美国新闻出版史上第一个法院禁令来对抗新闻自由，然而，最终的结果是让联邦政府名誉扫地，尼克松政府本来试图以"泄露国家机密"等罪名起诉艾尔斯伯格，以期挽回些面子，但艾尔斯伯格最终在宪法有关新闻自由规定的保护下被法院判定无罪。

二 "五角大楼文件案"庭审交锋

"五角大楼文件案"的庭审对抗中，美国政府的立足点是国家安全，《纽约时报》的立足点是新闻自由，庭审过程展示了不同站位主体对于各自权利的诉求。美国政府方面认为，外交事务由总统负责，为了保障国家安全，总统有权力根据保密的需要，禁止媒体发布涉密信息。"五角大楼文件"显然涉及国家机密，而且发布对国家安全会造成巨大的威胁，因而总统有权下达禁止发布的命令。这一观点，得到了《纽约时报》的部分认可，美国的《宪法》第一修正案并非保障绝对的新闻自由，但是"五角大楼文件"是否涉及机密，是否涉及国家安全，还存在疑问，五角大楼文件只是一份研究报告，是具体事实的描述，而不是情报或者技术机密，政府阻止这些文件的发布，只是为了继续欺骗人民。获得信息是人民的权利，这也是宪法赋予美国人民的权利。在没有证据表明发表该文件会危害国家安全的情况下，政府无权对新闻出版进行事先限制。政府可依据保密行政特权建立保密制度，但该制度只适用于行政部门自身，而不能用以约束新闻界。

纵观从地方到最高法院的整个诉讼过程，案件围绕着四个问题展开——国家安全的概念如何界定、"五角大楼文件"来源的合法性、公开文件是否影响国家安全、政府是否可以阻止涉及"国家安全"的信息的发布。

（一）国家安全的概念如何界定

公布的信息是否具有重要的国家安全属性？这是"五角大楼文件案"争论的起点，也是贯穿政府与新闻界整个诉讼过程的核心。如果政府只是把法律诉讼作为对抗新闻界的手段，事前禁止就显得毫无必要；如果政府以维护国家安全的理由进行起诉，就有可能赢得诉讼，但是前提是尼克松政府要提供足够的法律依据证明预禁令的合法化。[4]

在最高法院审理时，政府方面向法庭提交了一份包含 11 项禁止发表的文件内容的清单，但是最高法院认为政府还是未能清晰地界定"国家安全"的内涵，也没有清楚地确认哪些信息是涉及国家安全的敏感信息。[1]

对于政府的解释，布莱克大法官认为"安全"是一个潜藏在第一修正案基本法中的宽泛而模糊的概念。[5]政府总是倾向于滥用信息分类的过程来强化公众认同其关于五角大楼文件存在危害国家安全的辩解。[6]如果法院支持了政府的诉求，就表示支持了行政特权以及政府保密，其后果是，政府以后就可以随意地框定国防、外交信息的领域，随意地扩大解释国家安全信息的范畴。[7]只要是政府不希望媒体向公众公开的信息，就可以随意冠以涉及外交事务安全的名义通过事前禁止或者事后惩罚的刑事诉讼来妨碍新闻自由。

当然，也有人指出了法院判决可能造成的混乱。公民的立法性知情权是一种宪法性知情权，也就是说政府不能毫无根据地以信息的保密属性为由拒绝公开，甚至政府也不能通过行政特权及国家安全理由对信息泄密者进行事后惩罚，这样做就会使国家安全陷入不利的地位，最终也会伤害到人民的利益，所以当政府以保障国家安全为由时可以漠视知情权。一般来说，外交事务属于政治领域，法院并不愿意插手，且一般会更尊重政府对此的处理意见。[8]

美国的传播政策是建立在两大原则基础上，也暗含着新闻传播政策的基本精神。其一是保障国家安全和个人隐私，其二是信息自由交流、传播，企业自由公平竞争。[9]但在"五角大楼文件案"中，对于国家安全概念的把握，对信息能否公开和对泄密者的惩罚的评估陷入两难境地，这个难题落到了法院身上。

（二）"五角大楼文件"的来源是否合法

政府最初在地方法院向《纽约时报》提起诉讼时，是根据1917年的《间谍法》起诉《纽约时报》通过非法途径获取国家保密信息，但是地方法院认为其获取文件信息的手段与能否禁止其发布文件是不相关的。通过泄密获取信息和通过非法手段（例如窃听）获取信息是有区别的，如果是后者，那么犯罪者则交由政府惩治。政府一度想以刑事诉讼起诉《纽约时报》，是因为《间谍法》明确禁止使用非法获取的政府的信息，而且规定文件的信息理论上是属于政府的财产，未经授权就进行传播可能会被指控知识产权罪。[11]但是没有案例证明在信息出版被指控违犯《间谍法》禁止传播国家安全信息的规定时，《宪法》第一修正案能否为其提供宪法保护。法院如果要做出判决，原告就必须证明信息属于国家保护范围，泄露可能会危及国家安全且被告者是在知道这个情况下还进行此项活动的。由此看来，新闻媒体作为一个有影响力的信息公开和发布者，其获取信息途径的合法化与传播信息并无多大关系，《间谍法》条款本身的主体适用的模糊性以及缺乏实际经验案例的参照，因此，很难依据《间谍法》对新闻媒体获取信息的途径定罪。尽管政府对其传播行为提出事后的刑事诉讼，会对新闻界产生一定的威慑力，可预见到的后果是会让新闻界对继续刊发文件信息望而生畏，但这样做无疑会严重阻碍新闻自由，这就违犯了《宪法》第一修正案的基本原则。

在之后的庭审中，政府方面提出美国《宪法》第一修正案并未禁止所有事先审查和限制，本案由于信息的公开会给国家安全造成危害，因此不受《宪法》第一修正案的保护。[11]政府方面认为，法庭要从信息公布是否会危及国家安全来判断政府对新闻界是否可以使用事前禁止原则，"五角大楼文件"的种种言论会给国家安全带来灾难，那么政府的预禁令就是可以成立的。

但是这种观点显然是新闻界无法接受的。新闻界的代表一致指出：制止五角大楼文件的发表严重违犯了《宪法》第一修正案的原则。他们的观点得到了道格拉斯大法官的支持，道格拉斯称《宪法》第一修正案存在的主要意义就是为了限制政府对新闻界肆意地镇压。最高法院的布莱克大法官也认为，一家报纸的职责就在于防止政府欺骗人民，把他们送到异国他乡充当炮灰，因此，事前限制报纸出版的禁令多延续一分钟都是对《宪法》第一修正案的公然的、不能容忍的践踏。[12]他认为有些关于国家安全的声明是被政府的特殊权责强加上去的，和第一修正案是背道而驰的，国家的安全反而需要新闻自由提供保障，《纽约时报》和《华盛顿邮报》等其他报纸的勇敢报道不但不应受到惩罚，反而应该得到赞扬。[13]

（三）公开文件信息是否危及国家安全

美国政府在把《纽约时报》告上地方法院的第三天就要求法院向《纽约时报》发出禁止继续发表文件内容的禁令，而且该禁令一直维持到审判结束。佛瑞德·鲍里吉在1971年的美国民权同盟报告中则认为事前禁止行为是尼克松政府打击新闻自由最为戏剧性的一环。[14]尼克松声称《纽约时报》向公众发布该文件是在一个十分敏感的时期，因为和各国领导人的会谈正在进行。国务卿威廉·罗杰斯认为《纽约时报》关于五角大楼文件的报道对国家利益是带有敌意的。国防部部长拉尔德声明五角大楼文件包含高度敏感的情报信息，公之于众可能会影响外交政策。

但是，当时的社会舆论都认为政府对《纽约时报》采取事前限制是一种恐吓。在大卫·维斯看来，尼克松政府提出的事前禁止行为是对美国新闻界空前的贬低和不信任。[15]马迪恩推断尽管《纽约时报》后续的报道可能会危害到美国利益、国家安全和拖延和平的进度，但是这种潜在的伤害不能作为使用事前禁止原则的依据，政府因为事后惩罚的进程比较缓慢，会浪费许多时间，所以采取事前禁止这种政府认为可以及时保护国防的法律补救途径，更为关键的是政府也希望通过禁令拖延时间，以便能从信息量巨大的五角大楼文件中找到反击《纽约时报》继续发布会给国家安全带来危害的证据。[16]

对于英美法律体系来说，对一部法律的细节解释判例法优于成文法。为了证明"五角大楼文件"的发布会危害国家安全的说法只是政府的一面之词，新闻界做了充分的准备。首先，新闻界的律师团找到了很多专家的证言证词，充分证明了政府习惯于以国家安全为由封锁信息，以掩盖决策失误和错误的政策。此外，新闻界还找到了媒体或者其他公开发布的内容中曾经出现过类似"五角大楼文件"的信息，而且这些信息的发布并没有使国家处于危险境地。政府与新闻自由往往是一对冤家，政府认为敏感信息的发布并不都会对国家安全造成威胁，这两点说服了地方法院的法官，"五角大楼文件案"在地方法院的诉讼中取得了胜利。[1]

什么样的信息公开发布会威胁到国家安全呢，《纽约时报》辩护律师亚历山大·比克尔根据 1931 年尼尔案的判决原则指出，只要言论出版会带来像透露军队出发时间、数量及驻地这样危及国家安全的信息，事先限制就是正当的。他接着指出，"五角大楼文件案"只是一项研究，是对越战的相关史料进行梳理得到的学术成果，与现行军事、外交及情报政策无直接联系，更不存在泄露军事外交机密的情况，所以"五角大楼文件案"不能比照尼尔案进行判决。值得注意的是，"五角大楼文件案"自诉讼开始以来，无论是在地方法院还是在最高法院，政府始终坚称五角大楼文件的公布危害了国家安全，但是政府却始终无法充分举证发表文件会给国家安全带来"直接、即刻和可见的"危险后果。相反，自文件发表以来，在已经过去的时间里，并没有出现任何危害国家安全的事情。因而，亚历山大·比克尔指出"政府的担心纯粹是猜测和臆想"[11]。不管是从政府方面还是从新闻界方面来看，五角大楼文件信息的公开并不会给国家安全造成直接、明显的危害，政府对内并不确定五角大楼文件对国家安全实质性的危害，对外也无法向法庭举证；可见，事前禁止只是政府对付新闻界的手段和策略，但这个不明智的策略不仅没能阻止新闻界继续发表文件，也让尼克松政府名誉扫地。

（四）政府是否可以阻止发布涉及"国家安全"的信息

政府知道如果不能向法院举证新闻界此次行为所产生的危害，新闻界便很有可能得到第一修正案的庇护，因此，政府最后亮出了最霸道的一张王牌——总统负责外交事务和国家安全，可以据其在这方面的"固有权力",即行政特权,要求法院发布禁令,禁止报纸发表那些会对公共利益造成"严重而不可挽回"的损害的信息。发布这样的禁令时,甚至可以不考虑该信息是否已经加密、按照国会相关刑法是否属于合法,且不论报纸是在什么样的情况下拥有该信息的。[5]在最高法院方面,布莱克大法官反对说,这等于政府可以撇开《宪法》第一修正案和国会,以"国家安全"的名义任意禁止发表新闻时事,剥夺新闻出版自由。政府要求法院发布禁令,无非是要通过法院确认其禁止新闻出版自由这一"固有权利",显然这是违背《宪法》第一修正案的。[5]马歇尔大法官则从宪法分权原则出发批驳了政府的"固有权力"论,他认为分权原则要求国会立法、政府执法,法院则负责解释法律,自从1917年讨论《间谍法》以来,国会两次拒绝赋予政府在战时或受战争威胁时针对新闻出版的禁令权力,也未曾就新闻出版的事先限制问题进行立法。政府要求法院发出禁令,就等于是要其代国会立法,破坏了宪法的分权原则。若最高法院维持禁令,就等于承认,政府可以从法院那里获得国会未曾授予的广泛权利。[5]

与之相对的是,首席大法官伯格、哈伦与布莱克则完全支持政府根据行政特权限制新闻界发表涉嫌危害国家安全的秘密信息。他们认为由于宪法的分权原则,外交权属于政治领域,而不属于司法领域。在这一领域中,即便存在司法机关推翻执法机关的决定的空间,那也仅限于司法机关可以审查相关争议是否属于总统外交权力的管辖范围。至于公开文件对国家安全的影响,不是司法机关考虑的问题。只要相关争议涉及外交和国家安全领域,总统就有权决定是否对新闻出版进行限制或惩罚,法院无权干涉。[5]

综合来看,大法官们之间存在争议的主要原因是评判政府特权的出发角度不一样。布莱克、马歇尔第一派大法官认为的分权原则是国会负责立法,行政负责执法,在没有获取国会立法基础的前提下滥用行政特权是逾越《宪法》的,而第二派认为分权原则是外交归政治管,司法无权干涉。当新闻出版的信息与外交领域产生交集和矛盾时,《宪法》的制衡作用便显得尤为重要。

对于政府行使"固有权力"的说法,新闻界以公众知情权作为回应,认为在没有国会相关授权且没有充分举证"五角大楼文件"发表会危及国家安全的情况下,政府无权对新闻出版进行事先限制。知情权又称为知晓权，是由美国记者库坦于 1945 年作为一种理论提出。知情权针对的是个人有了解政府行政情况的法定权利，但实际上由于个人的力量实在太微小了，无法顺畅地获取自己所需的大量信息，所以报刊等大众媒介就有义务帮助个人实现这种权利。西方的一些主流媒体，尤其重视将知情权作为其展现新闻自由的一种重要表达方式加以运用。[9]"公民知情权"为新闻界争取新闻自由提供了一定的法律保障。一是 1791 年美国国会通过联邦宪法修正案，明确规定公民拥有言论出版自由，并强调国会不得制定剥夺公民言论出版自由的法律。[17]二是 1966 年约翰逊总统签署的《信息自由法》。反观"五角大楼文件案"，地方法院在判决时也指出，为了保障表达自由这一更为重要的价值以及人民的知情权，当局必须忍受喜爱争吵、固执己见且无孔不入的新闻界。[18]《纽约时报》总编罗森索说，我们没有权利不发表它，我们怎么能一方面说，这份材料不属密件范围，与军事安全无关，并不含什么秘密，但却提供有关政府决策内容的大量内幕情况；另一方面又说，我们要为它保密，不予发表。这不是美国报纸应做的事。[3]新闻界作为公众了解政府的窗口，受托行使公众知情权，这是美国新闻界普遍认可的原则。新闻界认为，在五角大楼案件中，政府抛出"固有权力"来解释其对新闻界的禁令，可以说还是打着国家安全的幌子，以总统的行政特权赤裸裸地践踏新闻自由，藐视公众的知情权和《宪法》第一修正案。

三 新闻自由需保障国家安全

综合法庭的争论，对于本案，联邦最高法院 9 位大法官，有 3 名支持政府。这 3 名位大法官的判断依据是根据《宪法》分权原则，认为外交权属于政治领域，而不属于司法领域，总统执行他的"固有权力"即可，与法庭无关。

支持新闻界的 6 位大法官认为，如果没有新闻出版自由，就不会有公众的觉醒，也不会出现公众批评，而这种批评中的不同意见是维护民主政体的基石，所以美国《宪法》第一修正案的历史及条文均要求，新闻出版不受检查、禁止和事先限制。以该修正案为根据保护新闻出版自由，就是要使它在民主政体中充分发挥作用，以达到禁止政府压制新闻自由的目的。唯有自由、不受约束的新闻机构才能揭露政府的欺骗与谎言，阻止愚弄人民。再者，就管辖权而言，《宪法》的分权原则要求国会立法、行政执法、法院司法，自 1917 年《间谍法》施行以来，美国国会两次拒绝赋予政府在战时或受战争威胁时，针对新闻出版的禁止权力，也未曾就新闻出版的事先限制问题进行过立法。政府要求法院发出禁令，等于是要法院代替国会立法，这有违分权原则。因此，政府主张以行政特权对新闻出版进行审查，相当于抛开第一修正案和国会，以"国家安全"的名义任意剥夺新闻出版自由，这无疑是违宪的。

最后，联邦法院以 6∶3 通过最终意见：任何试图事前限制意见表达的制度，都会被强烈推定为对《宪法》的侵犯。政府必须对其限制行为负起严格的举证责任以满足其正当性，下级法院认为在本案中政府并未满足严格举证的责任要求。

但是值得关注的是，美国联邦最高法院驳回联邦政府请求禁止《纽约时报》及《华盛顿邮报》刊登"五角大楼文件"，主要理由并不是不能事前限制新闻自由，而是政府方面并未尽到举证责任，他们提供的证据不足以显示其有事前限制的正当理由。瓦特大法官甚至在判决理由中明确表示："虽然美国政府并未尽到使禁制命令正当化的举证责任，但本案判决并不意味着法律欢迎报纸或其他媒体出版敏感性文件而免于法律的追诉。"[19]

对于这场诉讼，很多人认为是新闻界的胜利，也是新闻自由的胜利，但是也有学者认为，新闻界赢了官司，但输了一场战争。[1]的确，这场诉讼很难称得上一场胜利，因为，新闻自由在"五角大楼文件案"中并未解决"预禁令违宪"的问题，既不能为以后类似的案例提供司法参考，也不能为新闻出版界提供免受事先限制相关的法律诉讼的更多保护。在其后，1974 年尼克松政府的"水门事件"，1985 年中央情报局诉西姆斯案等类似案件中，为了国家安全而禁止信息发布的理由美国政府屡试不爽，法院的态度也多是默认和维护其权威，这也导致美国新闻界到 20 世纪末都不再出现关于国家安全局的新闻报道。[20]美国的新闻自由委员会指出，如果新闻自由是为了反映现实，那么政府就必须自设界限，其干涉、管制与压制新闻界的声音的范围或操纵公众判断赖以形成的数据的范围就不会是无边无际的。[21]新闻自由从来没有在美国胜利过，"五角大楼文件案"的失败，让美国政府加紧步伐控制新闻自由的来源及传播，政府咄咄逼人，模糊国家安全概念，将国家利益与政府的私人利益混为一谈，利用国家安全的名义，凭借其权力，肆意践踏新闻自由，笼罩在美国的新闻自由之上的国家安全的阴影越来越浓重。

（作者单位：武汉大学新闻与传播学院）

注释

［1］颜廷、任东来：《美国新闻出版自由与国家安全——以 1971 年五角大楼文件案的研究为中心》，《新闻与传播研究》，2008，第 12、15、11 页。

［2］Henkin, L. The Right to Know and the Duty to Withhold: The Case of the Pentagon Papers, *University of Pennsylvania Law Review*, 1971 (2): 271-280.

［3］《五角大楼文件案：新闻界的一场"了不起的胜利"》，《国际新闻界》1991 年第 11 期，第 53~56 页。

［4］Rudenstine, D. . Pentagon Papers Case. Recovering its Meaning Twenty Years Later, *Cardozo L. Rev*. 1990: 12.

［5］New York Times Co. v. United States, 403U. S. 713, 729, 733, 716-719, 742-748, 758-759 (1971).

［6］Halperin, M. H. , Hoffman, D. N. . Top Secret: National Security and the Right to Know, *New Republic Books*, 1977: 25.

［7］Klein, A. R. . National Security Information: Its Proper Role and Scope in a Represen-tative Democracy, *Fed. Comm. LJ*, 1990, 42: 444.

［8］亨金、路易斯、邓正来：《宪政·民主·对外事务》，生活·读书·新知三联书店，1996，第 102 页。

［9］王毅：《从〈纽约时报〉看西方新闻自由下的知情权》，《今传媒》2007 年第 11 期，第 40 页。

［10］Nimmer, M. B. . National Security Secrets v. Free Speech: The Issues Left Undecided in the Ellsberg Case, *Stanford Law Review*, 1974: 311-333.

［11］鲍勃·伍德沃德等：《美国最高法院内幕》，熊必俊等译，广西人民出版社，1982，第 157、158 页。

［12］Pentagon Papers, 403 U. S. at 715 (Black, J., concurring).

［13］Gaffney, Supra Note 26, at 199 (citing Pentagon Papers, 403 U. S. at 719).

［14］ Powledge, F.. *The Engineering of Restraint*: *the Nixon Administration and the Press*; A *Report of the American Civil Liberties Union*, Public Affairs Press, 1971.

［15］ Hersh, S.. The Price of Power: Kissinger in the Nixon White House, 1983.

［16］ Seymour, W. N.. United States Attorney: An Inside View of " Justice" in America Under the Nixon Administration, Morrow, 1975.

［17］〔美〕埃默里:《美国新闻史》,展江译,中国人民大学出版社,2004,第677页。

［18］〔美〕吉尔摩、巴伦、西蒙等:《美国大众传播法:判例评析》,梁宁等译,清华大学出版社,2002,第52页。

［19］ New York Times Co. v. United Status, 403U. S. 713, 758-759 (1971).

［20］ Herbert, N.. Foerstel, Freedom of information and the Right to know, The Origins and Applications of the Freedom of Information Act, Greenwood Press, 1999: 118.

［21］ *Commission on Freedom of the Press*, *A Free and Responsible Press*, Unive-rsity of Chicago Press, 1947: 27.

舆情报告

中国政务微信管理的制度化探索：
内容与影响因素

陈 强

摘 要 在分析87份政策文件和访谈6名相关政府职员的基础上，发现政务微信政策成为政府解决实践问题的重要工具。政策文件在2012年出现并逐年增长，以办法类和通知类文件为主，政策效力较低，地级市政府是政策制定主力。从政策主题词来看，大多数文件同时涉及政务微信和政务微博管理的制度化。工作目标集中在广播信息、提供公共服务、积极互动和引导舆论。工作原则注重责任归属和时效性，强调统筹规划。大多未明确规定回应时限，较多提及内容范围、内容审查、人力资源、账号展示、账号注册、内容来源、政府回应等政策维度，较少提及内容存档、公众评论、财政资源、内容获取性和账号注销。政策制定受到规范性压力（上级行政命令）、政策学习和需求导向的影响。

关键词 政务微信 管理制度化 政策元素 政策扩散

Institutionalization of Chinese Government WeChat Management: Its Contents and Determinants

Chen Qiang

Abstract Based on the results of analyzing eighty-seven policy documents and interviewing six government employees, this study finds government WeChat policy has been important tool of solving various problems in government WeChat activities. Chinese government agencies began to enact policy documents in 2012; and the total number has undergone continuousgrowth since 2012. Most policy documents belong to the types of "notice" and "regulation", and the power of these policies is relatively weak; municipal government agencies are the key actors of enacting policy documents. The policy themes suggested that most policy documents were enacted for promoting the operation of both government WeChat and governmentmicro-blogs. For the objectives of government WeChat, existing documents focus on broadcasting information, providing services, interacting with the public and shaping public opinion. Regarding the working principles, most documents emphasize timeliness and responsibility, and unified planning. However, most policies did not mention the time should conform to of responding to the public through government WeChat. For the policy elements, some of them were frequently mentioned, such as content scopes, content vetting, human resources, account presentation, account registry, sources of content, government responsiveness; but others, including content archiving, public commenting, financial fund, content accessibility, and account termination. The key determinants of enacting government WeChat policies are Vertical mandate, policy learning and need-oriented.

Keywords   Government WeChat; Institutionalization; Policy Element; Policy Diffusion

　　政务微信是我国各级政府机构和部门在微信公众平台注册并实名认证的账号，是传统电子政务平台（如政府门户网站等）在微信平台的延伸与拓展，扮演着信息发布、服务供给和政民互动等多种角色。腾讯网 2016 年发布的《2015 年度全国政务新媒体报告》显示，我国政务微信公众号总量在 2015 年年底已经超过 10 万。从实践层面来看，政务微信有效地促进了公共服务精准化和个性化，推动了社会治理创新，提升了主流舆论的影响力，增加了公众对政府的满意度和信任度。[1,2]与此同时，政府机构的政务微信实践也出现了一系列问题，包括重信息发布而轻服务提供、与公众的互动较弱等。[3]为充分发挥政务微信的积极作用，研究指出应该大力规范政务微信的建设和运营，通过制度化和法制化的方式从根本上解决实践中的种种问题，从而提升政务微信的效能。[4] 我国政府机构在政务微信管理方面的制度化探索也逐渐受到学界关注，比如，国家互联网信息办公室2014 年发布的《即时通信工具公众信息服务发展管理暂行规定》，尽管并未直接涉及政务微信，[5] 但说明对即时通信服务平台发展中的一些问题已引起了政府的高度重视。本研究将通过系统考察政务微信政策文本的方式描绘中国政府机构在政务微信管理制度化方面所做的努力。

参考已有研究对互联网舆情政策的界定，政务微信政策是指我国政府机构和部门为规范政务微信的管理与运营，最大程度地发挥政务微信的积极作用，而采取的政治行动或所规定的行为准则，直接体现为政府部门以正式文本形式颁布的系列性法律、法令、条例、办法、通知、规定、制度、意见、方案等。[6] 政务微信政策通常是对政务微信工作目标、原则、内容、程序、方式和保障等的基础性规定，是促使政务微信运营与组织目标、使命和价值等相匹配的重要工具，有利于明确责任并将政务微信活动内卷化到组织进程中。[7] 对政务微信政策文本的量化研究既能体现中国政府机构政务微信管理制度化的总体态势又能反映其对政务微信不同维度的关注度，进而为政务微信政策的优化提供精准解决方案。已有研究并未在该领域形成有效的知识产出。从世界范围来看，政务微信政策及其影响因素分析也是亟待学术界探索的重要议题。[8]

本研究将围绕以下问题展开。中国政府机构政务微信政策的总体态势，包括年度分布、区域分布、行政级别分布、类型分布、政策主题词分布情况等；政策文本如何体现和规定政务微信工作目标；政策文本如何反映政务微信工作应该秉持的原则；政策文本对政务微信回应工作的时限要求；政策文本对政务微信管理过程不同维度的关注；影响政府机构政务微信政策制定的因素。

一　文献述评

从国际文献来看，已有学者对政务社交媒体政策的考察主要集中在政策的核心内容、价值取向以及与现行政策的关系等。Hrdinová 是政务社交媒体政策研究的先行者。Hrdinová 和同事在分析 26 份公开的政策文件和访谈 32名相关政府职员的基础上发现政务社交媒体政策文件包括八大基础性元素：

员工接入（employee access），强调谁被允许使用以及使用何种类型的社交媒体等；社交媒体账号管理（social media account management），强调账号的创建、运营维护和注销等；可接受的使用（acceptable use），强调公私边界的划分以及相应后果等；员工行为（employee conduct），明确正确与错误的行为并指出相应后果等；内容（content），强调谁被允许发布内容以及谁对内容的准确性负责等；安全（security），强调数据和技术基础设施安全、密码安全和保密等；法律问题（legal issues），强调对现行法律法规的遵守，比如隐私、信息自由、言论自由和公共记录管理等；公民行为（citizen conduct），强调如何处理公众的评论内容，比如对攻击性言论和其他违法活动宣传的限制等。[9]这一探索性成果也被其他学者借鉴和使用。Kenawy 基于八大元素框架比较考察埃及供给和内贸部、财政部以及规划、监控和行政改革部的政务社交媒体政策，研究发现它们都仅仅关注员工接入、账号管理、内容和安全等政策维度，而未涉及可接受的使用、员工行为、公民行为和法律问题等。[10]部分学者对"八大元素论"进行了拓展。Kenawy 主张政务社交媒体政策框架应该涵盖"计划—执行—评估"整个闭环。其中"计划"部分涉及目标、目标受众、传播战略、传播团队；"执行"部分涉及员工接入、账号管理、可接受使用、员工行为、内容、安全、法律问题、公民行为等八大元素；"评估"部分涉及监测和评价。[11]Chen 等基于"八大元素论"指出政务社交媒体政策分析应从账号管理、内容管理、资源安排、在线互动、安全关心、绩效评估等六个方面着手，其中账号管理涉及账号注册、展示和注销；内容管理涉及内容来源、范围、审查、形式、可获取性和存档；资源安排包括人力资源和财政资源；在线互动包括员工回应和公民评论。[12]

少数研究者从其他角度指出政务社交媒体政策的内容和具体分析策略。Mergel 和 Greeves 在访谈美国联邦政府和地方政府社交媒体官员和 IT 技术人员的基础上指出，政务社交媒体政策应该涵盖组织责任、品牌塑造、可接受渠道、内容审核、内容可获取性、语言风格、记录保存、在线评论和在线礼仪等方面。[13]Zimmer 对加利福尼亚州政务社交媒体的政策则主要从使用目标、如何定义社交媒体、员工行为、如何定义不恰当的乃至可编辑和删除的信息、谁被授权使用、允许发布的信息类型、谁来管理社交媒体工具、记录保存、在何种程度上监测和回应公众评论、对于公众使用和互动行为的限制等方面进行考察。[14]NASCIO（美国政府首席信息官学会）对美国 32 个州的政务社交媒体政策的分析主要围绕需求评估、可接受的使用、政策范围、社交媒体定义、与公众互动、记录保留、与现行政策的关系、员工教育等展开。[15]Köseoğlu 和 Tuncer 主张政务社交媒体政策应该包括政策目标、政府社交媒体目标、社交媒体平台清单、网站必须遵守的法律、注册和注销程序、明确哪些员工在何种程度上接入网站、可接受的和恰当的私人行为、允许发布的内容类型、对安全的关心、明确突发事件中谁来以及如何掌控等。[16]Bennett 和 Manoharan 对美国大都市政务社交媒体政策的分析涉及是否存在正式政策、社交媒体使用目标、社交媒体管理、社交媒体培训、计划和执行、最佳实践、使用者任命、透明（比如公共记录等）。[17]在政务社交媒体政策制定的影响因素层面，国际学者尚未贡献直接知识。有学者在梳理 289 篇政务新媒体国际文献的基础上发现，已有研究并未提供哪些因素能够影响政府机构制定政务新媒体政策的答案，[8]个别学者考察了企业采纳员工社交媒体政策的影响因素，结果表明规模大、担忧风险以及服务行业的企业更倾向于制定政策。[18]公共政策领域丰富的政策扩散研究也为考察政务新媒体政策在政府机构的扩散提供理论支持，尤其是政策扩散理论。该理论强调政府机构对于特定政策的采纳是多种因素综合作用的结果，包括组织间竞争、模仿、学习和规范性压力（如上级行政命令）等。[19]本研究将部分借鉴该理论探讨影响中国政府机构制定政务微信政策的因素。

从国内文献来看，已有研究并未直接探讨和分析政府机构的政务微信政策，而是作为政策建议提出应该建立和完善政务微信相关规范和制度。政务微信管理的制度化应该关注信息发布、账号值守、信息存档、舆情通报、突发应急、人员培训、团队建设和管理、经费投入等方面；[20]重点规范公众评论公开、政务信息回应和信息审核。[4]工作原则、工作考核、账号注销等方面也应该受到重视。[21,22]总体而言，已有国内文献缺乏对政务新媒体政策的关注，政务微信政策将成为国内政务新媒体研究的重点方向之一。[23]由此可知，国内外研究在政务新媒体政策（包括政务微信政策）方面尚处于初级阶段。已有研究大多集中在政策的内容层面，关注政务新媒体政策应该涉及哪些方面的内容，以及各国的政策实践在何种程度上体现这些内容。尽管学者们在政策内容维度方面存在争议，但账号管理、内容管理、政民互动等被大多数学者视为基础性元素。本研究将采用 Chen

等（2016）的政务社交媒体政策框架从内容维度分析中国政务微信政策，其原因在于该框架是 Chen 等（2016）根据中国政务微博政策实践对"八大元素论"拓展而形成的。本研究将在研究方法部分详细阐述 Chen 等（2016）的政策分析框架。此外，国内外学者缺乏对政务新媒体政策（包括政务微信政策）形成机制的讨论，本文将探索性地对该问题做出回应。

二　研究问题

本研究将通过系统考察和分析公开途径获取的 87 份政策文件回答以下问题。

（1）当前我国政务微信政策呈现何种态势？具体包括年度分布呈现何种特点？政策类型分布呈现何种特点？政策发布机构级别和所在省份分布具有何种规律？政策主题词分布呈现何种特点？

（2）政策文件如何阐述和规定政务微信的工作目标？具有何种特点？

（3）政策文件如何阐述和规定政务微信的工作原则？具有何种特点？

（4）政策文件在政务微信初次回应时限方面的规定具有何种规律？

（5）政策文件的具体内容维度有何特点及其具体表现？

（6）影响中国政府机构制定政务微信政策的因素有哪些？

三　研究方法

（一）数据采集

本研究所指的政务微信政策文件包括政府机构为规范和制度化政务微信的运营与管理而以文件形式正式颁发的法律、法令、条例、办法、通知、规定、制度、意见、方案等。2007 年实施的《中华人民共和国政府信息公开条例》在推动政府信息公开和透明的同时，也促使公开渠道获取政策文件成为可能。为获取相关数据，课题组委派两名研究助理通过百度搜索引擎检索政务微信政策文件，检索关键词组合包括"政务微信管理/工作+办法""政务微信管理/工作+意见""政务微信管理/工作+通知""政务微信管理/工作+规范""政务微信管理/工作+细则""政务微信管理/工作+制度""政务微信管理/工作+意见""政务微信管理/工作+预案""政务微信管理/工作+方案"等等。为提高检索的准确性和完备性，本次检索的时间节点分别为 2016 年 12 月 19 日和 2017 年 7 月 11 日，整个过程两名研究助理相互讨论和核对。本研究关注的是与政务微信管理和运营直接相关的政策文件，比如《盐城市文广新局政务微信运行管理暂行办法》；间接性的政策文件不在研究范围内，比如《即时通信工具公众信息服务发展管理暂行规定》。课题组最终获得 87 份政策文件。

（二）数据处理

课题组参考李明德教授团队[6]对互联网舆情政策文本的分析方法，综合采用内容分析法、NLPIR 汉语分词系统（ICTCLAS 2014）以及云词可视化工具 Tagxedo 处理和分析数据。课题组采用文本分析和深度访谈法考察政府机构制定政务微信政策的影响因素，其中访谈对象包括成都市某部门政务微信运营主管、重庆市某部门政务新媒体负责人、广州市某部门宣教处副主任、武汉市江夏区某部门政务微信运营者、深圳市某部门政务微信负责人和普洱市某部门政务新媒体负责人。

政策的总体态势。（1）年度分布。对样本的初步分析发现，最早的政务微信政策文件在 2012 年出现。"2012" = "1"；"2013" = "2"；"2014" = "3"；"2015" = "4"；"2016" = "5"；"2017" = "6"。（2）区域分布主要是指政策文件发布机构所在的省份，由两名研究者对样本进行统计，以确保数据的准确性。（3）类型分布。结合样本情况，政策类型包括办法、通知、方案、规定、意见和制度。"办法" = "1"；"通知" = "2"；"方案" = "3"；"规定" = "4"；"意见" = "5"；"制度" = "6"。（4）结合样本情况，在政策文件发布机构级别方面，"国家级" = "1"；"省级" = "2"；"地市级" = "3"；"区级" = "4"；"县市级" = "5"；"县级" = "6"；"乡镇级" = "7"。（5）政策主题词。政策主题词来源于政策文件直接给定的主题词，以及两名研究助理从政策文件标题中提取的政策主题词。[6] 以《霍邱县人民政府办公室关于印发〈省市县政务微博微信留言办理工作制度〉的通知》为例，该文件直接给定的政策主题词包括"政务""微博""微信""留言办理""制度"。考虑到"制度"等类似关键词已经在政策类型中统计，而且这类词汇对政策内容本身的反映度较低，本研究在确定政策主题词时将其排除在外。两名研究助理根据形成的政策主题词库统计主题词的出现频次。

政务微信工作目标。参照李明德教授的研究，两名研究助理将政策文件中涉及工作目标的句子和段落整合到单个文档，将文档输入至 NLPIR 汉语分词系统（ICTCLAS2014）中，通过该软件将段落和句子分解成独立的词语，并将无意义的词语删除。在此基础上，运用 Tagxedo 软件形成工作目标可视化云图。根据该软件的成图原理，越突出显示的词语出现频率越高。

政务微信工作原则。参照李明德教授的研究，由两名研究助理从政策文件中直接提取。以《盐城市文广新局政务微信运行管理暂行办法》为例。该政策文件明确指出政务微信的工作原则包括"统一管理""统筹规划"和"分级负责"。此外，对词义相近的工作原则进行合并处理，比如"服务公众"原则和"服务群众"原则。在形成工作原则词库后，由两名研究助理统计频次。

初次回应时限分布。结合样本情况，"T≤24 小时"="1"；"24 小时<T≤72 小时"="2"；"72 小时<T≤5 个工作日"="3"；"未提及时限"="4"。

政策文本内容维度。参考 Chen 等（2016）的政务社交媒体政策分析框架，内容维度主要考察账号注册、账号呈现、账号注销、内容来源、内容范围、内容审查、内容形式、内容获取、内容存档、财政资源、人力资源、政府回应、公众评论、安全关心和绩效考核等 15 个方面。两名研究助理根据表 1 提供的编码手册进行编码，政策文件提及该维度标记为"1"，否则为"0"。

表 1 政务微信政策内容维度编码手册

维度	定义	示例
账号注册	有关谁能够注册账号以及注册程序的规定	"单位市场科负责对未经批准，擅自使用单位上述信息作为注册昵称的微博、微信（公众平台）进行清理"（宣城市旅发委）
账号呈现	有关如何将账号展现给公众的规定，比如账号、LOGO 等	"陕西民政厅+LOGO 标识（shaanxi_mz）是陕西省民政厅唯一合法正式发布的政务微信"（陕西省民政厅）

维度	定义	示例
账号注销	有关账号注销时间和程序的规定	"关闭或变更政务微博微信的，原则上提前报备；紧急关停的，第一时间按程序向省政府办公厅、省网宣办报备"（安徽省人民政府办公厅）
内容来源	有关分布的内容来自哪里的规定	"微信公众平台发布信息均来自市人大门户网站信息，信息收集采编人员按照要求，及时在网站与微信中将稿件发布"（鄂尔多斯市人大常委会办公厅）
内容范围	有关哪些内容可以推送，哪些内容不能推送的规定	"政务微信公众号发布信息范围包括：（1）各类政务、宣传教育、服务信息、重要事项和行业动态……"（钦州市交通运输局）
内容审查	有关内容审核与审查的规定	"依照政务微博、微信内容清单，分类确定内容审核制度，按照谁牵头谁负责原则，明确审核主体，审核类别和审核流程……"（雨山区委宣传部）
内容形式	有关内容结构、格式、修辞和语言等的规定，比如视频和音频等	"政务微博（信）发布形式。包括文字、图片、图表、音频、视频等网络可以实现的形式"（宜宾市统计局）
内容获取	有关如何确保不使用政务微信平台的受众获取该平台信息的规定	"要建立政务微博微信与政府网站的联动机制"（安徽省人民政府办公厅）
内容存档	有关政务微信信息保存的规定	"每条信息办结后，信息审核单及附件由局相关业务部门统一存档备查"（厦门市城市管理行政执法局）
财政资源	有关账号运营财政资金的规定	"各地各部门要将政务微博微信工作经费纳入单位网络运行维护费等公用经费预算中予以统筹保障"（滁州市人民政府办公室）
人力资源	有关账号运营人力资源的规定，比如人员培训和人员安排等	"局办公室根据实际情况设置1~2名管理员，负责局政务微信公众号信息内容的搜集、整理、编辑上传、发布工作"（武进住建局）
政府回应	有关政府部门如何通过政务微信回应公众评论和需求的规定	"对于网民咨询的史志专业类信息，由微博管理员直接给予答复或协调处理，不能答复或处理的，可协调相关科（方志馆）给予答复或处理"（威海市史志办）

续表

维度	定义	示例
公众评论	有关公众在政务微信平台评论和留言应该遵守的规则的规定	"对网民发表的恶意言论……性质恶劣的可报告局办公室予以删除"（巴中市民政局办公室）
安全关心	有关政务微信运营的安全方面的规定，比如账号密码的保管等	"微博微信账号及密码由厅办公室专人负责管理，未经批准，不得向任何部门（单位）或个人泄漏"（江苏省文化厅）
绩效考核	有关政务微信工作考核的规定	"考核计分标准以中央政法委《法制日报》和浙江政法委《浙江法制报》每周发布的微信影响力排行榜、热文排行榜榜单为准"（武义县司法局）

（三）信度检验

课题组对内容分析部分的信度进行检验。两位研究助理先预编码 30%
（26 份）政策文件，以检验编码手册的信度。信度计算参考 Holsti[24] 的公
式，结果保持在 0.89~0.95 区间，编码手册的信度检验通过，具有可操
作性。

四　研究发现

（一）政务微信政策总体态势

分析 87 份样本发现，政府部门早在 2012 年就已经开始制定政务微信政
策，基本上与中国政府机构的政务微信实践同步。2012 年腾讯"微信公众平
台"上线后，以"肇庆公安"为代表的政务微信陆续开通，政务微信管理的
制度化措施也在这些实践中不断完善，其中包括政务微信政策的出台。[25] 样
本数据表明最早的政策文件在 2012 年发布，为共青团江门市委员会颁发的
《关于进一步加强共青团微博、微信运用工作的通知》。政策文件总体呈增长
态势，由 2012 年的 1 份快速增长到 2016 年的 32 份（2017 年数据不完整）
（见图 1）。2014 年为关键性节点，实现跨越式增长，原因可能在于政务微信

快速扩散造成的一些问题需要通过制度化的管理来解决，如泛娱乐化倾向、运营效率低下、互动性弱和联动性差等。[26] 在政策类型方面，主要包括办法、通知、方案、规定、意见和制度，政策位阶和约束力整体较低（见图2）。已有学者指出当前"微政务"运营缺乏法律保障与制约。[27] "办法"类文件和"通知"类文件分别以总量34份和30份位列第一和第二。"办法"类和"方案"类文件在内容上相对细致和全面，涉及政务微信管理与运营的方方面面，包括工作目标、工作原则、团队建设、回应策略、行为规范和经费保障等。

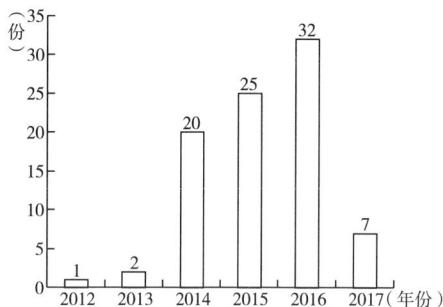

图 1　政策年度分布

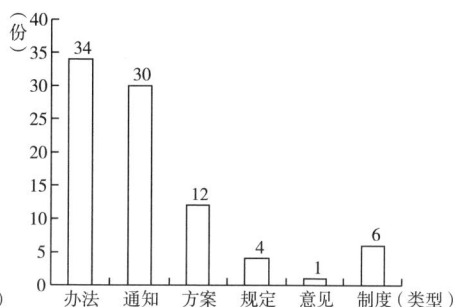

图 2　政策类型分布

在政策发布机构级别方面（见图3），地市级政府发布的最多，占总量的37.9%（N=33）。其原因可能在于地市级政府是政务微信的核心运营者。有学者研究广东省政务微信扩散路径发现，市级政务微信始终呈现快速增长的态势。[27] 其次为县级政府机构和省级政府机构，分别占总数的21.8%（N=19）和19.5%（N=17）。国家部委发布的文件有4份，包括《国家安全监管总局政务微博微信发布运行管理办法》《国家税务总局办公厅关于建立全国税务系统微博微信矩阵的通知》《国家外国专家局政务微博微信发布运维管理办法》《交通运输部政务微信管理暂行办法》。在政策发布机构所在省份方面（见图4），安徽省以26份（29.9%）政策文件遥遥领先。这可能归功于安徽省人民政府办公厅发布的《安徽省人民政府办公厅关于进一步加强政务微博微信建设的通知》的带动。

在政策主题词分布方面（见图5），出现频次和所占比例分别如下。"微信"（83，95.4%）、"微博"（63，72.4%）、"政务"（63，72.4%）、"管理"（52，59.8%）等出现频率较高。"运营/运行"（29，33.3%）、"建设"（15，

17.2%)、"信息发布"（12，13.8%）、"推广/宣传"（3，3.4%）、"留言办理"（3，3.4%）等也被不同程度提及。从政策主题词来看，政策文件具有以下几个特点。微博作为主题词被频繁使用，63份政策文件同时涉及政务微博和政务微信的使用规范与制度化，比如，安徽省人民政府法制办公室出台的《安徽省人民政府法制办公室政务微博微信管理办法》；现有政策大多强调政务微信的管理，部分政策文件专门关注政务微信管理的特定维度，比如信息发布和推广宣传等；少数政策文件专为规范平台的留言办理而制定，政务微信回应已经纳入制度化进程；政务微信矩阵联动和工作领导小组的建设也开始成为政务微信管理制度化关注的议题，比如国家税务总局办公厅发布的《国家税务总局办公厅关于建立全国税务系统微博微信矩阵的通知》。

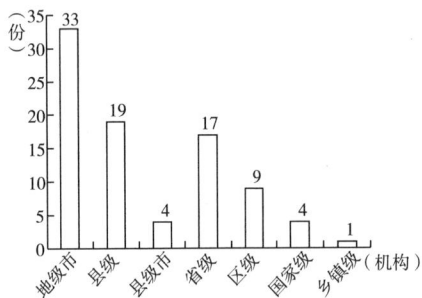

图 3　政策发布机构级别分布

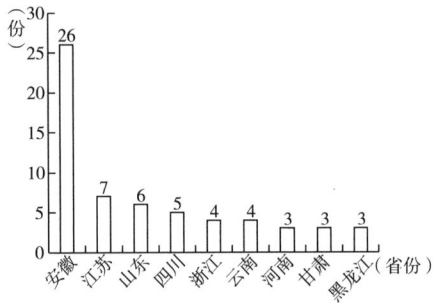

图 4　政策发布机构所在省份（N≥3）

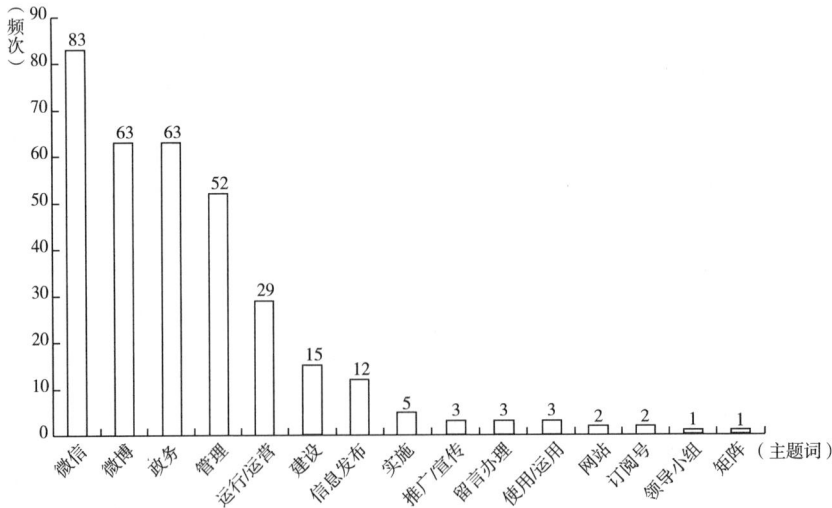

图 5　政策主题词分布

（二）政务微信工作目标

政务微信工作目标云图如图 6 所示。根据 Tagxedo 软件的工作原理，出现频次高的词语会被突出显示。政策文件对工作目标的设定集中在"宣传""服务""互动""舆论""引导""交流""影响力""回应""公开"等，工作目标分布呈现鲜明特点。（1）充分发挥微信的信息广播功能，将政务微信打造成政务工作的宣传平台，有效推动政府信息公开。（2）将政务微信视为传统政务服务的延伸，通过政务微信平台为公众提供各种公共服务，进而提升政府公共服务的效率和覆盖率。与传统政务服务相比，依托微信平台的在线公共服务模式具有服务便捷性、信息推送精准性、支付功能即时性等。[28]（3）充分发挥微信的互动功能，将政务微信打造成"政民互动"平台，提升政府对公众诉求的回应能力和水平。从这个层面来看，政务微信政策执行效果有待提升，因为多数研究发现互动性差仍是政务微信实践面临的核心问题。[1]（4）注重发挥政务微信的舆论引导功能，提升政府机构的舆论引导能力，塑造健康向上的舆论氛围。

图 6　政务微信工作目标云图

（三）政务微信工作原则

在工作原则方面，提及较多（出现频次，所占百分比）的包括"分级负责"（37，42.5%）、"统筹规划"（17，19.5%）、"及时快捷"（13，

14.9%）、"统一管理"（12，13.8%）、"安全保密"（8，9.2%）、"公开透明"（8，9.20%）等。工作原则分布具有以下特点。（1）高度重视责任归属问题，强调分级分类负责，具体表现为"谁采集谁负责""谁主管谁负责""谁发布谁负责""谁审核谁负责""谁开设谁负责""谁应用谁负责"等。责任归属的制度化和规范化覆盖政务微信运营的整个过程。（2）强调顶层设计层面的统筹规划和统一管理。其本质在于信息和资源的整合、互动数据的共享、舆论响应的协同，从而形成具备实质内容和实质影响的政务微信圈（群），发挥政务微信的积极效用。（3）重视政务微信运营的时效性，强调及时快捷。从政策文本来看，包括常规信息发布和政务舆情回应的及时性。（4）注重公开透明与安全保密的统一。在通过政务微信实现政务公开透明的同时，政策文件强调"涉密不上网，上网不涉密"。（5）"整体联动""依法管理""相互协作"等政务微信实践中存在的突出问题在少数政策文件中也以工作原则的方式得以体现。

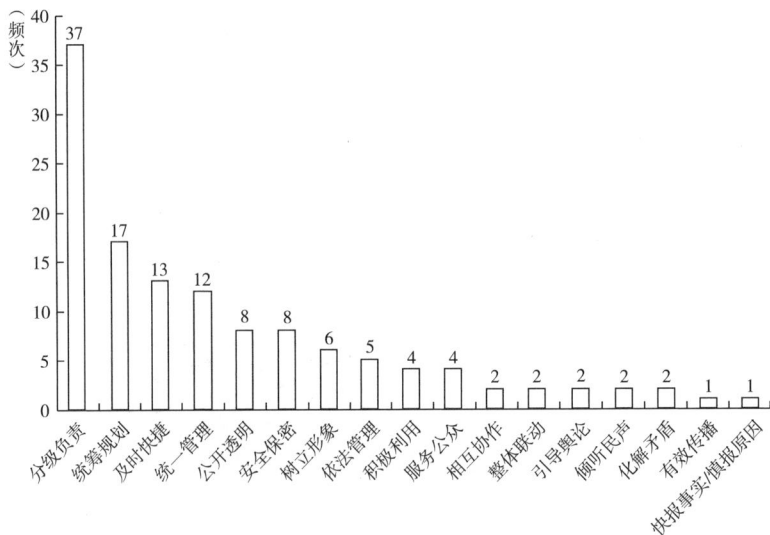

图7　政务微信工作原则分布

（四）政务微信初次回应时限要求

在政务微信初次回应时限方面，80.5%（N=70）的政策文件未给出明确时间节点。这为当前政务微信互动反馈缺乏与滞后提供了一种可能的解释方案。[20]10.3%（N＝9）的文件明确要求必须在 24 小时内对公众的咨询与诉求做出回应，符合《国务院办公厅关于在政务公开工作中进一步做好政务舆情回应的通知》的精神。5.7%（N＝5）和3.4%（N＝3）的政策文件分别规定应该在 72 小时和 5 个工作日内通过政务微信做出回应。

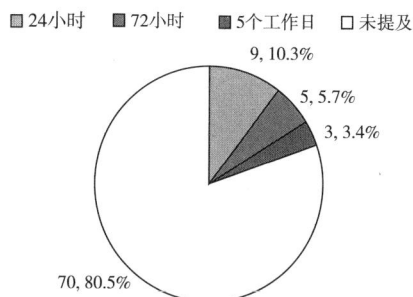

图 8　政务微信初次回应时限分布

（五）政策内容维度分布情况

本研究借鉴 Chen 等（2016）的政务社交媒体政策分析框架具体考察政务微信政策的内容维度。政策文件较为关注的维度包括内容范围（82，占 94.3%）、内容审查（77，88.5%）、人力资源（75，86.2%）、账号展示（68，78.2%）、账号注册（67，77.0%）、内容来源（67，77.0%）、政府回应（63，72.4%）、安全问题（61，70.1%）、内容形式（55，63.2%）、工作考核（40，46.0%）出现频次较高，所占比重较大（见图 9）。在内容范围层面，政策文件通常以列举的形式规定允许发布和禁止发布的信息类型，比如《德江县人民政府微博微信管理办法》提出的信息发布"十不准"和"十准许"等。在内容审查方面，主要强调信息发布的事前审查，包括审查的主体、审查的程序和审查的责任承担等。部分政策文件甚至根据信息的类型与性质制定了不同的审核标准与方式。比如，《陕西省民政厅微信运行管理办法（试行）》规定一般性信息（政府网站公开发布的内容）可由微信维护人员直接审核编发，而重大信息必须经过归口处室和厅领导的双重审核。在人力资源方面，包括成立政务微信工作领导小组、设立政务微信管理员和信息员、实行 AB 岗工作制、定期举行业务培训等；在账号展示方面，主要关注政务微信的形象识别系统，包括账号命名，头像设计、备注资料管理等。在账号注册层面，强调账号的注册程序以及注册范围，比如《德江县人民政府微博微信管理办法》规定县政府电子政务管理办公室负责政府微博微信的开通、认证工作等。在内容来源方面，主要关注内容获取的渠道。从政策文件来看，主要包括政府门户网站等官方公开资料、部门处室信息员上报材料、上级机构发布的信息、社会投稿等等。《"威海史志"政务微博、微信管理办法》规定内容来源包括各科（方志馆）提供分管业务信息、各级史志机构通过官方渠道发布的信息、地情类书籍上面的内容和社会投递的稿件等。

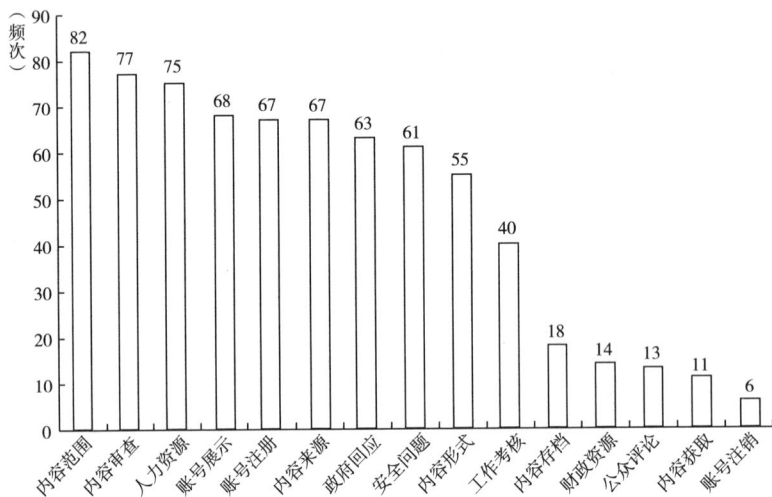

图9　政策内容维度分布情况

在政府回应方面，主要关注回应主体、回应程序、回应时限、回应策略、回应责任等。具体考察政策文件有以下几种发现。（1）根据公众评论和咨询特点实行分类回应。《巴中市民政局政务微博微信运行管理办法》指出一般性言论和政策咨询由归口科室解答；一般性建议由归口科室审定和回复；举报和信访事宜由局办公室处理；涉及全局专业性的重要言论由局办公室组织相关单位拟定回复意见；重大舆情由局舆情应对处置办回复；对网民的私信通过公开方式回应处理结果；对于恶意言论可按规定程序删除。（2）根据回应的复杂性对回应时限做出差异化规定。《保亭县国家税务局政务微博、微信管理办法》指出对于职能范围内的事宜应在 3 个工作日内反馈具体结果；对于需要核实和研究的事宜，结果反馈不超过 10 个工作日。（3）提倡多渠道联动回应。《丹阳市政务微博、政务微信管理办法（试行）》指出要加强政务微信与丹阳新闻网的"网民直通车"板块和丹阳网"民生通道"板块的联动，政务微信回复应该在上述平台同时公开。（4）在责任归属层面，坚持"谁回复谁负责"，代表性的政策文件包括田家庵区人民政府办公室发布的《关于进一步做好政务微博微信平台留言办理工作的通知》。在安全问题方面，主要强调账号密码安全和保密要求。在内容形式方面，大多强调要图文结合，提倡音频、视频和网络链接的运用。在工作考核方面，将政务微信工作纳入年度工作绩效考核，尤其是电子政务（政府网站）年度绩效考核；少数政策文件提倡构建社会评价、专业机构评价和工作考核相结合、分级分类的政务微信工作考核评价机制。

内容存档（18，20.7%）、财政资源（14，16.1%）、公众评论（13，14.9%）、内容获取（11，12.6%）和账号注销（6，6.9%）等维度则出现的频次较少，所占比例较低（图 9）。在内容存档方面，仅有 18 份文件简单提及政务微信信息需要存档备查，但并未明确政务微信档案化管理的主体、范围、归类标准和元数据著录机制等重要问题。在财政资源方面，有 14 份文件关注政务微信工作经费问题，少数详细规定了经费的来源和具体使用。比如，《安徽省人民政府办公厅关于进一步加强政务微博微信建设的通知》，规定政务微信工作经费列入单位网络运行维护预算，可用于服务和购买线上线下推广宣传活动。财政资源维度被较少提及的原因可能在于政府系统中财政资金类议题的敏感性与复杂性，往往需要跨部门和跨层级协调。[12]在公众评论方面，有 13 份文件间接提及公众基于政务微信与政府互动时应遵守的礼仪规范，具体表现为公众在政务微信的恶意评论和留言可能会被删除。与之不同，国外政务社交媒体政策通常直接指出公民在通过政务社交媒体与政府互动时应该遵循的若干条准则。[12]这种差异的原因可能在于政府机构担忧公民行为规范的提出会导致大规模的在线批判，产生不可预测的困境和风险。[12]在内容获取方面，仅有 11 份文件关注政务微信可能产生的数字鸿沟，即如何确保非政务微信用户成功获取政务微信平台上的信息和服务。政策文件强调政务微信平台应该保持与政府网站的互动，比如在政府网站上提供政务微信平台的入口。在账号注销方面，仅有6 份文件提及账号注销的条件和方式。

五　政府机构政务微信政策制定的影响因素

本研究基于政策扩散理论，在政策文本分析和深度访谈政府机构内政务微信负责人的基础上，考察影响中国政府机构制定政务微信政策的关键性因素。政策扩散理论主张特定公共政策在政府间的扩散是组织间竞争、政策模仿、政策学习和规范性压力等因素综合作用的结果。[29]

（一）规范性压力（上级行政命令）

规范性压力（上级行政命令）作为影响政策制定的重要因素已经得到理论和实证的广泛支持。政策扩散理论指出除了模仿和社会学习外，政府机构往往出于共享规范（包括政治规范等）的压力采纳特定政策；上级政府的行政命令往往能够促进下级政府机构采纳上级政府机构所提倡的创新行为，包括政策创新。[30] 因此，上级政府机构政务微信政策的出台将直接影响下级政府机构对政务微信政策的采纳和制定。规范性压力尤其是上级行政命令在政务微信政策扩散中的关键作用也得以体现。政策文件发布机构所在省份分布的结果（见图 4）表明安徽省以发布 26 份政策文件高居榜首，占总量的 29.89%。这其中安徽省人民政府办公厅于 2016 年 8 月发布的《安徽省人民政府办公厅关于进一步加强政务微博微信建设的通知》（皖政办秘〔2016〕136 号）发挥着关键性影响。该文件发布后，安徽省各级政府机构陆续发布政务微信政策文件，并明确指出该文件是其指导文件（表 2）。

表 2　皖政办秘〔2016〕136 号文件影响下制定的政策文件

时间	发布机构	文件名称	制定依据
2016.10	田家庵区人民政府办公室	《关于切实做好"田家庵区人民政府发布"微博微信相关工作的通知》	《淮南市人民政府办公室转发〈安徽省人民政府办公厅关于进一步加强政务微博微信建设的通知〉》

续表

时间	发布机构	文件名称	制定依据
2016.11	滁州市人民政府办公室	《滁州市人民政府办公室关于做好政务微博微信有关工作的通知》	《安徽省人民政府办公厅关于进一步加强政务微博微信建设的通知》
	池州市安全生产监督管理局	《关于贯彻〈安徽省人民政府办公厅关于进一步加强政务微博微信建设的通知〉实施意见》	《安徽省人民政府办公厅关于进一步加强政务微博微信建设的通知》
	阜阳城市管理行政执法局	《关于进一步加强政务微博微信信息发布工作的通知》	《安徽省人民政府办公厅关于进一步加强政务微博微信建设的通知》
2016.12	安徽省人民政府法制办公室	《安徽省人民政府法制办公室政务微博微信管理办法》	《安徽省人民政府办公厅关于进一步加强政务微博微信建设的通知》
	淮南市财政局	《淮南市人民政府办公室关于进一步做好政务微博微信平台留言办理工作的通知》	《安徽省人民政府办公厅关于进一步加强政务微博微信建设的通知》
	田家庵区人民政府办公室	《关于进一步做好政务微博微信平台留言办理工作的通知》	《淮南市人民政府办公室转发〈安徽省人民政府办公厅关于进一步加强政务微博微信建设的通知〉》
2017.2	霍邱县人民政府办公室	《省市县政务微博微信留言办理工作制度》	《安徽省人民政府办公厅关于进一步加强政务微博微信建设的通知》；市电子政务办《关于印发省市政务微博微信留言办理制度的通知》

（二）政策学习

政策学习（policy learning）通常指特定政府机构（跟随者）的决策者借鉴其他政府机构（创新者）的成功经验来制定本地的公共政策，是在成本-效益分析后发生的理性行为，而相似概念"跟风模仿"（policy imitation）则更多是跟随者的非理性和投机性行为。[31] 政策学习是政府机构采纳政策和创新的关键过程，能够减少创新成本和额外风险。[30]信息技术的进步使得政府机构能够超越地理空间的限制，通过各种渠道学习其他政府机构的先进经验，包括他国政府在政务社交媒体管理制度化方面的成功实践。[30]成功的实践往往也容易吸引追随者并得到快速扩散。深度访谈结果表明，政策学习在中国政府机构政务微信政策制定的过程中也发挥着重要的作用。比如，重庆市某部门的政务新媒体负责人指出："有结合其他省市的一些内部管理办法来进行修订。"

（三）需求导向

除了规范性压力和政策学习外，在检验政策文件和梳理访谈结果的基础上，我们发现需求导向也是影响政务微信政策制定的关键性变量。需求导向主要指政府机构出于解决政务微信实践过程中出现的各种问题的需要而制定政务微信政策。已有研究表明，我国政务微信实践存在内容要素匮乏和针对性差、账户认证管理漏洞、泛娱乐化倾向、定位混乱、服务深度和广度不足、管理非制度化、回复力度较差、内容存档、联动不足等诸多问题。[4,32]政务微信研究领域的学者强调问题的解决依赖于政务微信相关政策和法律法规的建立与完善。[19]访谈结果也表明，解决实际问题是政府机构制定政务微信政策的直接动机。比如，广州市某部门宣教处的副主任科员提到"本单位有出台政务微信管理办法之类的政务微信管理制度，在政务微信建立之初，为便于微信日常运营与管理有出台微信运营方案，在运营过程中为进一步保障信息发布和回复机制，有出台微信相关规定"。成都市某部门政务微信运营主管指出，"就是为了更好地管理政务微信，是在探索××微信发展的过程中，需要出台一个发展目标，根据这个目标细化分解，让发布工作有标准可以依据，也让工作人员成为责任主体"。

六　讨论与展望

制定和颁布政务微信政策已经成为中国各级政府机构解决政务微信实践问题、提升政务微信运营效能的重要方式。政务微信政策在2012年就已经开始出现并呈现逐年增长的态势，主要以办法和通知类文件为主，政策位阶和效力较低，地级市政府机构是政策制定的主力。从政策主题词来看，大多政策文件同时关注政务微信和政务微博管理的制度化，留言办理、矩阵建设和工作领导小组建设也被少数文件提及。政策文件对工作目标的规定主要集中在广播信息、提供公共服务、积极互动和引导舆论等。在工作原则方面注重责任归属和时效性，强调顶层设计层面的统筹规划和管理。大多政策文件并未对政务微信初次回应的时限提出明确要求。具体考察内容维度发现，政策文件关注内容范围、内容审查、人力资源、账号展示、账号注册、内容来源、政府回应、安全问题和内容形式等要素；而较少提及内容存档、公众评论、财政资源、内容获取和账号注销等要素。中国政府机构政务微信政策的制定受到规范性压力（上级行政命令）、政策学习和需求导向的影响。

本研究的核心贡献在于以下几个方面。（1）基于政策文本分析发现政务微信政策对政务微信管理的不同维度具有差异性的关注度，比如较为注重对内容审查、内容范围和人力资源等方面的规范而较少关注内容存档、财政资金、账号注销和内容获取等；（2）基于政策扩散理论，通过深度访谈，探索性地考察影响中国政府机构制定政务微信政策的因素，并发现政策学习和规范性压力的核心作用，以及政策扩散理论之外的关键性因素——需求导向；（3）在研究方法层面，综合采用政策文本分析、深度访谈和云图可视化软件等率先考察中国政府机构在政务微信管理制度化方面的实践。本研究可能的不足在于以下几点。研究样本仅包括公开渠道可得的政策文件，而那些已经颁布但未公开的文件未包括在内；对于部分研究发现的理论解释有待深入，比如政策文件较少提及内容存档和内容获取等维度的原因。未来研究可以从以下方面进行拓展。考察政策文件较少明确规定回应时间的原因；深入考察政策文件较少提及财政资源、账号注销、公众评论、内容获取等维度的原因；通过面板数据和问卷调查数据考察政务微信政策制定的影响因素。

［作者陈强系西安交通大学新闻与新媒体学院副教授，兼任西安交通大学新闻与传播研究所副所长、西安交通大学政务新媒体研究中心主任。本文受国家社科基金青年项目"政务新媒体对青年群体的政治影响研究"（项目编号：17CXW026）和西安市社科基金重大项目"西安市政务微博突发事件回应策略及政治影响研究"（项目编号：17X33）资助］

注释

［1］ 王少辉、高业庭：《基于微信平台的电子化公共服务模式创新研究——以
"武汉交警"政务微信为例》，《电子政务》2014 年第 8 期。

［2］ 郭泽德：《政务微信助力社会治理创新——以"上海发布"为例》，《电子政
务》2014 年第 4 期。

［3］ 朱颖、丁洁：《互动仪式链视角下政务微信与用户的互动研究》，《新闻大学》
2016 年第 4 期。

［4］ 毛斌等：《新常态下政务微信的优化路径研究》，《情报杂志》2016 年第 8 期。

［5］ 刘宏信：《河北省政务微信的公共服务问题研究》，河北师范大学学位论文，
2016 年第 44 页。

［6］ 李明德、黄安、张宏邦：《互联网舆情政策文本量化研究：2009-2016》，《情
报杂志》2017 年第 3 期。

［7］ Chen, Q., Xu, X., Cao, B., & Zhang, W.. "Social media policies as responses
for social media affordances：The case of China," *Government Information Quarterly*,
Vol. 33, No. 2, 2016, pp. 313-324.

［8］ 陈强：《政务新媒体研究的国际进展：议题与路向》，《情报杂志》2017 年第
3 期。

［9］ Hrdinová, J., Helbig, N., & Peters, C. S.. "Designing social media policy for
government：Eight essential elements," May 2010, http：//www. ctg. albany.
edu/publications/guides/social_media_policy/social_media_policy, July 2017.

［10］ Kenawy, G. S.. "Social media policy in Egypt：case studies of three ministries,"
February 2015, http：//dar. aucegypt. edu/handle/10526/4280, July 2017.

［11］ Kenawy, G. S. S.. "Developing Social Media Policy for Public Agencies in Egypt,"
IAFOR Journal of the Social Sciences, Vol. 2, No. 1, 2016, pp. 1-14.

［12］ Chen, Q., Xu, X., Cao, B., & Zhang, W.. "Social media policies as responses for
social media affordances：The case of China," Government Information Quarterly,
vol. 33, no. 2, 2016, pp. 313-324.

［13］ Mergel, I. & Greeves, W.. *Social Media in the Public Sector Field Guide：
Designing and Implementing Strategies and Policies*, San Francisco, C. A.：Jossey-
Bass/Wiley, 2012, p. 109-129.

［14］ Zimmer, C. G.. "Social Media Use in Local Public Agencies：A Study of

California's cities," Master thesis of California State University, Sacramento, 2012, http：//www. csus. edu/ppa/thesis-project/bank/2012/Zimmer. pdf, July 2017.

[15] National Association of State Chief Information Officers. "Examining state social media policies：Closing the gaps," 2013, http：//www. nascio. org/publications/ documents/NASCIO_2013SocialMediaIssueBrief, July 2017.

[16] Köseoğlu Ö. & Tuncer A.. Designing Social Media Policy for Local Governments：Opportunities and Challenges, Sobaci M.（eds）. Social Media and Local Governments, *Public Administration and Information Technology*, Vol. 15, Springer, Cham, 2016, p. 23−36.

[17] Bennett, L. V., & Manoharan, A. P.. "The Use of Social Media Policies by Us Municipalities," *International Journal of Public Administration*, Vol. 40, No. 4, 2017, pp. 317−328.

[18] El Ouirdi, A., El Ouirdi, M., Segers, J., & Pais, I.. "Institutional Predictors of the Adoption of Employee Social Media Policies," Bulletin of Science, Technology & Society, Vol. 35, No. 5−6, 2015, pp. 134−144.

[19] Berry F. S. & Berry W. D., Innovation and Diffusion Models in Policy Research, P. A. Sabatier（ed.）, *Theories of the Policy Process*, 2nd ed. Boulder：West-view Press, 2007, pp. 223−260.

[20] 王昉荔：《政务微博与政务微信应用比较及发展策略》，《福建农林大学学报》2014 年第 6 期。

[21] 杜秀丽：《浅析政务微信的可持续性》，《管理观察》2014 年第 32 期。

[22] 陈海春等：《政务微信对传统政务模式的改造研究——以"广州公安"政务微信为例》，《现代情报》2015 年第 5 期。

[23] 陈强、曾润喜：《政府视角与公众视角：中国政务新媒体研究的议题与路向》，《情报杂志》2017 年第 4 期，第 141~145 页。

[24] Holsti, O. R.. Content Analysis for the Social Sciences and Humanities, Reading, Mass. Addison-Wesley Pub. Co. , 1969, pp. 137−141.

[25] 清华大学新闻研究中心：《2014 政务新媒体传播力报告》，2014 年 11 月 26 日，http：//mat1. gtimg. com/city/report/2014media. pdf。

[26] 李冠辰：《我国"微政务"管理问题研究——以政务微博、政务微信为例》，《太原理工大学学报》2014 年第 3 期。

[27] 张志安、罗雪圆：《政务微信的扩散路径研究——以广东省市级以上政务微信为例》，《新闻与写作》2015 年第 7 期。

［28］ Ma，L. . "Diffusion and Assimilation of Government Microblogging：Evidence from Chinese Cities," *Public Management Review*，Vol. 16，No. 2，2014，pp. 274 - 295.

［29］ Berry，F. S. & Berry，W. D. . Innovation and Diffusion Models in Policy Research，in P. A. Sabatier（ed. ）Theories of the Policy Process，2nd，ed. Boulder：Westview Press，2007，pp. 223-260.

［30］ Ma，L.，"Diffusion and assimilation of government microblogging：Evidence from Chinese cities," *Public Management Review*，Vol. 16，No. 2，2014，pp. 274 - 295.

［31］ 刘伟：《学习借鉴与跟风模仿——基于政策扩散理论的地方政府行为辨析》，《国家行政学院学报》2014 年第 1 期。

［32］ 匡文波：《如何拆掉政务微信中的官民"隔心墙"》，《人民论坛》2016 年第 12 期。

校园微信公众号阅读量影响因素研究

曹　洁

摘　要　微信 5.0 上线之后，截至 2016 年底，已经拥有超过 8 亿的用户，活跃用户超过 6 亿，而微信公众平台也吸纳了 200 万个公众账号。在众多的微信公众号中，高校官微一直是媒体关注的焦点。随着自媒体的发展，微信公众号的功能呈现手段也从过去单纯的资讯传播模式向其他多种模式转变，资讯呈现方式变得更为多样。本文在借鉴前人研究的基础上，对高校微信公众号的阅读量进行研究。研究将从高校微信公众号的发文次数、发文数量、推送时间、原创与否以及受欢迎程度等五个方面展开，通过研究高校微信公众号的文章内容特征以及高校微信公众号点赞量等受众反应的参考项目，来探讨微信公众号受众反应之间的关系，并有效地了解高校微信公众号阅读量的影响因素，以及探究微信公众号的传播策略。

关键词　高校官微　发文频次　发文时间　点赞量

A Study of Factors That Influence the Reading Quantity of Campus WeChat Official Accounts

Cao Jie

Abstract　By the end of 2016, WeChat 5.0 has more than 800 million users, and more than 600 million users stay active, and WeChat public platform also had acquired 2 million public accounts. Among numerous WeChat public accounts, official accounts of colleges and universities have been the focus of media attention. Along with the development of the we-media, WeChat public accounts means the present ways of functions change from the simple information transmission model to a variety of other model transformation, and information representation has become more varied. On the basis of previous studies, this paper studied the reading quantity of the university WeChat public accounts. This research focused on the posting frequency, posting amounts, delivery time, the original or not and popularity, studying the article characteristics and the thumbs, discuss the relationship among the audience reactions, and effectively understand the influence factors of reading quantity, and explore the strategies of the WeChat public accounts' communication effect.

Keywords Wechat Official Accounts; Posting Frequency; Delivery Time; Thumbs Amounts

一　引言

近年来，中国互联网发展势头迅猛。截至 2017 年 6 月，中国网民规模已达 7.51 亿。互联网时代涌现出了一批社会化媒体，如博客、维基百科、Facebook、Twitter、YouTube 等。社交媒体作为人们获取资讯和进行交往的重要平台，日益成为现代社会人们生活的重要通道。这些社会化媒体的最大特点是实现了传播的互动性、即时性等，这为人们获取资讯知识提供了较以往任何时候都更方便、更快捷的途径。

在中国各社交媒体的较量中，微信的表现最为突出。微信，广义上是指微型博客服务；狭义上是指基于用户关系的纽带进行资讯分享、传播以及获取资讯资源的综合平台。它具有简单易学、主动性强、即时性强、发布平台的开放与多样性等优势，特别是凭借着传播的即时性、随身性和拥有群体的广泛性，已成为最快捷的资讯传播管道和舆论发声器之一。

微信公众号是人们获取资讯的重要途径。人们大部分碎片化时间都用于获取这些零碎资讯。用户可以通过基于平台的客户端登录，在平台上随时聊天、浏览，获取资讯并实现随时随地的分享，分享的主要内容是各微信公众号所发布的内容，[1]微信公众号不仅是社会热点话题的资讯集散地，而且日益成为人们讨论时政、关注生活、关心身边事物发展的重要平台。各类资讯推送的阅读量也成为衡量微信公众号运营的主要标准之一。

学者伊曼纽尔·罗森曾提道："一个朋友的真心推荐远胜过十个广告和二十次生硬的推销。"中国互联网络信息中心（CNNIC）发布的《2016年中国社交类应用用户行为研究报告》中提道：微信公众号的商业运营越发成熟，市场占有率越来越高，这也说明越来越多的网民已经对这些社交媒体产生了依赖。本研究选择高校微信公众号作为主要研究对象，着重研究影响高校微信公众号的阅读量因素。

二　文献综述

网红时代，微信公众平台成为自媒体运营者重要的内容分发、粉丝集聚平台，在推出的短短3年间，其账号数量就增长至千万级，开辟了以流量为基础的粉丝经济，造就了许多自媒体新贵。[2]

微信自媒体一般情况下是指借助于微信平台，向大众传播个性化资讯的扁平化、社会化、快速化的新媒体。广义上的微信自媒体包括所有使用微信公众号进行个性化资讯传播的主体。[3]本文所研究的微信自媒体特指高校微信公众账号，不涉及媒体、政府、企业、个人的微信发布账号。

（一）微信公众号发文次数与阅读量关系

微信公众号一周推送累积起来的推文数量便是我们对于发文次数的定义。[4]对微信自媒体公众号的发布次数总量进行分析，可以发现公众号运营者的投入状况，及阅读量和发文次数之间的显著性关系。[5]从总体上看，微信公众号周文章发布次数有缓慢上升趋势，阅读量和周发布次数呈正相关关系。[3]众多微信公众号运营者，为了增加微信公众号推送文章的阅读量，首要的方法就是每天进行推送，以维持公众号的活跃度，制造存在感。发文次数越多，公众号被受众注意到的可能性越大。

微信公众账号每周发布次数虽然不断增长，但增长趋势减缓。[3]2014

年年底微信公众号平均每周发布 4 次，2016 年微信公众号自媒体周文章发布次数平均保持在 4~5 次，发布频率趋于稳定。[6]研究者表明，发布文章的次数在 5~7 次，既不会造成接收者的审美疲劳，也不会造成因资讯狂轰滥炸而导致的厌烦。[7]恰当地推送，可以较好地填充受众的碎片时间，成为碎片化时间的调剂，这样既能维持粉丝的忠诚度，又能确保相应的阅读量。基于上述分析，提出本研究的第一个假设。

假设一：高校微信公众号每周发文次数 5~7 次的阅读量高于每周发文次数 1~4 次的高校微信公众号。

（二）微信公众号发文数量与阅读量关系

微信公众号发文数量对于阅读量有一定的影响。研究表明，每周文章总数与阅读量之间存在正相关的关系。现在微信公众号每周发文数量逐渐趋于稳定，大概保持在每周 17 篇左右，表明现在微信公众号注重品质和数量的均衡，这比单纯的数量累积更为有效。[3]发文的数量，不能过多，太多了之后会造成资讯的冗杂，同样也不能过少，太少了对于受众缺乏吸引力。过高的发文次数（一周 20 次以上），过低的推送频率（一周低于 10 次），都会对阅读量产生负面的影响，而一周的推送文章在适中的推送过程中，即一周的推送文章数量在 11~20 篇，对于阅读量较为稳定。[8]基于上述文献回顾以及分析、了解，微信公众号发文数量适中（11~20 篇）的阅读量高于发文数量过多或者发文数量过少的阅读量。综上，提出本研究第二个假设。

假设二：高校微信公众号发文数量适中（11~20 篇）的阅读量高于发文数量过多或者发文数量过少的阅读量。

（三）微信公众号原创文章与阅读量关系

微信公众号的推文分为三类：原创、粉丝投稿、转载。[9]原创文章，是指微信公众号的运营主体自己生产出来的内容，是第一手资料。[10]原创文章使得微信公众号的推文版权为自己所有，发布的是独一无二的内容，对于微信公众号的阅读量有一个较大的保障。而粉丝投稿的受众群体较小，对于阅读量无功无过，而转载的多数是一些火爆的文章，各大公众号都会迅速分享、转载，其实是分散了阅读量。[11]微信公众号坚持原创性和风格化特色，可以避免同质化效应；[12]结合热点策划出为受众喜爱、有利于传播分享的原创内容，对于阅读量会产生较大的影响。[13]原创内容是时代所需，也是微信公众号的必由之路。基于上述文献回顾，提出本研究的第三个假设。

假设三：微信公众号中的原创文章与阅读量存正相关。

（四）微信公众号推送时间与阅读量

根据互联网数据信息中心发布的《2016年微信公众号数据洞察季度报告》，各行业的微信公众号发文时间主要集中在下班高峰期时间段，其中娱乐行业集中在20：00以后休息时间段，触达效果更好。数据显示，高校微信公众号的推文时间多数集中于8.00~12.00，也有小部分的微信公众号运营主体的推送时间在下午和晚上，高校微信公众号的运营主体没有专门的运营人员，大部分是学生在课余时间，或者老师在下班之后来进行运营，所以一部分微信公众号的推送文章在晚上6点之后。

中国互联网研究院发布《2016微信用户行为分析报告》数据显示，22.76%的用户希望在8：01~11：00的时间段接收到消息；其次是18：01~20：00这一时间段，有22.52%的用户希望在此时间段接收信息；用户最不希望接收信息的时间段是0：00~8：00，在此时间段用户不希望被打扰。[14]可见，在信息推送时间段上运营者也必须贴近用户需求。很多高校官微的推送时间在8：00~12：00，推送时间相对固定，具有稳定性也易于培养用户习惯。

微信公众号内容的推送时间是一个需要多方面考虑的主体，我们既要考虑用户的现实环境，也要考虑用户的阅读习惯，还要考虑微信公众号运营者的工作时间。只有多方面考虑，才能够更好地把握推送时间，促进阅读量的增加。基于相关的数据，对上述文献进行归纳分析，提出研究的第四个假设。

假设四：微信推送时间在8：00~12：00的文章的阅读量比其他时段高。

（五）微信公众号受欢迎程度与阅读量

点赞的数量表明了相关微信公众号的受欢迎程度和微信用户对推

送内容的赞同程度。在社交媒体如 YouTube 中，那些阅读量较高的推送内容，更能够引起观众的注意力和兴趣并促使他们去留言和点赞。[15]以周点赞总量为指标来考察受众对微信公众账号的喜爱程度，对周点赞总量和周数进行分析，发现两者存在正相关关系。[3]点赞数量较多的高校微信公众号推送的文章，相对的阅读量较高。点赞量多，所以阅读量相应的也较高。但是也有人不这么认为。点赞量存在着偶然性，不能将点赞量和阅读量化为同类去比较。该类学者认为，每个用户的点赞量只有一次，但是阅读量可以通过不停的阅读来获取，所以，点赞量和阅读量之间，并不存在较大的直接关系。点赞量和阅读量之间存在较多偶然的因素，直接判断点赞量影响阅读量，并且呈现正向的影响，是很难解释清楚的，不具有较强的说服力。基于上述分析，提出本研究第五个假设。

假设五：微信公众号的受欢迎程度影响阅读量。点赞数量越高，阅读量越高。

三　研究方法与设计

本文采用内容分析法，对 2016 年到 2017 年清博大数据对于高校微信公众号每周推送文章的阅读量进行排名，选取这些排名文章为样本，从这些样本中进行随机抽样，抽取每周阅读量排名前 50 的公众号，共抽取四周，共 200 份样本进行前测；再除去这 200 份样本，进行方便抽样，按照前测的抽样方法，进行抽样，最后抽取 1200 份有效样本，并对其进行内容分析。

编码及信度检验是笔者本人与一名聘请的研究助理共同完成的。将收集的数据进行分类，根据假设进行编码，制作出编码手册，将数据放入编码手册。在完成编码后，研究者对研究助理进行了培训，随后各自独立完成 10 个编码。为测试编码员之间的信度，研究者计算了 Cohen's Kappa 系数，据此得出在各重要变量上 Kappa 系数分别为：原创内容 0.84，推文频率 0.83，推文时间 0.84，点赞数量 0.86，这些 Kappa 系数值均超过 0.75，表明编码员之间的信度较好。[16]

表1　样本编码

维度	分类	编码 ID
原创文章	是	1
	否	0
推送时间	08：01~12：00（上午）	将每一时间段按照1，0编码，属于该时段的编为1，其余编为0进行分析
	12：01~16：00（下午）	
	16：01~20：00（晚上）	
	20：01~00：00（晚上）	
	00：01~04：00（凌晨）	
	04：01~08：00（凌晨）	
发文次数	1~4次/周	1
	5~7次/周	0
发文数量	0~10篇	分别将该数量编为1，其余数量编为0进行分析
	11~20篇	
	20篇以上	
点赞量		实际数值
阅读量		

四　研究结果

（一）描述性分析

将1200份数据进行编码，放入编码手册，再导入SPSS 20.0进行均值以及标准偏差和偏差的描述性统计分析，得出结果如表2所示。

表2　描述性统计量

	均值	标准偏差	N
阅读量	35434.1775	23099.1424	1200
发文时间 08：01~12：00	0.6842	0.4650	1200
发文时间 12：01~16：00	0.1825	0.3864	1200

续表

	均值	标准偏差	N
发文时间 16：01~20：00	0.1033	0.3045	1200
发文时间 20：01~00：00	0.0217	0.1457	1200
发文时间 00：01~04：00	0.0000	0.0000	1200
发文时间 04：01~08：00	0.0083	0.0909	1200
原创	0.8700	0.3364	1200
点赞量	632.0083	561.9799	1200
发文次数	0.3333	0.7137	1200
发文数量 1~10 篇	0.2358	0.5216	1200
发文数量 11~20 篇	0.7492	0.4337	1200
发文数量 21 篇以上	0.0233	0.1510	1200

（二）相关性分析

相关分析结果表明（见表 3），点赞数量与阅读量（$r = 0.564$，$p < 0.01$）、发文次数与阅读量（$r = 0.334$，$p < 0.01$）的 p 值都具有统计学意义，相关系数 r 值为正数，说明这两个变量与阅读量呈正相关。原创性与阅读量（$r = 0.046$，$p < 0.339$）、发文时间与阅读量（$r = 0.057$，$p < 0.064$）以及发文数量与阅读量（$r = 0.046$，$p < 0.339$），三个方面与阅读量之间也呈现正相关，但是 p 值在统计学意义上并不显著。

从数据结果中可以得出，发文时间、发文次数、发文数量、文章内容是否为原创以及点赞量五个自变量与阅读量之间，均存在一定的相关性，其中点赞数量与阅读量之间存在显著的正相关，而发文数量、原创性与阅读量之间的相关性并不显著。

（三）回归分析

采用多元回归分析方法，将发文次数、发文数量、点赞量、发文时间，原创数量与阅读量进行线性回归分析。显著性检验发现 $F = 65.836$，$p = 0.000$，表示该模型具有统计学意义（见表 4）。

表3 Pearson 相关性分析

	阅读量	发文时间 08:01~12:00	发文时间 12:01~16:00	发文时间 16:01~20:00	发文时间 20:01~00:00	发文时间 00:01~04:00	发文时间 04:01~08:00	发文数量 1~10篇	发文数量 11~20篇	发文数量 21篇以上	原创	点赞量	发文次数
阅读量	1	0.061*	-0.076**	0.026	-0.016	.a	-0.0492	-0.2027**	0.2425**	0.0104	0.0466	0.5715**	-0.1196**
发文时间 08:01~12:00	0.0611*	1	-0.6954**	-0.4996**	-0.2190**	.a	-0.1349**	-0.0021	0.0245	-0.0256	0.0359	0.0091	-0.0620*
发文时间 12:01~16:00	-0.0762**	-0.6954**	1	-0.1604**	-0.0703*	.a	-0.0433	0.0056	-0.0252	0.0270	-0.0162	-0.0039	0.0877**
发文时间 16:01~20:00	0.0257	-0.4996**	-0.1604**	1	-0.0505	.a	-0.0311	-0.0065	0.0007	0.0019	-0.0397	0.0136	-0.0128
发文时间 20:01~00:00	-0.0160	-0.2190**	-0.0703*	-0.0505	1	.a	-0.0136	-0.0014	-0.0063	0.0149	0.0405	-0.0288	-0.0053
发文时间 00:01~04:00	.a	.a	.a	.a	.a	.a	.a	.a	.a	.a	.a	.a	.a
发文时间 04:01~08:00	-0.0492	-0.1349**	-0.0433	-0.0311	-0.0136	.a	1	0.0113	-0.0104	-0.0142	-0.0463	-0.0291	-0.0043

续表

	阅读量	发文时间 08:01~12:00	发文时间 12:01~16:00	发文时间 16:01~20:00	发文时间 20:01~00:00	发文时间 00:01~04:00	发文时间 04:01~08:00	发文数量 1~10篇	发文数量 11~20篇	发文数量 21篇以上	原创	点赞量	发文次数
发文数量 1~10篇	-0.2027**	-0.0021	0.0056	-0.0065	-0.0014	.a	0.0113	1	-0.7816**	-0.0699*	-0.0010	-0.1440**	0.3241**
发文数量 11~20篇	0.2425**	0.0245	-0.0252	0.0007	-0.0063	.a	-0.0104	-0.7816**	1	-0.2671**	-0.0007	0.1773**	-0.3764**
发文数量 21篇以上	0.0104	-0.0256	0.0270	0.0019	0.0149	.a	-0.0142	-0.0699*	-0.2671**	1	0.0269	0.0079	-0.0645*
原创	0.0466	0.0359	-0.0162	-0.0397	0.0405	.a	-0.0463	-0.0010	-0.0007	0.0269	1	0.0410	0.0139
点赞量	0.5715**	0.0091	-0.0039	0.0136	-0.0288	.a	-0.0291	-0.1440**	0.1773**	0.0079	0.041	1	-0.1182**
发文次数	-0.1196**	-0.0620*	0.0877**	-0.0128	-0.0053	.a	-0.0043	0.3241**	-0.3764**	-0.0645*	0.0139	-0.1182**	1

*. 在显著水平为 0.05 时（双尾），显著相关。

**. 在显著水平小于 0.01 时（双尾），显著相关。

a. 因为至少有一个变量为常量，所以无法进行计算。

表 4　回归系数及结果检验

自变量	B	t	Sig.
发文时间 08：01~12：00	13638.0091	4.8901	0.0000
发文时间 12：01~16：00	9260.8714	3.1015	0.0019
发文时间 16：01~20：00	14104.5419	4.4896	0.0000
发文时间 20：01~00：00	12658.2488	2.7704	0.0057
发文时间 04：01~08：00	5243.4062	0.8204	0.4121
发文数量 1~10 篇	424.6972	0.2275	0.8200
发文数量 11~20 篇	9181.8427	3.7859	0.0002
发文数量 21 篇以上	8391.0624	1.9749	0.0485
原创	1413.3758	0.8809	0.3785
点赞量	22.2529	22.7935	0.0000
发文次数	508.8182	0.6114	0.5410

　　由结果可以看出，不同的发文时间对于阅读量有不同的正向影响，除了4：01~8：00 发文时间段之外，其他发文时间段与阅读量之间的关系具有统计学意义，即发文时间对阅读量存在影响，尤其是 16：01~20：00 的发文时间对阅读量影响最大，其次是 8：01~12：00 时段，再次是 20：01~00：00时段。

　　原创的偏回归系数大于 0，表示其对阅读量有积极影响，但其显著性 $p>0.05$，显示两者不相关；点赞量与阅读量 p 为 0.000，表示其与阅读量有很强的线性关系，即点赞量与阅读量有很强的正向促进效应；同理，发文次数与阅读量的检验 p 值为 0.5410，表示发文次数对于阅读量的影响在统计学意义上不显著；不同发文数量与阅读量的回归系数为正，表示其有正向作用，除了发文数量在 1~10 篇的 p 值略高外，发文数量在 11~20 篇的 p 值为 0.0002，在 21 篇以上则为 0.0485，均小于 0.05，表明发文数量在 10 篇以上对于阅读量的影响具有统计学意义。

五　结论与讨论

　　在以往研究的基础上，本研究的目的主要在于探究点赞量、推送频次、发文时间，以及原创性这些内在因素是否会影响高校微信公众号推文的阅读量以及影响的程度。通过对大量样本进行统计分析，研究提出的假设一、假设二、假设五成立，假设三、假设四不成立，但也不能完全否认在高校微信公众号的推文中，这些也是影响阅读量的因素。

近年来国家大力倡导"互联网+"模式，许多高校与公司、企业、大众品牌一起开始利用网络营销的管道。高校早已不仅仅是教书育人、为学生服务那么单一，更借助网络社交平台去维系知名度，传播影响力，与社会的网络交互也越来越频繁。

网络社交媒体的互动性是其他传统媒体无法比拟的，移动媒体使得人们碎片化的时间变得更为充实有趣，人们时刻都能通过手机等移动终端接受资讯，与外界交流联系。微信公众号的推送文章，既是大家互动的平台，更是获取资讯、了解高校的重要途径，而阅读量即是衡量这些资讯被传播的重要标准。

在本研究中微信公众号推送文章点赞数的多少与阅读量高低的关系最为显著，微信公众号的阅读量与微信公众号的点赞数量呈正相关，每多一次点赞，阅读量可以提升 30 次左右，因此点赞量也成为衡量微信公众号受欢迎程度的重要指标。点赞量、高互动率对于关系形成有着积极的影响。[17]点赞量越高的文章被发现的频率越高，受欢迎程度越高，所以相对的阅读量也会较高，这与文章在社交网络的活跃程度和自我表达有关。[18,19]以往也有研究发现，点赞量越高的文章，越受用户欢迎，在铺天盖地的推送文章中，也更容易被发现，从而增加阅读量。高校官方微信公众号倘若能好好利用用户的碎片化时间，推送有意思的文章、图片或视频，一定能受到大家的欢迎与关注。Elsamari Botha 等[20] 和 Mignon Reyneke[21] 探究高校微信公众号的病毒式传播往往与点赞量和情感有关。用户通常对于自己熟悉的、喜爱的内容有强烈的情感反应，会通过点赞进行情感的表达；对于不熟悉、不太喜欢的内容，几乎没有情感反应，相对点赞量较少，从而阅读量也不高。

发文次数与阅读量这个假设不成立，可见发文次数对于阅读量来说并不是多多益善。因为高频率的推送，不一定每一篇文章都是精品，很多文章只是为推送而推送，用户不一定会去阅读，反而会造成资讯冗杂，所以推送的次数和数量并不是越多越好。当然也不是越少越好，通过对于抽样结果的分析，推送的频次应该恰到好处、适可而止。发文区间在 11～20 次的推送文章，既能够保持粉丝的忠诚度，又能够维系高校微信公众号的活跃度，所以，推送文章在 11～20 次区间的阅读量，高于其他区间的阅读量。

内容的原创性对于文章阅读量的影响不显著。这可能是因为人们对于推送文章，更多的是关注内容，即使是转发的内容，只要用户感兴趣，也会进行再次转发，从而促进阅读量的增加，用户群体也会进一步扩大，相对阅读量较高。

本研究对高校微信公众号进行了剖析，为微信公众号阅读量的研究贡献了一分力量，为以后的研究提供了一个参考视角与方向。但本文的研究样本容量不够大，抽样的环节也存在着一些技术条件的制约，在设计编码表以及编码这一环节上，还有进一步改善的可能。另外，影响阅读量的因素还有很多，本文只是研究了其中的一部分，还需要考虑其他的内在因素对其影响来扩大研究的广度和深度，从而更加全面地剖析影响微信公众号阅读量的因素。

（作者单位：澳门科技大学人文艺术学院）

注释

［1］马为公、罗青：《新媒体传播》，中国传媒大学出版社，2011。

［2］王晨郁：《细分服务：媒体成功运营微信公众号的关键——从都市快报官方微信说起》，《中国记者》2016 年第 4 期，第 96～98 页。

［3］洪海娟、卢振波：《基于微信的高校图书馆品牌营销现状与策略研究》，《现代情报》2014 年第 5 期，第 95～99 页。

［4］付振珍：《微信公众订阅号的内容营销研究》，《新闻研究导刊》2013 年第 5 期，第 191～192 页。

［5］孙翔：《新闻类微信公众平台对网络热点事件的推送内容分析》，《新闻研究导刊》2016 年第 7 期，第 356 页。

［6］马佳明：《微信平台传播内容分析》，《新西部旬刊》2015 年第 3 期，第 93 页。

［7］Thong Jony，C. Shanto Iyengar. Is Anyone Responsible? How Television Frames Political Issues. Chicago，Ill.：University of Chicago Press，*American Journa-lism*，

2016 （3-4），pp. 120-121.

[8] 王亚茹:《纸媒微信公众号"热"中的"冷"思考》,《中国记者》2016 年第
4 期，第 98~99 页。

[9] 胡芬、余纯、李治样:《基于内容分析法的乡村旅游地微信营销研究》,《地
域研究与开发》2016 年第 5 期，第 100~104 页。

[10] 周玉兰:《微信公众号的传播特征及问题对策探析——以传统广电媒体微信
公众号为例》,《中国出版》2016 年第 3 期，第 32~34 页。

[11] 张飞飞:《基于内容分析法的我国高校微信公众平台研究》,《情报探索》
2016 年第 2 期，第 131~134 页。

[12] 张燕、陈思思:《传统新闻媒体转战社交媒体的内容运营策略——对澎湃新
闻微信公众号的内容分析》,《出版科学》2016 年第 4 期，第 53~56 页。

[13] 赵新菊:《地方法治类微信内容分析及建设》,《新媒体研究》2016 年第 2
期，第 66~67 页。

[14] 《2016 年度微信公众号数据洞察报告》，知识库，2017 年 3 月 2 日，http: //
www. useit. com. cn/thread-14697-1-1. html。

[15] Hye-Jin, Tnomas & Jehoon, Source Credibility in Social Judgment: Bias, Exper-
tise, and the Judge's point of View. *Journal of Personality and Social Psychology*,
2013 （1），p. 48.

[16] Lombard, Snyder-Duch, & Bracken. Public Attitudes Toward Persons with Mental
Illness. *Health Affairs*, 2003 （3），pp. 186-196.

[17] Archana Krishnan, Media celebrities and public health: Responses to "Magic"
Johnson's HIV disclosure and its impact on AIDS risk and high-risk behaviors.
Health Communication, 2011 （4）: 345-370.

[18] Acar, Depictions of Mental Illness in Print Media: A Prospective National
Sample, *Australian and New Zealand Journal of Psychiatry*, 2008 （5），
pp. 697-700.

[19] Kramer & Winter, Digital house calls: US Healthcare Professionals and Online
Media Communication, *Journal of Communication in Healthcare*, 2008 （4），
pp. 187-196.

[20] Elsamari Botha, Mass media, "monsters" and mental health clients: the need for
increased lobbying, *Journal of Psychiatric and Mental Health Nursing*, 2013 （4），
pp. 315-321.

[21] Mignon Reyneke, The Portrayal of Mental Illness on Prime-time Television,
Journal of Community Psychology, 2013 （3），pp. 289-302.

我国少数民族互联网使用差异分析

——基于第三期中国妇女社会地位调查数据

冯剑侠　李兴睿

摘　要　本文通过第三期中国妇女社会地位调查数据，分析我国少数民族在互联网接入和使用层面的差异。研究发现，受社会经济发展水平和文化教育普及程度的影响，少数民族在互联网的使用率上低于全国平均水平，每天上网时间与汉族相比更为有限；除了利用网络炒股/投资和网络购物等经济行为的参与率较低，在其他互联网使用行为偏好上与汉族没有显著差异。进一步分析发现，城乡和区域差异是造成这一现象的首要因素。此外，性别、年龄、受教育程度和职业类型对少数民族的互联网接入状况和使用偏好都有一定影响。

关键词　少数民族　互联网　使用偏好　数字鸿沟

An Analysis of the Differences of Internet Usage of Minority Nationalities in China

—Based on Data From the Third Chinese National Survey on Women's Social Status

Feng Jianxia, Li Xingrui

Abstract　This paper analyzes the differences of Internet access and use of ethnic minorities in China through the data of the Third Chinese National Survey on Women's social status. The study found that, because of the impact of the limited level of socio-economic development and cultural and educational popula-rization, ethnic minorities in the Internet usage rate is lower than the national average, the daily Internet time is more limited compared with the Han nationality; In addition to using network stocks/investment and online shopping, in other Internet use behavior preference and the Han nationality no significant difference. Further analysis found that urban and rural areas and regional diffe-rences is the primary factor causing this phenomenon. In addition, gender, age, educational attainment and type of occupation have a certain impact on Internet access and preferences of ethnic minorities.

Keywords Minority; Internet; Usage Preference; Digital Gap

人类进入信息化社会以来，信息资源的获取、控制和使用已经成为影响人们发展的重要因素。在多种传播媒介中，互联网由于其所具有的海量存储、传播迅捷、互动性强等优势，日益成为人们获取信息资源的首选途径，正如卡斯特所言"连接就意味着价值，而没有与互联网连接就很可能意味着被淘汰"，这已成为社会共识。然而，网络并不是平行的，由于阶层、性别、代际、职业等差异，不同群体在互联网技术的普及和使用层面会出现程度不等的"数字鸿沟"（digital divide）。[1]

在我国，"数字鸿沟"更多地体现为城乡和地区差异。[2]尽管我国当前网民规模已达7.10亿，互联网普及率达到51.7%，但城镇互联网普及率超过农村35.6个百分点，城乡差距依然十分明显。[3]从地区来看，我国东、中、西部地区信息社会发展水平差距明显，东部地区的信息社会指数比全国平均水平高24.76%，比中、西部地区分别高40%和46.51%。而中、西部地区信息社会指数比全国平均水平分别低11.17%和14.84%。[4]这都有可能导致主要聚居在西部及边疆地区的少数民族因为地域限制而陷入信息资源获取不平等的先天劣势之中。

那么，少数民族在互联网的接入和使用情况如何？不同的城乡、区域、性别、年龄、教育程度和职业分类是否会产生差异化的网络使用行为？本文拟运用由全国妇联和国家统计局联合进行的第三期中国妇女社会地位调查的全国样本数据进行统计分析，对这些问题做出初步探讨。

一 文献回顾与研究方法

本文所指的互联网既包含通过电脑接入的传统形式，也包括通过手机、平板电脑等移动端接入的移动互联网。通过文献检索可发现，目前国内学界对我国少数民族互联网接入及使用状况的研究主要集中在以下两个方面。一是对某一类民族地区的小范围调查，如李苓对西部民族混居区城乡之间网络与手机等新媒体的使用情况所进行的调查[5]、陈峻俊对鄂西恩施土家族苗族自治州的调查[6]、高卫华等人对湖北恩施的调查[7]；二是对某一类少数民族个体或群体手机/互联网使用状况的研究，如庄晓东等对云南少数民族青少年互联网使用情况的研究[8]、金玉萍等人对新疆维吾尔族大学生的调查[9]。

以上研究从不同角度对我国少数民族或民族地区的互联网使用情况做出了分析，但主要是在对个别民族地区、个别少数民族以及少数民族中部分文化程度较高的群体所进行的小范围调查，既没有对少数民族互联网接触情况的大范围、全方位调查，也缺乏对少数民族由于民族类型、城乡、性别、受教育程度以及职业分类等内部差异而产生的互联网使用行为差异的比较分析。这是因为我国少数民族类型众多、分布广泛，要进行专门化的、大规模的调查实属不易。

但通过对其他全国性调查数据的分析研究则可以弥补这一遗憾。由全国妇联和国家统计局从1990年起每十年举行一次的中国妇女社会地位调查是全国性的、覆盖各民族各地区的大规模抽样调查。在2010年的第三期中国妇女社会地位调查中，问卷设置了是否上网、每天上网时间以及通常上网做什么事情等问题，可以了解到人们的互联网使用状况。此次调查的全国样本总数为29668人，其中汉族22248人，少数民族3982人，覆盖藏族、维吾尔族、蒙古族、回族等大小35个少数民族，是了解我国少数民族网络接入和使用情况较为权威、客观和准确的第一手数据，但目前尚未有人对此进行研究。本文拟通过对这些数据的统计分析来考察我国少数民族互联网接入和使用的基本情况，使人们更全面了解少数民族网络资源利用的情况，为进一步深入探讨网络技术对少数民族发展的影响奠定基础。

二　主要分析结果

（一）少数民族的互联网使用率

网络使用率可以在一定程度上反映人们接入互联网的状况。调查显示，少数民族中有 79.6% 的人从不上网，也就意味着少数民族的互联网使用率仅为 20.4%，低于全国平均水平的 31.6%。这是因为我国少数民族主要聚居在中西部及边疆地区，如广西、云南、贵州、新疆 4 个省区的少数民族人口之和占全国少数民族人口的一半以上，加上辽宁、湖南、内蒙古、四川、河北、湖北、西藏、吉林、青海、甘肃、重庆和宁夏，以上 16 个省区的少数民族人口占全国少数民族人口总数的 91.32%。[10] 但这些地区无论是经济发展水平、文化教育程度还是基础网络资源和宽带服务接入都低于东部发达地区。

通过对网络使用率和所在区域的交互分析，我们发现互联网的接入和使用与区域经济发展水平显著相关，尽管西部地区的少数民族受访者比例最高，占总体的 68.2%，但在互联网使用率上却是最低，仅为 15.8%，远远低于京津沪和东部地区（参见图 1）。

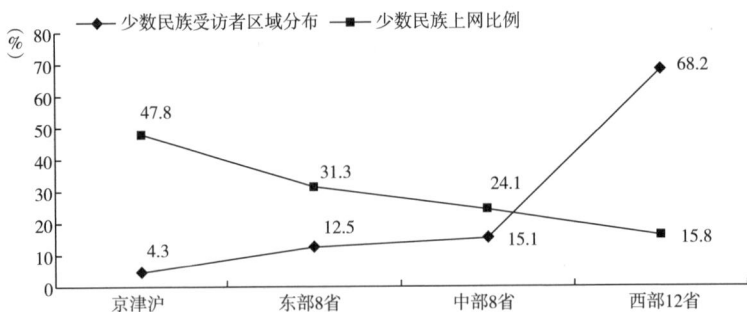

图 1　少数民族受访者的区域分布及使用互联网比例对比

由此可见，区域间的发展不平衡是造成少数民族使用互联网比例总体偏低的首要因素，户籍地在京津沪和东部 8 省的少数民族网络使用率分别达到 47.8% 和 31.3%，已经超过或接近全国平均水平。但从中部 8 省到西部 12 省，随着少数民族聚居人口的大幅上升，使用互联网群体的比例却大幅下降，最终呈现出一个巨大的"剪刀差"，这正是研究者和政策制定者应当注意并应致力改变的问题。

此外，城乡、性别、年龄、受教育程度等同样会影响少数民族对互联网的使用。城镇少数民族的互联网使用率为 41.5%，而农村仅为 10.8%，比城镇低 30.7 个百分点；少数民族男性互联网使用率为 23%，而女性为 17.6%，相差 5.4 个百分点；从年龄来看，少数民族中互联网使用率最高的依然是年轻人，39 岁以下者占总体的 74.5%。与电视和广播等传统媒体不同，互联网对接受者的知识文化水平和计算机操作技能有一定要求，而调查发现少数民族总体受教育水平普遍偏低（初中及以下文化程度占七成），这也是造成少数民族互联网使用率相对偏低的重要因素。

（二）少数民族互联网使用时长差异

研究表明，上网时间的长短与获取网络资源的内容和数量有关，比如在一小时以内，特别是半小时的上网者通常只能浏览网页、快速处理网上工作和快餐式消化网上内容，而 3 小时以上的上网者则可以做很多事情，包括网络社交、学习和娱乐等，所获取的网络信息更多一些。[11]

调查显示，与汉族上网群体相比，少数民族上网群体每天上网 1 小时以内的比例要高出 4.5 个百分点，但在每天上网 3 小时以上的比例要低 4.2 个百分点，这也就意味着少数民族网民"泡"在互联网上的时间更短，更倾向于快速地消费互联网信息。究其原因，仍然是与网络使用的便捷程度、经济成本等硬件环境有关。在经济水平偏低的西部，少数民族上网时间在一小时以内的为 52.8%，比京津沪的少数民族高 18.7 个百分点；而每天上网在 3 小时以上的西部少数民族仅有 10.9%，比京津沪低 7.3 个百分点。这也就意味着，同样是互联网使用者，但在汉族和少数民族中的确存在使用时长上的"数字鸿沟"，如果再具体到对最发达和最不发达的区域进行对比分析，这一"数字鸿沟"将会更大。

城乡区别也会导致少数民族在网络使用时长上出现显著差异。城镇上网群体中每天上网时长在 1 小时以内的为 46%，而农村为 64.2%，比农村低 18.2 个百分点；城镇用户每天上网 3 小时及以上者的比例为 13.3%，比农村高出 8.9 个百分点。此外，不同的职业也会造成少数民族上网时长的内部差异，表现为以脑力劳动为主的各类负责人、专业技术人员、办事人员每天上网时间在 3 小时及以上者明显增多；而商业服务人员、农业劳动者、生产、运输设备操作人员等体力劳动者上网在 1 小时以内者明显增多（见图 2）。

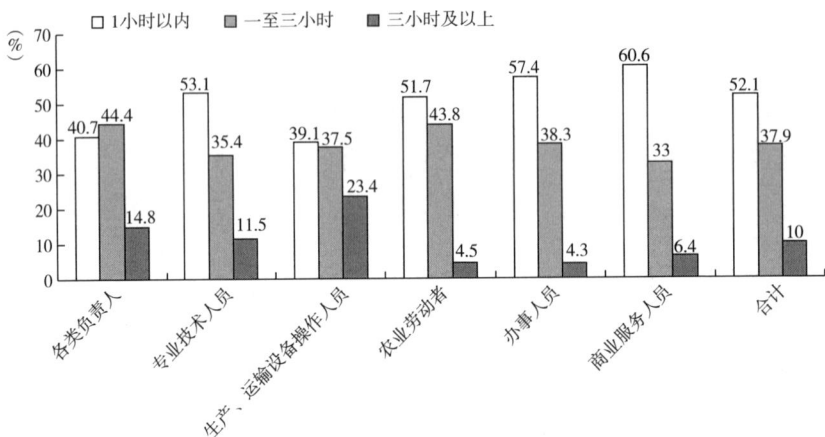

图 2　不同职业类型的少数民族上网时长对比

（三）网络使用的行为偏好差异

除了互联网使用率和上网时长两项指标外，通过网络来做什么同样是了解少数民族群体互联网使用差异的重要依据。在少数民族上网群体中，上网最常做的事从高到低依次为浏览新闻资讯（87.2%）、娱乐（77.7%）、交友聊天（70.5%）、学习/工作（52.9%）、购物（31.6%）、发表言论（21.0%）、炒股/投资（11.3%）。和汉族上网群体相比，少数民族其余各项并没有显著差异，只有在炒股/投资和网上购物等经济活动的参与率相对较低，这表明我国少数民族聚居地区的经济发展相对滞后，尚未充分享受"互联网+"带来的便捷、高效的经济效应。

互联网使用偏好会给个人发展尤其是收入水平的提高带来不同向度的影响。通过主成分因子分析法，这 7 个问题可以归为两个因子，分别为"发展因子"和"娱乐因子"，浏览新闻资讯、炒股/投资、学习/工作可归入发展型因子，购物、发表言论、交友聊天及娱乐可归入娱乐性因子。研究表明，发展型因子得分越高，所产生的互联网工资溢价效应越明显。① 借助这一分析框架，我们将汉族和少数民族互联网使用行为偏好与城乡、区域、性别、年龄、受教育程度、职业类型等指标进行了交互分析，发现城乡差异有着显著影响，无论是汉族还是少数民族，城镇户籍网民更倾向于"发展型"的网络行为偏向，而农村户籍网民更倾向于"娱乐型"的网络行为偏向。

在"发展型"网络使用行为偏好中，少数民族城镇网民浏览新闻资讯的比例比农村高 7.7 个百分点，而"经常"浏览新闻资讯的城镇网民比农村高出 16.8 个百分点；有 16.8% 的城镇少数民族利用互联网炒股/投资，而在农村，这一比例仅为 1.8%，相差 15 个百分点；利用互联网进行学习/工作（含网上开店）的城镇上网群体比农村高出 22.6 个百分点。而在"娱乐型"互联网使用行为偏好中，在"发表言论"和"购物"上城乡差异不明显，但"娱乐"和"交友聊天"则是农村网民更偏好的行为类型。如 86% 的汉族农村网民上网娱乐，高出城镇网民 6.4 个百分点，"经常"上网娱乐的农村网民高出城镇 10.9 个百分点；78.7% 的农村少数民族上网群体通过网络"交友聊天"，高出城镇网民 13 个百分点，在"经常"上网聊天的人群中，农村也高出城镇 11.8 个百分点（见图 3）。

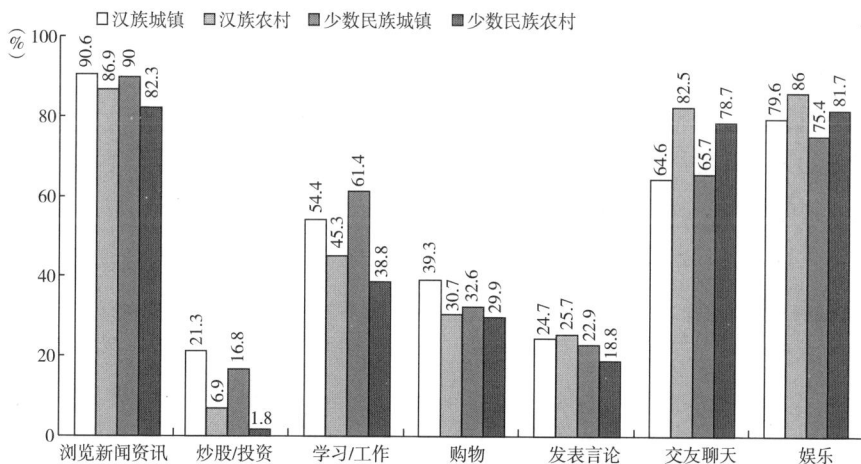

图 3　城乡汉族与城乡少数民族网络使用行为偏好对比

---

① 所谓互联网对工资的"溢价效应"，指的是通过快速适应新技术而给人们带来的额外收入，见庄家炽、刘爱玉《网络空间性别不平等的再生产：互联网工资溢价效应的性别差异——以第三期妇女地位调查为例》，《社会》2016 年第 5 期，第 88~106 页。

此外，年龄、受教育程度以及职业类型都会不同程度对网络使用偏好产生影响。通过数据分析，我们发现 18~49 岁少数民族中青年更频繁地运用网络进行学习/工作，30~49 岁"经常"利用网络学习/工作的比例高于 20 岁年龄段。50~69 岁的老年人除了在"浏览新闻资讯"的占比略高以外，在"购物"、"交友聊天"、"娱乐"和"发表言论"上都普遍低于年轻人，且差异显著。尤其是曾在网络上发言的比例仅有 5.4%，表明少数民族老年群体在网络上处于普遍"失语"的状态（见图 4）。

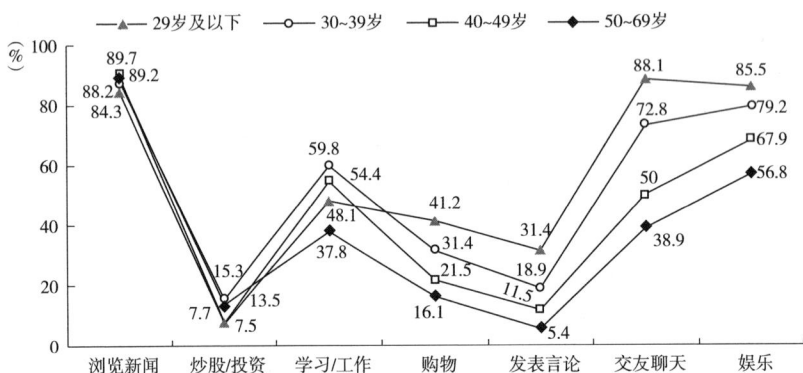

图 4　不同年龄段少数民族网络使用行为偏好对比

受教育程度越高的人越倾向于"发展型"的网络使用偏好，无论是"浏览新闻资讯""炒股/投资"还是"学习/工作"的参与度都显著高于受教育程度低的人，但在"购物"、"交友聊天"和"娱乐"上则没有显著差异。受教育程度越高的少数民族，越偏好通过网络"发表言论"，大学专科以上者曾在网络发言的比例是 32.6%，比初中及以下文化程度者高出 22.2 个百分点。

除了"炒股/投资"和"娱乐"之外，不同职业类型对互联网使用的行为偏好也有显著影响，尤其是在"学习/工作（含网上开店）"一项中。各类负责人、专业技术人员和办事人员的参与度远高于商业服务人员、农业劳动者和生产、运输设备操作人员。专业技术人员和办事人员对网上购物的参与度最高，同时他们也最偏好在网络上发表言论。而商业服务人员通过网络"交友聊天"的比例最高，为 80.9%，其他职业类型的少数民族在网上交友聊天也占到六至七成，这表明网络社交已成为各阶层少数民族共通的行为偏好。

三 结论与对策建议

本文基于第 3 期中国妇女社会地位调查的全国数据，对我国少数民族互联网接入及使用差异进行了统计分析。研究发现，由于我国少数民族主要聚居在社会经济发展相对滞后的中西部及边疆地区，受教育程度相对较低（七成受访者为初中及以下文化程度），在互联网的使用率上低于全国平均水平；在每天上网时长的对比上，少数民族总体上网络使用时长较汉族更少；在网络使用的行为偏好上，由于民族聚居区受经济发展水平的限制，少数民族在利用网络炒股/投资和网络购物等经济行为的参与率比汉族低，但在其他行为偏好上与汉族没有显著差异。

通过对少数民族上网群体内部基于城乡、区域、性别、年龄、受教育程度以及职业类型等差异的交互分析，我们发现，城乡和区域差异依然是造成少数民族中"数字鸿沟"的首要因素，不论是互联网使用率还是使用时长，城镇户口的少数民族显著高于农村户口的少数民族，京津沪和东部地区显著高于中西部地区；在行为偏好上，城镇户口的少数民族使用互联网更倾向于"发展型"，而农村户口的少数民族更倾向于"娱乐型"。此外，性别、年龄、受教育程度和职业类型都对少数民族的互联网接入和使用差异带来一定的影响。

基于以上发现，本文提出如下对策建议。

第一，经济基础决定上层建筑，加快中西部民族地区经济发展的步伐、大力推进城镇化进程才是弥合"数字鸿沟"的根本之道。但在信息、计算机技术与经济增长存在"正相关关系"的今天，要发展民族地区经济，事实上也离不开互联网的接入和有效使用。因此，政府和互联网运营商应加大对中西部民族地区尤其是农村的信息技术基础设施建设的投入，首先从硬件层面打通通信服务提供商到用户接收终端设备连接的"最后一公里"，并降低互联网使用的经济成本，让少数民族不但"有网可上"，还能在相对有限的收入水平中"上得起网"。

第二，受教育程度相对较低影响了少数民族接入和有效地使用互联网，因此要大力开展互联网的普及工作，加大对受众认知和使用互联网的教育力度。在具体举措上，调查发现少数民族上网群体以年轻人居多，可以通过九年义务教育体系加大对少数民族青少年信息技术的培训力度，推行系统化的网络媒介素养教育，教会中小学生偏向于"发展型"地使用互联网，并引导他们通过代际"文化反哺"的方式帮助家族和社区中的长辈接入和使用互联网。此外，还可通过街道、社区、村社等政府基层组织，妇联等基层社会团体以及民间公益组织开展一些提高网络媒介素养的培训项目，帮助老人、妇女、儿童、外出务工者通过互联网认知世界、学习新知、提升自我发展效能感，让更多的少数民族群众不但"能够上网"，而且从互联网中汲取发展的力量，更加"乐于上网"。

（冯剑侠为西南民族大学文学与新闻传播学院讲师、博士；

李兴睿为四川省妇联妇女研究所助理研究员、硕士）

注释

[1] 金兼斌：《数字鸿沟的概念辨析》，《新闻与传播研究》2003 年第 1 期，第 75~79 页。

[2] 胡鞍钢、周绍杰：《中国如何应对日益扩大的"数字鸿沟"》，《中国工业经济》2002 年第 3 期，第 5~12 页。

[3] 中国互联网络信息中心（CNNIC）：第 38 次《中国互联网络发展状况统计报告》，http：//www.cnnic.cn/hlwfzyj/hlwxzbg.2016/08/03。

[4] 信息化研究部：《中国信息社会发展报告 2016》，http：//www.sic.gov.cn/News/250/6362.htm.2016/11/27。

[5] 李苓：《中国西部城乡网络与手机等新媒体使用研究》，《中国出版》2013 年第 19 期，第 64~68 页。

[6] 陈峻俊：《发展传播学视角下鄂西民族地区互联网策略研究——基于鄂西巴东县、鄂中沙洋县比较调查》，《西南民族大学学报》（人文社会科学版）2012 年第 11 期，第 147~150 页。

[7] 高卫华、杨兰、陈晨：《新媒介背景下民族地区手机传播功能研究——以湖北恩施市与鹤峰县实地调研为个案》，《当代传播》2013 年第 4 期，第 67~71 页。

[8] 庄晓东、高云：《少数民族青少年互联网使用情况研究——以云南省为例》，《云南师范大学学报》（哲学社会科学版）2008 年第 9 期，第 134~140 页。

［9］ 金玉萍、王婧：《维吾尔族大学生新媒体使用与身份认同》，《新疆大学学报》（哲学·人文社会科学版）2014 年第 9 期，第 67~71 页。

［10］《中华民族概况》，国家民族事务委员会，http：//www. seac. gov. cn/col/col110/index. html2016/11/27

［11］ 李亚妮、谭琳：《网络资源的利用——信息时代妇女社会地位的重要表征》，《第三期中国妇女社会地位调查论文集》，中国妇女出版社，2014，第 246~260 页。

媒介舆论研究

对人民日报微信公众号新闻内容的分析研究

郝越敏

摘 要 微信作为智能终端提供及时通信服务的免费应用平台，自2011年上线以来，已有6亿多注册用户，基于强大的用户群和新型的传播模式，众多传统媒体纷纷开通微信公众号。本文以人民日报官方微信公众号为例，运用内容分析的研究方法，对该公众号的原创新闻进行了细致的分析。研究发现，人民日报微信公众号在保持稳定的推送量、迎合现代受众阅读习惯的同时，坚持内容为王、舆论引导。推送内容依托《人民日报》强大的媒体优势，同时综合运用多种新闻呈现形式，给受众更加多元化的新闻感受。

关键词 微信公众号 阅读习惯 媒体优势

Analysis of the WeChat News Content: Take the WeChat Official Account of the People's Daily as an Example

Hao Yuemin

Abstract WeChat as intelligent terminal to provide timely communication services free applications, online since 2011, more than 600 million registered users, based on the powerful user base and the spread of the new model, many traditional media are opened WeChat official accounts. Based on the "People's

Daily" WeChat public official account, for example, using the research method of content analysis to the public issue of original news are detailed analyzed. The study found that "People's Daily" WeChat public, stable amount of push, to cater to the modern audience's reading habits at the same time, insisted that content is king, public opinion guidance. Push content rely on the People's Daily powerful media advantages, at the same time, the integrated use of a variety of news presentation styles, give more diverse audience of news.

Keywords　WeChat Public Official Account; News; Content; *People's Daily*

一　传统媒体微信公众号发展状况研究

（一）传统媒体微信公众号的发展背景

随着移动互联网的发展，人们接受信息的方式越来越多样，传统媒体互动性、时效性弱的特点使得它的发展"先天不足"。然而在当下信息海量的时代，"你说什么我就听什么"的灌输式传播显然已让人们失去了兴趣，为此，传统媒体不得不寻找新的发展出路。同时，融媒体的发展理念被普及，多种媒介联合传播随着技术的发展成为可能。

据中国互联网络信息中心（CNNIC）2017 年 1 月 22 日在北京发布的第 39 次《中国互联网络发展状况统计报告》显示，[1]截至 2016 年 12 月，中国网民规模达 7.31 亿，其中手机网民占比达 95.1%，79.6%的网民都在使用微信，每天使用 10 次以上的用户占到 87%，微信已经成为人们生活当中不可缺少的一部分，也成为最重要的移动端信息接口之一，微信公众号也因此如雨后春笋般走进人们的视野。

（二）传统媒体公众号的发展现状

微信公众号于 2012 年 8 月正式上线，目前已有 1500 多万个，在所有传统媒体微信公众号中，报纸类微信公众号占 43%。根据数太奇微信公众号[2]影响力指数调查结果来看，2016 年前 2 万名活跃账号中，传统媒体建立的微信公众号占比达 14.3%，传统媒体微信公众号发展至今已经逐渐趋于成熟，具体体现在以下几个方面。

1. 微信公众号成为传统媒体的发展标配

根据企鹅智酷发布的《微信数据化报告》[3]结果显示，用户通过微信获取咨讯是第一目的，微信也成为用户获取新闻来源的第二大渠道。高黏性的用户群体、快捷方便的传播手段、海量内容呈现的技术平台让微信平台倍受传统媒体的青睐，以《央视新闻》《人民日报》、新华社为首的主流媒体纷纷进驻微信平台拓宽传播渠道。

2. 传统媒体微信公众号结构呈现出矩阵式发展

一般而言，一个传统媒体集团旗下的微信公众号分为多个层级，其中主流媒体以四个层级居多——媒体官方微信公众号、媒体各部门微信公众号、针对不同群体设置的专门性微信公众号、媒体人以个人名义运营的微信公众号。这样的划分不仅有着科学的依据，同时也更加重视用户的主动性和用户对于内容的不同需求。以人民日报集团为例，人民日报官方微信平台成为整个矩阵中的龙头公众号；"人民日报体育部""人民日报评论"成为第二个层级的传播平台，推送专业性更强的内容；三级微信公众号包括"侠客岛""学习小组"等；第四级微信公众号则多为《人民日报》编辑或记者等个人申请、运营的微信平台。

3. 充分发挥自身优势，深度报道成为亮点

网络媒体不具有采访权，从而多以新闻资讯的发布为主，无法进行新闻背后的深入调查，这恰好成为传统媒体施展身手之处。采编权的天生优势加之融媒体的传播手段使深度新闻调查成为传统媒体微信公众号的招牌栏目，例如《人民日报》、"央视新闻"两大主流媒体，深度的新闻报道成为其自身的亮点。同时传统媒体的优势还体现在人员、机构的科学配置和良好运作上，使内容生产更加系统、优质。

（三）传统媒体微信公众号新闻内容的变化

由于微信的传播特性，新闻不仅仅局限于声画集合的播报、文字的传达，同时由于信息海量传播和受众的碎片化阅读习惯等多方面原因，不仅影响了新闻的生产方式，同时也使新闻内容本身发生了一些变化。

1. 表现形式多样化

目前，微信公众号的新闻内容多以"文字+图片"的形式进行传播，但随着微信技术的发展，音频、视频、动图、H5 也逐渐成为公众号传播新闻内容的常用手段。同时受众对于新闻的需求也更加多样，与单纯的文字内容相比，63.2%的微信用户表示在时间允许的情况下更愿意通过图片、视频等方式接受内容。

2. 文本样态和语言风格多元化

在微信公众号中，新闻内容的文体不再墨守成规，而是以更加多样、更加吸引人的方式进行表达，例如人民日报官方微信公众号中常会以散文诗的形式传播新闻内容，在同样具有"5W"要素的条件下，这种新式的文体以短句加居中排版的形式吸引了更多的用户阅读；标题当中，直接引语做标题、呼吁式的标题已经屡见不鲜；在语言风格上，网络热词的使用不仅更加贴近生活，也更容易引起用户的共鸣，幽默、通俗的网络热词解构了传统媒体高高在上的形象。

3. 选题和策划角度丰富化

传统媒体的微信公众号推送的内容通常与其"母体"有着密不可分的关系，常见的有同样的内容再次加工后通过微信推送、同样的选题不同角度不同层次的报道分发到不同平台上进行传播。但同时由于微信传播的特性，内容的篇幅所受的限制较小，在选题的选择上也更加宽泛。对于专题报道的策划，微信公众号也更加多样，例如，原创微视频、原创手绘等多种手段相结合的方式也成为单一的传统媒体难以实现的一大亮点。

二　人民日报官方微信公众号的现状分析

根据人民网研究院于 2016 年年底发布的当年中国媒体融合传播指数报告[4]，《人民日报》以 95.79 的总分位列第一。数太奇微信公众号影响力指数显示，2016 年人民日报官方微信平台以 28.004 的评分居报纸类微信公众号排名榜首。

（一）人民日报官方微信公众号运营基本情况概述

2013 年 4 月，人民日报完成了其微信公众号的官方认证，同年 6 月正式上线，以"参与、沟通、记录时代"为口号，坚持在宣传中央重要决定部署、报道国内外新闻、贴近人民生活等各个方面不断创新。

人民日报公众号坚持每日更新，根据已有的数据可知，2013 年正式上线后到 2015 年初，该公众号一直保持每天 3~5 次的推送频率，每次推送 1~5 条图文。2015 年初至今，增设两个固定版块，一个是每天早晨 6:00 左右推送的"来了！新闻早班车"，回顾前夜新闻和发布当天的早间新闻；另一个是 20:00 左右推送的"夜读"，多为心灵鸡汤或美文阅读。除了两个固定的版块，每天推送 3~5 次，每次 1~4 条图文，常设"提醒""健康""关注""荐读""实用"5 个板块，头条内容不设版块名称，多为新闻报道。在所有的推送内容中，新闻内容占到 70% 以上，并且多为长篇报道。

（二）人民日报微信公众号的内容定位、传播特点分析

1. 内容定位

人民日报微信公众号以《人民日报》为依托，充分利用其作为传统党媒新闻生产的优势和发展的平台技术保证，在国家政策的解读上独树一帜，例如《一图带你了解习大大 2·19 讲话精髓》等文章，将国家领导人的讲话或国家出台的最新政策，通过图解的方式在微信平台进行传播。同时，人民日报微信公众号关注社会民生，例如《重磅利好！人社部发花了，明年医保将有大动作！有社保卡的必看》《冬吃萝卜赛人参，这个冬天中医教你吃萝卜》等。

2. 传播特点

（1）传播媒介组织的专业性

《人民日报》微信公众号是人民日报社通过官方经过认证的公众号，具有权威性和专业性。在移动互联网技术快速发展的时代，专业、权威的传播媒介不仅有利于社会舆论的引导，还有利于及时澄清谬误，做好人民和政府的耳目喉舌。同时，《人民日报》专业的新闻采编团队夜视公众号呈现的内容更加专业、深入。

（2）传播内容的新闻性

传统媒体的采编权成为人民日报公众号的制胜法宝，新闻素材的来源更加广泛，从而更能体现新闻的时新性、重要性、显著性、接近性、趣味性，使新闻生产更加规范，订阅用户能及时接收到质量更高的新闻内容。

（3）传播媒介的接近性

微信公众号的订阅方便快捷，微信用户可以通过公众号搜索、扫一扫、朋友推荐名片等多种方式免费关注人民日报公众号，其下方常设菜

单会根据近期的新闻热点进行调整，方便用户自助查阅信息。例如，2017 年 3 月两会结束后，人民日报微信公众号的三个下设菜单分别为"两会""夜读""直播"，用户可以随时随地点击查看，增强用户参与感。

三 人民日报微信公众号新闻内容的分析

人民日报微信公众号作为网络时代的产物，其新闻生产和编辑过程与传统媒体有所不同，其推送的新闻属于网络新闻的范畴，所以笔者将按照网络新闻内涵的界定对人民日报微信公众号推送的新闻内容的类型做出区分，从而有针对性地进行分析。

（一）网络新闻概述

1. 网络新闻的定义

网络新闻，[5]是指综合运用文字、图片、图像、音响、动画等手段，借助网络平台和网络技术对新近发生的事实所进行的报道。对于网络新闻的理解在目前来看都还没有超出传统新闻的定义，两者主要的不同在于传输手段。但这都不影响网络新闻在基本的新闻观念上与传统新闻的一致性，即对新近发生的事实的报道。而网络新闻在报道面、侧重点、语言风格、报道形式、题材以及报道方法上的特点和要求，主要是随着互联网的特点而产生的。

2. 网络新闻的种类

目前网络媒体上的新闻，根据来源可以分为两种类型：复制新闻和原创新闻。

（1）复制新闻

复制新闻，或者称 copy 新闻。这里指从传统媒体上复制来的新闻。如人民网除了使用《人民日报》记者为母报采写的稿件以外，还与 117 家非北京地区上网的新闻媒体签约，由这些媒体提供新闻和信息，人民网再选择采用。

而没有采访权的商业网站更是充分利用网上的资源。例如新浪网与 300 多家上网媒体签约，便于充实新闻内容。

（2）原创新闻

原创新闻包含三个部分：一是指独家的，第一手的、网络记者自己采访写作的新闻报道；二是指通过重组新闻资源、重新编辑改写的新闻报道；三是指该新闻是利用网络传播的特殊优势，制作出的适合网络信息传播规律，与传统媒体的报道方式、方法在形式上有差别的新闻报道。对其描述中，实际上提到了内容和形式两个层面的意思。

①内容。在网络新闻的内容中，是否具有以及具有多少富有冲击力与渗透力的原创内容至关重要。原创新闻内容写作主要体现在多种方式的综合：同类事件的综合；对某一时段新闻的综合；同一事件的综合。

②形式。网络新闻写作与传统新闻写作在形式上有所不同，它更强调即时滚动性的写作，是一种超文本写作，又是一种互动写作。由于写作方式的变化，网络原创新闻应该在表现新闻的手段、方法与形式上与传统新闻有所区别，或是一种新的结构或新的文体，虽然到现在还没有权威的网络新闻的行文规范，但在多数官方权威传统媒体的新媒体传播领域，都能找到有借鉴意义的范例。

（二）对人民日报官方微信公众号原创新闻内容的分析

笔者集中搜集了人民日报官方微信公众号在 2016 年 10 月 1 日至 2017 年 3 月 31 日 6 个月（共计 182 天）的推送内容，其间共推送 1093 次，文章总数 2912 篇，其中推送新闻 1239 篇，占总推送文章的 43%（见图 1）。

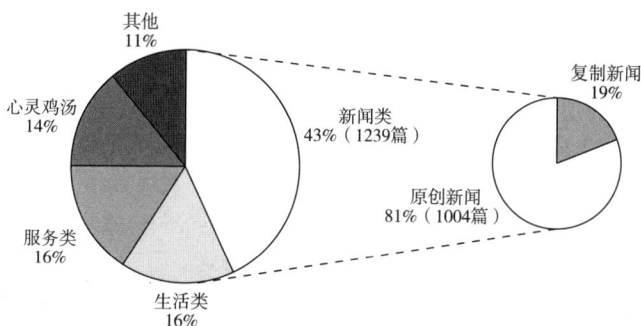

图1　人民日报微信平台 2016 年 10 月 1 日~2017 年 3 月 31 日推送内容统计

从推送文章结构上来看，每日 6:00 左右推送固定新闻快讯版块"来了！新闻早班车"，22:00~22:30 推送固定美文版块"夜读"，除两个固定板块之外多为单条图文和"1+3"模式（见图 2）为主。

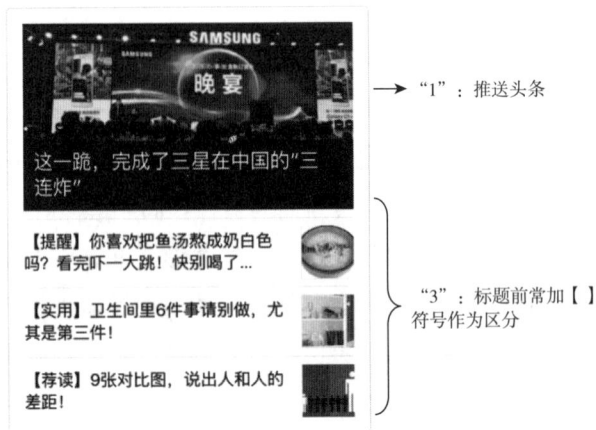

图 2 "1+3"推送模式

从推送时间上看，人民日报微信公众号已经实现了早、中、晚的全天候推送。

如前所述，2016 年 10 月 1 日至 2017 年 3 月 31 日，人民日报官方微信公众号共推送新闻 1239 篇。2015 年微信平台开发了原创保护的功能，对于申请了原创保护的推送文章予以保护，同时人民日报微信公众号作为权威性较高的新媒体平台，有很好的版权保护意识，如转载其他媒体的内容（即复制新闻）都会进行标注或添加原文出处，笔者以文章中是否添加原文出处为标准进行划分，其中文字部分由人民日报微信公号原创的新闻共1004 篇（见图 1），原创新闻的推送主要集中在以下三个部分。

第一部分："来了！新闻早班车"为每日早晨固定推送的新闻简讯集合。

第二部分：除"来了！新闻早班车"和"夜读"两个固定时间推送版块之外，每次推送的单条或多条图文的头条推送。

第三部分：固定名称不固定次数的推送版块——【提醒】、【关注】。

在这三个部分当中，后两个部分在体裁、形式、编辑方法等方面都极为相似，故将其二者合并为同一类型，以下笔者将着重从两大部分来对人民日报官方微信公众号的原创新闻内容进行分析。

1. "来了！新闻早班车"板块新闻内容分析

在人民日报官方公众号原创新闻中，每天早晨 6：00 推送的固定版块"来了！新闻早班车"，是若干条简讯的集合推送。该版块为单图文推送，标题固定不变，关键句固定为"昨夜，你错过了哪些大事？今天，有什么新闻将发生？"。该单图文消息包括语音、文字、图片三部分：语音时长 7 分钟左右，内容为下方文字的播报；文字部分一般而言分为"要闻""政策""社会""生活提示"四个部分；图片配合文字，与文字内容相关，多为静态图片和动图。以下笔者对这三部分一一进行分析。

（1）语音

该固定板块为每天早晨固定推送，设置语音内容是为了更加方便用户接收新闻信息，与广播有异曲同工之处，能够增强伴随性，提高新闻的传播效力；语音播报为女性播音员，声音清朗明快，语速适中，背景配乐多为欢快轻松的风格，开头固定播报"人民日报微信的读者朋友，早上好，今天是×年×月×日星期×，新闻早班车来了！"有利于用户形成良好的收听习惯。

（2）文字

文字部分分为"要闻""政策""社会""生活提示"四个部分。

①其中"要闻"部分内容主要为国内外最新时事的简短报道，笔者从半年内 182 篇"来了！新闻早班车"中抽样 10 篇进行统计，"要闻"部分平均每天推送 8 条新闻，每条新闻字数在 100～200 字之间，语言简洁精练，例如，2017 年 1 月 1 日"要闻"头条新闻为"国家主席习近平昨日发表了 2017 年新年贺词。他说，只要我们 13 亿多人民和衷共济，只要我们党永远同人民站在一起，大家撸起袖子加油干，我们就一定能够走好我们这一代人的长征路"。简洁的表述使用户能在短时间内了解新闻、获取资讯。

②"政策"部分的主要内容为最近政策的简短解读或最新下发文件的通告，平均每天推送 5 条，每条字数在 100 字左右，多为一个完整句，例如"北京近日发布《国有土地上房屋征收评估暂行办法》，被征收房屋价值补偿将不低于被征收房屋类似房地产的市场价格"。随着碎片化阅读方式的形成，这种简短的解读更加适合用户的阅读习惯。

③"社会"部分以社会民生新闻的报道为主，平均每天推送8条，平均配有4张新闻图片，每条字数在100字左右，简要说明新闻事件的来龙去脉，例如，"中国地质大学（武汉）地球科学学院近日发布通知，考研考试中《普通地质学》（自命题）用错试卷，将进行补考。学院正以短信和电话通知每一个考生"。

④"生活提示"则包括简要的天气预报以及能影响到人民衣食住行的最新规定。

（3）图片

在这一固定板块中，图片多适用于事件新闻的配图，目的是更好地展现新闻事件的现场感和触动感，例如，2017年3月16日"来了！新闻早班车"发布的一条社会新闻——"贵州铜仁一火锅店的液化气罐突然着火，消防官兵赶到时，液化气罐软管已经烧坏，情势危急，一名消防官兵迅速反应，将喷火的液化气罐拎到空旷地带"，配图为来自新华网的消防官兵灭火的现场记录新闻摄影。

2. 头条推送和固定版块的新闻内容分析

为了方便研究和数据的统计，在笔者选取的半年时间内1239篇推送的新闻中，除去每日固定的"来了！新闻早班车"182篇，其余的1057篇新闻中按照系统抽样的方法进行抽样，由于人民日报微信公众号保持每日推送，且推送频率较为稳定，故以周为单位进行抽样，抽取每周周四推送的新闻内容作为研究的主要对象。具体抽样如下。

表1　人民日报微信公众号抽样分布

序号	对应日期	当天推送新闻数量
1	2016/10/06/16	7
2	2016/10/13/16	7
3	2016/10/20/16	8
4	2016/10/27/16	6
5	2016/11/03/16	7
6	2016/11/10/16	6
7	2016/11/17/16	6
8	2016/11/24/16	5

序号	对应日期	当天推送新闻数量
9	2016/12/01/16	6
10	2016/12/08/16	7
11	2016/12/15/16	8
12	2016/12/22/16	6
13	2016/12/29/16	5
14	2017/01/05/17	6
15	2017/01/12/17	6
16	2017/01/19/17	7
17	2017/01/26/17	6
18	2017/02/02/17	8
19	2017/02/09/17	7
20	2017/02/16/27	7
21	2017/02/23/17	8
22	2017/03/02/17	6
23	2017/03/09/17	7
24	2017/03/16/17	9
25	2017/03/23/17	8
26	2017/03/30/17	8

按照以上抽样方法抽取26天共177篇推送的新闻，作为笔者以下分析的主要对象。

针对头条新闻和规定版块新闻内容的分析，笔者从标题、体裁和题材、编辑形式三个方面进行分析。

（1）标题

①标题的类型——单式标题为主，实题比例较高。

关于标题，按照形式可以分为单式题和多式题，按照内容可以分为实题和虚题，笔者将研究的新闻标题系统划分整理，更有利于突出人民日报官方微信公众号新闻标题的特点。

单式题一般由一行式主题构成，也可以由双行式主题构成，其优点集中表现在表意明确、言简意赅。在新媒体环境下，受众的阅读偏向碎片化，简短的文字能够更快地吸引受众的眼球，更加方便受众的理解。从标题的内容上看，人民日报官方微信公众号的新闻标题的实题比重相对较高，实题注重叙事，着重具体表现新闻事实中的人物、事件、地点等要素，让受众一看就能明白基本的主要事实。当然为了吸引受众、设置悬念等，该公众号的标题也常使用虚实结合的方式，使得标题的设计更加丰富多样。

图3　2016年12月17日推送截图

在主要研究的177篇新闻推送中，采用实题的新闻推送有144篇，占比为81.4%。由此可见，人民日报官方微信公众号推送的新闻多以单式实题为主，从而能够更方便受众接收新闻的主要信息，在网络海量信息中，短小精悍的标题更能引起人们的注意，例如，2016年12月17日13：07推送的多图文消息中（见图3），四条图文的标题均为简单明了的实题，受众可通过快速浏览标题确定自己想要了解的新闻。

②标题的感情色彩突出。

标题与新闻都是文字的集合体。这种集合体只有建立在适应受众的需要、给受众以良好的审美感受的基础上，才会吸引受众进行阅读。新闻的标题应当饱含感情引人爱读，但同时要注意基于新闻事实，该喜则喜，该忧则忧。例如，《青年，我们一起远离为虎作伥的乐天！》表达了我国政府对于韩国乐天支持萨德部署行为的愤怒和指责。在新闻标题中表现情感，不仅仅可以通过语句、词汇的方式表达，标点符号的使用也可以起到增强感情的作用。纵观人民日报官方微信公众号推送的新闻标题，大量使用了感叹号、问号等能够增强感情的标点符号，配合字句的褒贬表现其自身的立场，同时也极大地寻求与受众的情感共鸣。

据统计，在主要研究的177篇新闻推送中，标题中使用感叹号的有

108篇，占比61%，例如，《重磅！十一过后，中国这三件大事值得关注》；使用问号的有32篇，占比18%，例如，《美国总统候选人除了攻击中国，还会干啥？》；感叹号和问号都有使用的有16篇，占比9%，例如，《【热点】星巴克的"中杯"凭什么叫"大杯"？终于有人忍不了了！》；没有使用感叹号和问号的有21篇，占比12%，如，《习近平在利马说的这些话，回答了当今全球关注的九大问题》（见图4）。

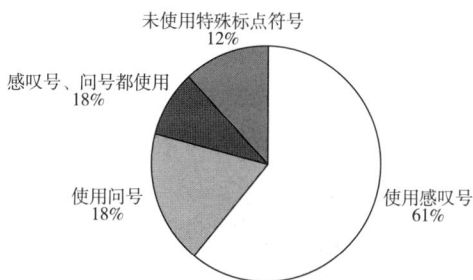

图4　人民日报微信公众号推送新闻标题中特殊符号使用情况

③恰当使用网络语言

微信作为基于朋友圈传播为主的社交媒体，人民日报微信公众号恰好关注到这一点，所以在标题的设置上形成了活泼简练的语言风格，同时适当地运用网络语言，增强贴近性、通俗性，吸引受众观看、转发、点赞、评论，"接地气"的语言风格缩短了与受众心理之间的距离。例如，《颤抖吧高房价！昨夜，北京天津同时祭出杀招，苏州还补上一刀……》中使用"颤抖吧……"的语句，既有呼吁号召的作用，又能增强情感和语气；《厉害了，我的中国！》当中"厉害了，我的……"刚好是当时最火的网络用语，当天这篇文章以吸引人的标题和振奋人心的内容在短短几个小时内阅读量就达到了100000+；还有"小伙伴""萌萌哒""帝都"等词语，在其标题的编辑中也经常见到。

同时，人民日报微信公众号在网络语言的使用中很好地把握了"度"，其职能不仅仅是新闻信息的传递，还有舆论的引导、权威信息的及时发布、谬误的澄清等，如果在网络中语言的使用不适当，很容易引起受众和其他媒体的效仿，对于一些容易引起误解的词语或褒贬不清的词语，则通过加双引号等方式进行恰当的处理。

（2）体裁与题材

①新闻体裁多样化。

人民日报微信公众号借其优质新闻生产母体《人民日报》和其融媒体编辑平台的优势，在新闻体裁上创意层出。仍然以抽取的 177 篇新闻为样本，其中消息 28 篇，占 16%；通讯 43 篇，占 24%；评论 21 篇，占 12%；深度报道 23 篇，占 13%；图片新闻 20 篇，占 11%；专题报道 21 篇，占 12%；其他 21 篇，占 12%（见图 5）。

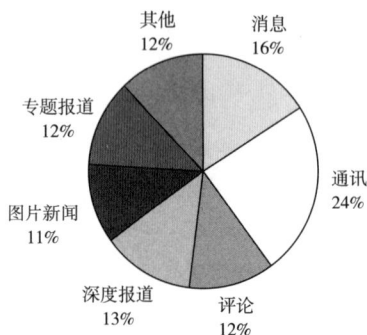

图 5　人民日报微信公众号新闻推送中各体裁所占比例

消息、通讯多以及时传递新闻事件和动态消息为主，例如：《【提醒】紧急通知：全国车主请注意，新骗局，专门针对司机!》针对当天最新出台的交通规则和可能会发生的不法分子行骗行为给司机朋友以警示。

图片新闻也是人民日报微信公众号的一大亮点。图片、数据等相对于文字而言也更有利于受众储存、理解和思考。《厉害了！中国"二十四节气"申遗成功！原来它如此诗意》这一推送当中，以"二十四节气"申遗成功为新闻由头介绍了二十四节气的来历和习俗，采用清新文艺的配图被各大媒体和微信用户转发；《2016，感动中国的 9 张医护照片》通过真实的记录图片汇总，展现了感动世人的医者仁心。

②内容题材多元化。

人民日报微信公众号以传统报纸《人民日报》为母体，在内容题材上传承了其母体的优势，关注时政民生和社会热点、积极引导社会舆论。在所述抽取的 177 篇样本中，时政类新闻 57 篇，占比 32%；社会民生类新闻有 65 篇，占比 37%；财经类 9 篇，占比 5%；科教文卫类 16 篇，占比 9%；国际类 14 篇，占比 8%；其他 16 篇，占比 9%（见图 6）。

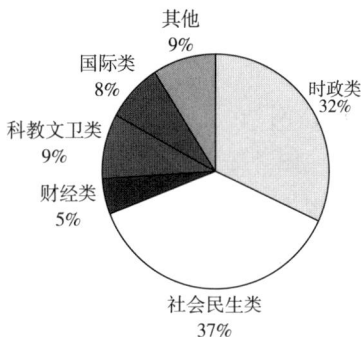

图 6　人民日报微信公众号推送新闻中各题材所占比例

由统计可知，人民日报微信公众号推送的新闻中时政信息和社会民生信息占到多半。关注时事政治表明该公众号能够坚持党报的风范，在信息娱乐化严重的今日仍然能够关注时事动向，向受众传达"应该知道"的新闻信息；关注社会民生，及时发现发生在老百姓身边的热点事件，为受众提供他们"想知道"的信息，显示其人文关怀。

2016 年"双 11"前夕推送的"注意，党员干部'双 11'不能任性买卖！"则是以近几年"双 11"购物狂欢节人们疯狂消费现象为由头，切合当前中央"从严治党""廉洁之风""党员干部清廉作风"等时政热点进行的推送。还有食品安全问题的，例如《【提醒】鸭肉变牛肉！这家知名烤肉店的员工自称"骗过全世界"》一文，记者暗访了某知名烤肉店的食材来源和成分，发现了其中存在的骗局。

总体来看，财经类、科教文卫、体育类等专业方面虽然占比不大，但仍然能看出人民日报微信公众号追求全面多元的内容题材，在多方面均有涉及，尽量满足不同受众的需求，同时优质的新闻内容也的确获得了受众的认可。

③编辑形式。

目前智能手机、平板电脑仍然是微信公众号最重要的硬件终端形式。从技术上来看，微信公众号支持文字、图片、语音、视频、超链接等多种信息呈现方式，这也为人民日报微信公众号新闻内容的呈现提供了更加多元的选择，同时给予受众多重的新闻感受。

人民日报微信公众号在新闻文字的编辑上严谨准确、表意直白、方便受众理解，同时由于其专业的采编团队，其新闻内容的文字编辑质量上乘，多被其他媒体转发借鉴；在图片的选择上，首先保证图片与内容的相互对应关系，每一张图片都"恰到好处"，有的是记者直接拍摄，也有一部分来源于网络或其他媒体网站，例如新华网、《新京报》、《南方周末》等，但在文章末尾都会标注图片来源，有很强的版权意识；其新闻推送中的语音多为事件主人公或现场的原声录音，其中最典型的例子是 2016 年 2 月 19 日习近平总书记到《人民日报》调研时通过语音和《人民日报》的受众对话，一分多钟的语音拉近了与受众的距离，同时通过声音展现国家领导人亲民的形象；随着剪辑技术和转码技术的成熟，人民日报微信公众号也经常使用视频来展现新闻内容，尤其常用在专题报道中介绍新闻背景时使用，微信公众号上使用的视频必须提前上传到腾讯视频才能添加链接，这虽然给微信中视频的使用造成一定的局限，但也对于侵权、恶性竞争、审核缺失等问题起到了很好的防范作用。

2017 年 1 月 5 日，针对冬季肆虐的雾霾，人民日报微信公众号推送单条图文《〈人民日报〉七问雾霾：什么时候才能呼吸到洁净空气？》。这篇文章中用到了文字、图片、视频三种新闻呈现方式，文字采用问答的形式，新颖且互动感强，图片来源于中新网，视频为人民日报客户端记者拍摄的延时摄影，记录了北京上一轮雾霾消散过程，通过不同的形式来呈现新闻内容，紧贴社会热点。点击文章最下方的"阅读原文"可以跳转到人民日报客户端的原文界面，形成了微信和客户端的良好关联。

四　人民日报微信公众号新闻内容的总体特征总结

人民日报官方微信公众号除了具有党报新媒体平台发布信息的权威性外，其影响力的不断提升与其坚持内容为王、精心经营密不可分。通过以上对其推送的新闻内容的分析，可以发现其在新闻内容上的突出特点。

首先，设置不同的新闻推送版块，有助于受众形成良好的接受习惯。"来了！新闻早班车"和推送头条的新闻就是很好的例证，同时将这些新闻版块做出特色做成品牌。这得益于该公众号的精心策划和对于受众习惯的精细度量。

其次，丰富的信息量可以满足不同受众对于新闻接收的需求。在所有关于人民日报微信公众号的内容研究中，整体呈现数量由少到多、质量持续进步的趋势。广泛的题材、多样的新闻体裁、优质的内容都成为其位居多种新媒体排行榜榜首的原因。关注热点事件、关注时政民生，从新闻事件的及时评论到社会热点的深度挖掘，人民日报微信公众号力求满足受众对于不同新闻的接收需求，图文结合、语音、视频等多种形式的联合使用更加丰富了新闻内容。

再次，恰当使用网络语言，吸引年轻受众的同时不忘正能量的传播。恰当使用网络语言，针对微信的传播特性力求内容传播达到最好的效果，改变了传统党报高高在上的刻板形象，重构了媒体和受众之间的话语体系，这不仅能够争取更多的受众关注，同时注重时政消息、正能量的传播，不仅能够给予年轻受众精神上的鼓舞，也更有利于国家政策的宣传、民生问题的解决、社会热点的舆论引导等。

最后，不断发展的新技术推动新闻内容更加多样化的呈现。在过去的两年时间，VR、AR、H5、直播等技术进入我们的生活，也被各大有强大技术优势的传统媒体进行尝试，《人民日报》、"央视新闻"等纷纷投入使用，以丰富新闻内容的呈现方式。在 2016 年、2017 年连续两年的两会报道中，人民日报微信公众号多次联合人民日报客户端、人民日报官方微博进行可视化、沉浸式的新闻报道，在"两会"现场进行现场直播，通过即时评论等方式实现了实时互动。其制作的 H5 新闻产品《我送部长开两会》《你有一份来自总理的神秘快递》等被受众转发至朋友圈，新颖的新闻报道方式增强了受众对于新闻事件的体验感和交流感。

2016 年 2 月 19 日，人民日报"中央厨房"正式上线（人民日报全媒体平台），并且形成了全新的内容生产、写作、分发业务模式，对微信公众号的新闻内容生产也产生了一定的影响。在坚持内容为王的同时，技术的不断发展和受众需求的不断变化促使人民日报微信公众号进行更多的尝试和探索，也将为其以后的发展助力。

（作者单位：成都体育学院）

注释

[1] 中国互联网络信息中心（CNNIC）：第 39 次《中国互联网络发展状况统计报告》，http：//www. cnnic. net. cn/gywm/xwzx/rdxw/_51631. htm。

[2] 数太奇微信公众号，http：//mp. weixin. qq. com/s/6cMDhdyO8dVRY EwBboakxA。

[3]《企鹅智酷发布最新版〈微信数据化报告〉用户中企业职员占比高达 40.4%》，http：//www. 9k9k. com/chanyesj/18069. html。

[4]《人民网研究院推出〈2016 年中国媒体融合传播指数报告〉》，http：//media. people. com. cn/n1/2016/1220/c192370-28964256. html。

[5] 刘明华等：《新闻写作教程》，中国人民大学出版社，2002。

"高知社群"的议题偏向

——以水木社区为例

原永涛

摘　要　"人以群分"是网络虚拟社区的核心特征之一，特定的社区论坛的用户通常具有一些共同的特征。源于清华大学的水木社区的用户群体，总体上具有较高的受教育程度，对这一群体所关注议题的研究能够折射出中国高知识群体的舆论取向。本研究以水木社区的每周热点话题与网易热门新闻为样本，采用对比分析方法，结果发现，"高知群体"对议题的关注表现出显著的内向性、自我中心性、功利性特征，并且对个人议题的兴趣远超社会公共议题。网络社区更多被视为休闲性质的散漫表达，"网络公共领域"的特征未能得到验证。

关键词　水木社区　议程设置　知识分子　网络公共领域

The Basis of Issues of "Senior Intellectual Community"

—Take the Shuimu Community As an Example

Yuan Yongtao

Abstract　"Group sharing" is one of the core characteristics of network virtual community. Users of BBS in specific communities usually have some common characteristics. User groups of shuimu community origined from tsinghua university, generally have higher level of education. It can reflect orientation of public opinion of the senior intellectual community by researching issues of the group concerned. This study takes hot weekly topics from shuimu community and hot news from netease as samples, using the method of comparative analysis, the results found that issue attention of the senior intellectual community showed characteristics of significant introversion, ego centricity and utilitarian, and are far more interested in personal issues than public issues. The online community is more regarded as a casual expression of leisure, and the characteristics of "network public domain" have not been verified.

Keywords Shuimu Community; Agenda Setting; Intellectual; Web Public Domain

一 水木社区及其用户特征

水木社区在中国互联网整体生态中，是一个独特的存在。

今天所说的水木社区，特指域名为 newsmth. net 的论坛类网站。其前身则是于 1995 年 8 月正式开通的水木清华 BBS 站。[1]2005 年初教育部颁布《关于进一步加强和改进大学生思想政治教育的意见》，明确提出要加强"教育网的管理"。在这样的背景下，水木清华 BBS 于 2005 年 3 月转型为校内 BBS，全面禁止校外用户访问。2005 年 4 月，原站务使用水木清华站的所有数据开设了"水木社区"站。

水木社区的独特性，首先体现在作为一个网站的组织与运行模式明显地继承了"高校 BBS"的基因。水木社区的站内事务由水木委员会管理，明睿博公司虽然持有部分所有权，但不能干涉委员会的工作；在管理模式和理念上继承原"水木清华 BBS"的特色，不以营利为目的；站务和版主坚持义务的工作方式，没有工资薪酬。[2]另一方面，由于历史的原因，水木社区的用户构成具备特殊的"精英"特征。2005 年之前的水木清华 BBS 虽然并没有限制登录 IP，但在当时的国内互联网发展环境下，其用户主要是来自国内高校，包括大学生和教职工。因此，虽然该站在访问量绝对值上远不如大型商业站点——如天涯社区同时在线人数约 100 万，水木社区约 5 万——但其用户群体的受教育程度明显偏高。由此，该站至今仍然使用"源于清华的高知社群"为自身定位，这在事实上构成了该网站区别于国内其他虚拟社区类网站的独特属性。

总的来看，作为一个典型的网络社区，水木社区站因其精英型用户结构而形成了一个独特的网络社群。这种受过更好教育的用户（特别是其中很多来自中国互联网发展的早期阶段）通常掌握了更多媒介使用技术，成为一种"技能型"受众，他们比普通社会公众更可能是"活跃受众"（activeaudience），[3]更能理解媒介的运作和效果机制。因此，水木社区的流行议题可以折射出中国高级知识分子群体在网络媒体中的议题偏向。那么，这一"高知社群"所反映出来的议题特征是否与全中国网民相一致？是否具有某些独特性？他们对公共事务的关注程度如何？概言之，在舆论取向方面，高知社群与普通网民有何不同的表现？这些是本研究试图回答的问题。

二　理论框架与研究假设

本研究所关注的问题，源于"不同群体的媒介议程存在差异性"的假设，而议题的管理又涉及网络公共空间的舆论监管，后者对于社会的稳定有着重要意义。再者，互联网近年来被认为是一种网络公共领域，[4]在公共参与和舆情管理领域有重要研究价值。以此为研究背景，本文采用的理论框架包括下述几个概念和理论模型。

（一）网络社区

网络社区即是一种基于互联网的虚拟社区。台湾学者孙秀蕙比较完整地阐释了"社区"概念。她认为，对社区的理解可以从地理与结构概念、心理与互动概念和社会与行动概念三方面来探讨：地理与结构概念的社区是地域（地理）的人口集合体；社区也可以是精神社区或利益社区的通称，意指共同利益、共同目标或共同背景，是一个心理与互动概念；社会与行动概念的社区则是指有社区组织与发展计划的社区，专指地方性社区。[5]这表明了两个基本判断：其一，现代社区概念并不仅仅局限于地理区域范畴，即身体在场的行动空间，其范畴已经涉及在线沟通的虚拟空间；其二，社区（包括网络社区）不只具有地理空间交往的功能，还具有精神互动的作用。

对于虚拟社区的性质及其对用户的意义，瑞格尔德（Haward Rheingold）在《虚拟社区：电子化的家园》一书中做了表述。[6]他将虚拟社区定义为"一种发生于互联网的社会聚合，大量人群在这里进行充分的公共讨论，投入足量的人类情感，以构建网络虚拟空间中的人际关系网络"。通过对虚拟社区生活的生动描述，他向人们展示了一个典型的网络社区对其"入住者"的重要意义：网络社区虽然在连接介质上是虚拟的，但它所产生的精神纽带却又是实实在在的。

从宏观的政治与社会结构层面，安德森将国家定义为"想象的政治社区"。[7]安德森所说的想象，是指虽然在最小的国家中，人们也不会认识、遇见大多数其他人民，哪怕只是听说也做不到；然而在每个人的脑海中却又存在一个他们的社区的图景，是想象的产物。从这个角度来看，互联网媒体所谓的"虚拟性"只是对传播介质的形而上的表述，相对于人们脑海中的想象来说，网络社区由于提供给参与者足够丰富的多媒体信息描绘，其实构成了一种足够"真实"的公共交往空间。

（二）社区与传播

传播活动离不开媒体，而媒体对于社区的"总体营造"，可分为三个功能。（1）传播理念，即媒体功能并非单纯的信息告知，而是有助于整体社区营造理念的培养；（2）扩大活动参与，媒体信息可刺激更多社区成员参与社区活动；（3）活化人际沟通，媒体可率先报道社区的公共议题，激发社区成员的讨论风气，促使成员经由讨论形成共识。[5]概而言之，社区与媒体、传播活动之间存在天然的勾连，离开了媒体和传播，所谓的社区也就失去了大部分功能。

谢静则将社区与传播之间的这种共生关系更推进一步，提出"传播的社区"概念。[8]谢静认为，社区既可以是特定地域空间中的社会构成形式，也可以是虚拟的、精神的联合。由于它是混合了组织、网络等现象的社会构成形式，一方面可借此强调它灵活多变的网络形态，另一方面则突出它的组织过程，即将其视为人们联合、协作的动态机制。更重要的是，这些过程是通过传播行为得以实现的，也就是说，传播构成社区。

如果说这些观点对于传统意义上基于地理纽带的社区来说还略显牵强的话，对于以互联网为平台的网络社区而言，则无疑是鞭辟入里、振聋发聩的。现实社会中的人际关系，是通过地缘、业缘、血缘等建立起来的；在 BBS 电子空间中，通过发布帖子和对帖子的回复，人们建立了一种新型"网缘性"人际关系，人与人之间通过网络互动产生和扩展出来了一种突破传统地域社区限制的网上人际关系。[9] 显然，离开了基于网络平台的互动，这种关系就不再维持；离开了传播，网络社区就不会存在。

（三）社区议程

自从 Chapel Hill 调查以来，在麦库姆斯等先驱者的推动下，议程设置理论不断被推进和完善，从最初的议题研究发展到属性研究（媒体议程不但告诉人们想什么，还告诉人们怎么想），当前更一步推进到第三层面的议程研究，即网格化议程设置研究（Network Agenda Setting Model）。[10] 但是该理论研究的推进并不是单调线性的，各个层面的议程研究始终并存。第一个层面的"媒体-公众"议题相关度研究依然有其现实意义。

国内相关研究中的一类工作是关注了议程设置的条件性。王晓华的研究表明，媒体对公众议程的影响不容忽视，但是这种影响是"有条件"的，受到议题特点、议题来源和公众自身状况的影响，不是所有媒体议题都会引起公众的关注；只有那些与公众个人生活息息相关的议题，才可能会引起公众的普遍关注。[11]

当焦点转向网络媒体时，现有研究也发现网络媒体对于网络受众具有议程设置的效果。而且，由于我国的传媒体制性原因，网络媒体具有与传统主流媒体相区别的结构地位，因而传统媒体与网络媒体以及各网络媒体相互之间的"媒介间议程设置"效果也成为一个重要的研究领域。有研究者认为，媒体间议程设置效果的存在，表明了网络环境下各信息源之间存在着议程高度雷同的现象。[12]

具体到网络社区 BBS 的传播情境中，首先，传统媒体的报道内容会影响 BBS 中的信息流和意见流，BBS 会转载报纸中的新闻和观点，激发网友的关注和讨论。另一方面，传统媒体并不是 BBS 议题形成的唯一动力机制，BBS 的议题处理仍然保持很高的自主性，在议题认知上更多地倾向于私人价值判断，表现出绝对的自主性。[13] 另外，BBS 上的发言者身份是隐匿的，所以更能反映一些传统媒体上难以表达的观点和情绪，从某种意义来说，这表明 BBS 有类似"社会安全阀"的意义。[14]

高级知识分子群体往往具有强大的个体信息感知能力，这种能力一方面使他们能更显著的发挥主观能动性，迅速绕过自己不需要的信息，将目光集中在感兴趣的问题上；[15]另一方面又使自身成为影响公众舆论的一种力量。高宪春和解葳使用了"沉默的双螺旋"模式来描述新媒体环境下的舆论形成过程特征，社会公众舆论的形成和个体感知是两条意见螺旋互动的过程，大众媒介通过新闻报道形成一条沉默的螺旋，特定个体社群通过新媒介技术及平台形成的另一条意见螺旋。[16]换言之，个体在社会舆论的形成过程中构成了第二种重要力量，而网络社区由于包含了大量的用户原创性内容而不仅仅是转载媒体信息，因而他们的观点中存在鲜明的个体认知要素。这一判断指出了网络社区议题特别是原创议题研究的价值。

（四）社区议题管理

议题管理（Issue Management）理论脱胎于危机管理，现在是企业公共关系管理中的概念。议题管理的目标在于帮助企业或组织引导公众、动员并协调组织资源，最终使议题朝有利于组织的方向发展。[17]

议题管理理论虽然属于企业和组织管理范畴，但其基本原则同样适用于国家的舆情监控和舆论引导。尤其是考虑到我国现有的传媒产业结构下，网络媒体还未被纳入规范化的新闻事业管理体制内，社会议题管理就更具有了现实意义。史安斌认为，与"兵来将挡，水来土掩"式的短期行为相比，"议题管理"是一个更具前瞻性、长效性和战略性的过程。[18]

议题管理论背后的逻辑，是公众议程与社会稳定之间的内在联系。议程设置理论创始人之一唐纳德·肖等认为，媒体和公众在社会议题上的一致程度反映了社会功能运行的水平，倘若政治精英、媒体和公众之间能达成一致，社会就有可能是相对稳定的，不然则可能产生动荡。[19]在社区传播的框架内，肖区分了"核心议程"与"替代性议程"，[19]分别指向社会公共议程和受众的社区议程，受众通常会在两者以及个人价值之间寻找平衡。网络社区作为一种区别于核心社区的"支持性社区"，其作用是为受众提供替代性议程；此类议程与社会公共议程的互动关系决定了社区的稳定性，进而影响到社会系统的稳定性。

总的来看，水木社区因聚集了高学历人群而具备高级知识分子阶层特征，对于研究中国这一阶层的话语与意识形态具有积极意义。另外，国内以网络社区为主题的议题管理研究尚未深入,互联网是否构成公共领域的研究虽然比较多见,但就哈贝马斯所说的对"有教养的中间阶层"[20]所展开的分析并不多,尤其是缺少个人价值观念角度的讨论。本研究以水木社区的日常议题为关注点,做出如下假设:

假设1:作为高级知识分子群体,水木社区用户具有更广阔的议题视野,关心社会事务多于私人生活;

假设2:他们能够积极利用新闻媒介作为环境监测的工具,更敏锐的感知社会公共议题;

假设3:他们主要将虚拟社区生活作为休闲、放松的一种方式,而不带有功利性目的;

假设4:由于受过更多的教育,他们具有更高的个人素养和文化品位。在以下的分析中,本文将对这些假设进行验证,并探讨其他可能由数据所呈现的问题。

三　分析方法和结果

本文采用对比分析法,以水木社区的每周热门话题和网易全站每周点击排行榜为抽样样本进行内容分析。为避免分析者的主观性影响,分析类目聚焦于帖子的主题类别。

(一)样本抽取

水木社区的样本取自每周Top20热门话题,这些话题由水木社区的后台系统在每周的最后一天(周日)自动生成。之所以不以"天"为单位进行抽样,是因为由于用户参与讨论的周期会超过一天,因而可能导致样本误差。

选择网易作为参照样本来源,是因为它是国内四大门户网站之一,访问量和受众构成能够较好地代表中国网民的整体情况。网易提供每周点击和跟帖排行榜,[21]每周六自动生成。本研究选取其中的全站(而不是新闻频道或其他任何一个频道)点击Top10和网民跟帖量Top10(即每周20个样本),以便获得最佳的代表性。

抽取样本的时间从2015年11月至2016年1月,共13周。但在统计过程中发现在 2016 年元旦这一周中，水木社区的样本出现明显了偏离（热门话题的跟帖量明显低于正常水平），故剔除该周的样本，最终样本量涵盖 12 周，共计 240 个话题样本。

（二）类目设计

为了测量水木社区对各种不同类型议题的关注情况，在类目设计过程中既遵循了一般性框架，也考虑了用户（而不是网站编辑）主导的 BBS 论坛特有的性质。最终按照话题内容分为 14 个类目：时政军事国际、商业与经济、婚姻情感家庭、健康、工作与就业、体育、个人展示、文化与教育、富豪明星娱乐、情色与性、奇闻与犯罪、生活消费、高校与学术、琐事与情绪。其中，由于水木社区的绝大部分帖子是由用户生产，因此"个人秀""生活抱怨"是这里独有的内容类别，在网易样本中没有这个类目。

在将样本进行归类的编码工作中，特别注意了各话题的"字面意义"与实际所讨论的内容之间的区别。例如，《有人不理解老炮很正常，因为他们被腐蚀了》的帖子，表面上是关于电影，但实际讨论的内容则是社会文化与价值观念，所以归在"文化"类目而不是"娱乐"类目中。

（三）数据结果

网易每周热门话题 Top10 的平均点击量为 812 万次，平均跟帖量为 1.05 万条。严格来说，这个跟帖量并不直接等同于跟帖人数，但是由于跟帖系统的设计并不鼓励用户互动，所以可以认为网民重复跟帖的概率不高，跟帖量可以近似的等于跟帖人数。这样，网易排行榜话题的参与度约为 1.05/812 = 0.13%。

水木社区每周热门话题的统计口径为参与该话题讨论的人数，数据显示，240 个样本的平均参与人数为 272。社区每天在线人数平均为 2 万（由于在线人数时刻在变动，这个数字为研究者通过观察获得的估计值），由此计算出参与度（跟帖率）为 272/20000 = 1%。虽然不可避免地存在误差，但与网易的全站参与度对比而言，仍然可以肯定，水木社区的用户参与度和活跃度远远高于网易。

将所有样本进行编码、归类后，得到的结果如表 1 所示。

表1 分析样本在不同类目主题中的分布

类目	网易样本		水木样本
	点击计数（人次）	跟帖计数（个）	跟帖计数（个）
时政军事国际	14	41	23
商业与经济	19	17	15
婚姻情感家庭	0	0	77
健康	0	0	11
工作与就业	0	3	20
体育	0	4	5
个人展示	0	0	14
文化与教育	7	27	28
富豪明星娱乐	66	18	5
情色与性	37	19	0
奇闻与犯罪	12	22	7
生活消费	0	0	51
高校与学术	0	0	0
琐事与情绪	0	0	20

四 讨论

从表1中可以看出，网易点击排行榜主要集中于"富豪明星娱乐""情色与性""商业与经济""时政军事国际""奇闻与犯罪""文化与教育"等6类内容，其中"富豪明星娱乐""情色与性"两类遥遥领先，而其他类目均无样本出现；网易跟帖排行榜的内容完全一致的集中在这6类内容，只不过比例分配出现了一定的变化，此外也增加了"体育"和"工作与就业"两类内容，但占据的比例非常微小。

以网易为例可以推断，中国网民的兴趣集中于上述6类信息，但点击榜与跟帖榜的对比又可以说明，"时政军事国际""文化与教育""奇闻与犯罪"三类信息能够激发网民思维的活跃，进而参与跟帖讨论；相对而言，对于"富豪明星娱乐""情色与性""商业与经济"类内容，网民们只是停留在"随意浏览"的程度上。其次，网易点击排行榜中，66 个"富豪明星娱乐"类话题中有 24 个（36.4%）同时包含了"情色与性"内容，占所有此类话题的 64.9%。也就是说，网民感兴趣的"情色与性"内容中，半数以上与富豪和明星有关。

水木社区的热门话题范围则比较多元化，除了"情色与性"和"高校与学术"话题外，其他全部有所涉及。根据统计数据，辅以本文研究者对跟帖内容的定性观察，该社区用户所关注的话题中有以下特点值得讨论。

首先，"婚姻情感家庭"类在所有话题类别中占据第一位，且大幅领先第二位以及其他类目。也就是说，水木社区用户群体中对这一类"家事"话题关注最多，其数量级大约为"天下事"（时政军事国际类）的 3 倍（32.1% vs. S9.6%）。在 77 个"婚姻情感家庭"类样本中，征婚、求偶类内容和夫妻感情有关的话题合计 37 个，占 48.1%，如《互联网-高个-在深圳-希望半年结婚少折腾》《决定离婚了，和最爱的人》。这可以表明，个人婚恋问题成为水木社区上最受关注、最能激发参与和讨论的话题。这一类目下的其他话题主要是家庭其他成员之间非婚恋问题的内容，如《和婆家彻底撕碎脸，觉得自己也比较 low》《清官难断家务事，一个买早点引发的战争~》。

在"婚姻情感家庭"话题之外，接下来的三类排序靠前的类目中，"文化与教育"和"时政军事国际"这两类与网易跟帖排行榜一致。也就是说，这两类内容在中国全体网民中得到同等程度的关注，属于大众喜闻乐见的"普适性"内容。但是，虽然被归于同一类目，但网易排行榜和水木热帖的具体内容指向是有差异的。网易排行榜中的此类话题主要集中于有争议性的文化观念、价值观念，比如《蔡康永再为同志群体发声：我们结婚关你什么事!》《女子结婚收完礼金后先退同学群再拉黑未婚好友》《打工小伙买不起房，返乡花 40 万自建两层豪宅》，分别涉及同性恋文化、中国传统礼尚往来文化、城乡二元价值观等问题。同时，网易的样本中涉及子女教育问题的相对较少，而水木社区中针对孩子（特别是学龄前儿童）的教育问题则明显更多，如《头疼，儿子 8 岁，学习困难》《废了，版上那套上海入学考试我儿子刚能巴边及格，真惨》《紧急求助，我儿子是 tf 粉，我该怎么办》，这些主题构成"文化与教育"类目中比较特殊的性质，也折射出水木社区用户对个人和家庭问题而不是社会普遍现象的关注。

与子女教育类话题相呼应，水木热帖中有关"健康"的 11 个话题中，有 10 个（91%）是关于子女问题的，如《求助：娃两岁三个多月，还不会说话，需要去哪个医院》《公公因为非要给孩子吃消炎药，我不同意就对我大打出手》，只有一个是讨论未成年人健康问题。

如果说婚恋问题、子女教育与健康问题具有一定公共性的话，那么"琐事与情绪"和"个人展示"类内容则完全是"内向型"内容，是完全的个人视角。前者如《求拍，过年 LG 说开车回家，1200km，靠谱吗？》，后者如各种自拍秀。这两类话题合计占 14.1%。而且，"工作与就业"和"生活消费"类话题中也有大量从自我出发的表述，前者如对领导的不满，后者如对物价过高的抱怨。这些内容表明，自我为中心的话语表达是水木社区各种话题中的较为普遍的特点。

排名第二位的"生活消费"类目共有 51 个样本，其中有 9 个是纯粹的团购广告，有 10 个与"羊毛""福利""促销"有关，例如《双 11 回帖领积分》《黑五历史最低价羊毛合集》《移动发送 my 至 10086 随机送话费或积分》等；另有 8 个是抱怨物价（特别是房价），例如《340w 预算买不到学区房，欲哭无泪》《幼儿园要上不起了，价格都逆天了》《工薪家庭你老婆非跟你要一克拉的订婚钻戒》等。这些话题总计占此类话题的 52.9%。其中《跟优酷公司合作，会员多到用不完了，来给大家送福利啦!》这一话题，跟帖量高达 4280 人，远远超过每周 top20 热门话题的平均跟帖量，典型地反映出经济价值取向。

"商业与经济"类目的具体内容也存在差异。网易排行榜中，汽车资讯类样本总计 17 个，占该类目总样本数的 47.2%。水木社区中此类话题的覆盖则比价均衡，包括互联网行业、智能设备、股市、经济动态的讨论，如《iPhone 除了逼格、流畅、稳定外还有啥？真难用啊》《我对滴滴最大不满是太贪，把司机压榨的太狠》《热烈庆祝 A 股在 20160107 开盘 15 分钟关市》《真不是黑南城，南城的配套太差了》等。

网易排行榜上大受欢迎的"富豪明星娱乐"和"奇闻与犯罪"类话题，在水木社区中明显被冷落，这两类话题样本在总体中合计只占 5.0%。原因可能是，首先水木社区用户对这类信息内容相对兴趣不高，其次是此类内容往往只提供信息而不具备较强的可讨论性，另外也与用户对自己的个人形象的维护有关。

一个颇为意外但又在情理之中的结果是，"高校与学术"类话题在水木社区所有的样本中出现的频次是零。这并不表示社区中没有人讨论此类话题（只是没有进入热门话题榜单），但至少说明这类话题是不流行的。之所以说这在情理之中，是因为这里本质上是一个休闲和兴趣论坛，并不是工作与学术空间，而且中国的知识分子似乎也没有在这种场景下讨论学术问题的习惯。

话题来源方面，水木社区热门话题的 240 个样本中，只有 20 个话题是来自媒体报道的内容，仅占 8.3%，其他均为网友原创话题。这固然符合网络论坛的基本性质，但也在一定程度上说明水木用户对社会公共事件并不怀有很大的热情。

话题的公共性方面，51.7% 的话题是指向公共问题、公共现象的，即帖子中讨论的内容是社会公众通常会关心的事务，例如《双十一京东完败》《真不是黑南城，南城的配套太差了》《不得不说，买房最难的莫过于借钱》等，分别反映了热点商业活动、城市建设、日常生活现象等。个人问题则不具有公共性，通常是私人事件或个人情绪的表达，包括发自拍照、讲述个人经历、求助个人难题等，如《娃刚一岁，老婆又怀上了，怎么办》《滴滴专车遇到的恶心事儿》《男友转去做证券 IT，跟他吵架》等。这部分样本量为 116，占水木社区样本总数的 48.3%。也就是说，半数的水木热门话题是发帖者以自我为中心的个人表达，跟帖者则进行"围观"和评论，这种讨论虽然也能引发某些一般性的观点，但总体上是基于孤立的、偶然的事件，跟帖者大多怀有"看热闹"的心理。只有一半的话题是有"公共性"的，讨论公众共同关心或共同面对的问题，其讨论的结果通常有一定思想性，有助于人们理解和处理实际问题。

五　结论

综合以上讨论，水木社区用户群体的总体特征可以描述为：平均收入水平较高、自我意识强烈、对与己无关的事物相对冷漠、不满于现状、功利性较强。从某种角度来说，这与"精致的利己主义者"概念非常接近。结合本研究所假设的问题，对该群体所关注的议题类型和价值取向总结如下。

第一，显著的内向性和自我中心化。对日常生活、家庭、个人等方面的话题关注较多，对社会外界的事物相对并不热衷。群体归属意识在这里发挥了重要的作用，水木社区用户更倾向于将自己视为该社区群体的一分子，而不是整个社会环境中的一员，因此，他们所关注的话题也主要局限于更小的群体范畴和社会范畴。研究假设 1 未能得到确证。

第二，对媒体议题的感知效果不明显。该群体常常在不经意间流露出一种自恋情结，希望在公众面前展示自己以获得围观、赞美甚至批评、辱骂。相比之下，全部热门话题中，来自媒体报道的公共事件尚不足 1/10，也就是说，高知社区群体并没有因其自身较高的受教育程度而对社会议题形成更敏锐的感知效果或者做出很积极的反应，相反，他们将更多的时间和注意力投入个人事务中去。研究假设 2 未能得到确证。

第三，功利性价值取向明显。对促销优惠的热衷、对婚恋和子女教育等现实问题的求解、个人情绪的宣泄等，共同构成了明显的功利性特征。娱乐性和时间消磨的功能并没有预期中那么明显，即使是"个人展示"类话题，也往往跟征婚、交友、寻求社会认同等功利性目标联系在一起。那些明显不具有功利性话题，如"富豪明星娱乐""奇闻与犯罪""体育""情色与性"，整齐划一的排列在所有类目排序的末端，所占比例非常微小甚至是零。研究假设 3 未能得到确证。

第四，文化格调相对较高。"富豪明星娱乐""奇闻与犯罪""情色与性"的话题在网易热门话题样本中非常醒目，但在水木社区样本中的比例却很低（其中"情色与性"类话题的样本数为零）。虽然水木社区中也存在此类主题的信息，但并没有成为用户普遍感兴趣的话题。相对而言，用户的文化品位比网易代表的网民群体更高。研究假设 4 得到确证。

此外，研究过程中还有一点发现值得进一步讨论。水木社区有着独特的高校背景，但实际上用户群体的议题并没有表现出这一属性，高校与学术类话题完全没有进入热门话题排行榜，对时事、政治、军事、国际关系类话题的关注也排在比较靠后的位置，反而是个人、家庭、日常消费类话题取得了压倒性的数量优势。这一结果说明，网络社区中存在大量原创议题，这些议题与大众媒体议程并不相关。这为进一步研究"议程设置理论"与"使用与满足理论"之间的关系提供了思路。

本研究存在几点不足。在分析样本获取方面，网易热门话题榜单可能会受到网站编辑的人为操作因素的影响，一定程度上会干扰样本的信度和效度。在讨论部分，由于本研究仅关注了议题内容，未对跟帖的观点和态度进行测量，所以对于因果关系、相关关系的分析具有一定的主观成分。还应指出的是，无论是以网易用户为代表的普通网民，还是以水木社区用户为代表的知识分子社群，他们在互联网上所展示出的群体议程并不一定与线下一致。这些因素的影响后来的研究者可继续讨论。

（作者单位：武汉大学新闻与传播学院）

注释

[1] Ace：《关于水木开站的准确时间》，http：//www. newsmth. net/nForum/#! artcle/sysop/65975？p = 1#a0.

[2] KCN：《关于本站定位的一些说明》，http：//m. newsmth. net/article/Advice/ 54？p = 1.

[3] Abercrombie, N., Longhurst, B. J.. *Audiences：A Sociological Theory of Performance and Imagination* Sage, 1998.

[4] 何显明：《中国网络公共领域的成长：功能与前景》，《江苏行政学院学报》2012 年第 1 期，第 98~104 页。

[5] 孙秀蕙：《大众传播与社区意识：社区公众特质初探》，中华传播学会 1997 年年会暨论文研讨会，1997。

[6] Rheingold, H.. *The Virtual Community：Homesteading on the Electronic Frontier*, MIT Press, 2000.

[7] Anderson, B.. *Imagined Communities：Reflections on the Origin and Spread of Nationa-lism*, Verso Books, 2006.

[8] 谢静：《传播的社区：社区构成与组织的传播研究》，复旦大学出版社，2013，第 3 页。

[9] 白淑英：《基于 BBS 的网络交往特征》，《哈尔滨工业大学学报》（社会科学版），2002 年第 4 卷第 3 期，第 89~96 页。

[10] Guo, L., Vu, H. T., Mccombs, M. An Expanded Perspective on Agenda-Setting Effects. Exploring the Third Level of Agenda Setting, *Revista de Comunicación*. 2012, p. 11.

[11] 王晓华：《媒体议题与公众议题：基于议程设置理论的实证研究》，《新闻与

传播研究》2008 年第 5 期，第 32~36 页。

[12] 蒋忠波、邓若伊：《国外新媒体环境下的议程设置研究》，《国际新闻界》2010 年第 6 期，第 39~45 页。

[13] 徐宁：《BBS 与报纸之间的议题互动探讨——以"芙蓉姐姐"为个案》，《新闻界》2005 年第 6 期，第 118~120 页。

[14] 陈彤旭、邓理峰：《BBS 议题的形成与衰变——对人民网强国论坛的个案研究》，《新闻与传播研究》2002 年第 1 期，第 13~25 页。

[15] 谢新洲：《"议程设置"在互联网环境下的实证研究》，《中国记者》2004 年第 2 期，第 76~77 页。

[16] 高宪春、解葳：《从"消极沉默"到"积极互动"：新媒介环境下"沉默的双螺旋"效应》，《新闻界》2014 年第 9 期，第 43~50 页

[17] 申琦：《论网络群体性事件中的公共议题管理》，《现代传播》2010 年第 10 期，第 52~56 页。

[18] 史安斌：《从富士康事件看"议题管理"》，《国际公关》2010 年第 4 期，第 10 页。

[19] 唐纳德·肖、K. 里斯·瓦高、张燕等：《媒体与社会稳定：受众如何创造可以挑战权威的个人化社区》，《新闻大学》2014 年第 6 期，第 16~23 页。

[20]〔德〕哈贝马斯：《公共领域的结构转型》，曹卫东等译，学林出版社，1999，第 37 页。

[21] http：//news. 163. com/rank/.

扩展的新闻领域

——中国记者的微博话语研究

涂万雯

摘　要　笔者通过分析2659条我国记者发布的微博，试图探讨我国新闻工作者的微博话语实践情况。本文的研究结果表明，我国新闻工作者的微博实践主要受四种离线新闻话语的影响：党政报刊、专业主义精神、市场经济和儒家思想，因此微博话语表现出政治警觉、专业偏差、营销承诺和儒家思想表达。笔者通过比较"政治记者"① 和"商业记者"② 的微博，发现政治上受限制少的商业记者反而有更高的政治参与度，更多的专业主义偏差和更强的社会意识。本研究将"记者微博"作为扩展的新闻领域，在微博这个平台上，记者能够享受相对多的新闻自主和自由，还为他们提供了偏离传统新闻规范的机会，但政治层面对话语的控制还是存在的。因此，技术创新和社会政治环境都对记者微博话语有着重要影响。

关键词　记者微博　新闻话语　规范化　偏离　专业主义

Expanded Journalism

—A Research on Chinese Journalists' Weibo Discourse System

Tu Wanwen

Abstract　The author attempts to explore the practice of Chinese journalists'

---

① 政治记者：在官方性质的新闻机构任职，重宣传。
② 商业记者：在商业性质的新闻机构任职，重利润。

Weibo discourse system by analyzing 2659 Weibo texts posted by Chinese journalists. In this paper, the research results show that China's journalistic Weibo practice is mainly influenced by four offline news discourses: The party newspaper, professional spirit, the market economy and Confucianism. Therefore, Weibo information shows the feature of political vigilance, professional deviation, marketing commitment and Confucianism expression. By comparing the Weibo information of "Political Reporters" and "Business Journalists", the author found that less political restricted business journalists have higher political participation, more professional deviation and stronger social consciousness. The study thinks of "Journalists' Weibo Discourse" as an extended field of news. In this platform, news reporters enjoy relatively more autonomy and freedom, and are offered a chance for deviating from the traditional news specifications, but there is still political control of the discourse. Therefore, technological innovation and social and political environment have important influence on journalists' Weibo discourse.

Keywords　Journalists' Weibo Discourse; News Discourse; Standardization; Deviation; Professionalism

一　引言

社交媒体的兴起显著地改变了人们获取新闻的方式，越来越多的新闻机构和记者在微博、微信等社交媒体上拥有自己的账号。在西方，记者们通常会为了适应他们的专业规范和惯例而"规范"他们在 Twitter 或是 Facebook 上的言语。[1]换句话说，西方记者在社交媒体上的话语是以他们的专业价值为指导的，包括一套通过专业精神的自愿式的自我调节。然而，至今尚未有专门的研究去系统地探究中国这种社会政治背景下新闻工作者的微博新闻话语，其与西方自由主义精神背景下的博客话语会有不同之处吗？新闻工作者在不同的情境因素下是如何规范他们在微博等社交媒体上的行为的？现有的对西方新闻工作者博客实践的理论研究可能并不适用于中国。我国的新闻传播活动都是在党的领导下进行的。这种独特的社会政治背景也为我们提供了了解我国的制度因素是如何影响新媒体及其对传统新闻影响的这样一个机会。

本文试图研究我国新闻工作者在微博上的话语实践及其对我国传统新闻业的影响。借鉴先前的研究成果，笔者将通过将现有的离线新闻话语归一化并构建分析框架，以此来研究我国记者的微博实践活动。本研究将丰富已有的关于线上线下交互的新闻实践的研究成果。基于线上线下新闻活动的界限并不清晰，我们定义"记者微博"为一种扩展的新闻领域。最后，我们也将讨论这种线上线下的"交融"是否改变了传统的线下新闻以及是否能增强 Web 2.0 环境下我国新闻工作者的自主性。

二 "规范化"文献综述

Web 2.0 时代，很多社交媒体和网站的内容是由公民记者提供的大量信息组成的，且关于专业新闻与博客之间的复杂关系的研究也层出不穷。例如，一项研究发现，发布时事新闻的博主通常认为他们的博客也是一种新闻，因为博文的内容是符合他们的新闻专业规范的，如对事实的验证和对新闻来源的交代。[2] 在研究以发布政治信息居多的博主时，Singer 也发现大多数记者把博客作为新闻活动的一个组成部分，在某些方面体现出传统新闻规范和实践的强化。[3] 她的研究结果显示，记者仍扮演着把关者的角色，他们普遍地使用链接去增加内容的客观性和透明度。因此，记者似乎是按照既定的标准和实践来规范新媒体的使用。

在 Singer（2005）研究的基础上，Lasorsa、Lewis 和 Holton 指出，Twitter 上也出现了对新媒体的规范化使用。[1] 国外的另一项研究，调查了弗拉芒记者是如何制定 Twitter 的使用指南的，也得出了类似的结论。[4] 但是，在很多"规范化"假说中学者们也发现新技术正改变着专业规范并让记者们习以为常。Singer 在后来的研究中指出，对真理的承诺和对公众的责任感受到了博主的极大挑战。[5] Lasorsa、Lewis 和 Holton（2012）也发现，与全国广播记者相比，地方广播记者更有可能在 Twitter 上对传统的新闻价值观做出挑战。Coddington 则认为，尽管记者使用超链接的做法是受他们专业的影响，但他们也改变了传统新闻的某些规范。[6]

然而，如此众多的新闻业规范化研究根植于西方的传媒土壤当中，一切新闻活动都在西方的专业精神指导之下。本研究试图探讨与西方截然不同的媒体系统中的新闻运作是否也会让记者用新闻专业价值来规范他们的微博实践，以及是否存在着其他来自社会和体制的力量塑造了其微博话语。在此，我们将专业精神定义为这样一种品质：对专业的做法和行为保持专业。强调专业精神的新闻工作者会在新闻实践中寻求"规范化"，[7]不同于市场驱动的新闻产品，把新闻故事看作商品；专业化的新闻重视真理、客观、公平、公正、问责制和透明度。

三 扩展的新闻领域——记者微博

传媒业第三次革命的特点是社交媒体的盛行，互联网的授权以及移动媒体设备的连接性，[8]这改变了媒介环境，并导致 Hermida 所谓的"环境新闻"。这种新的微博分析模型是一种永久在线的"意识系统"，使受众能够即时、简洁地接收来自多种渠道的分类信息。[9]

融入环境新闻中，我国网民也早已把微博作为重要的新闻来源。李蕾的研究指出，微博最突出的特点是其对时事的密切关注及引爆舆论的力量。[10]此外，移动设备已成为主要通信接收器，这也使得微博用户能够在任何时间、任何地点获取各种来源的新闻。

在环境新闻的浪潮中，新闻机构把微博作为推广工具、新闻收集和分发的平台以及征求反馈意见的渠道[11,12]。在中国，除了设立官方账号，新闻机构鼓励它们的记者注册微博的原因如下。首先，微博是一个便捷的可以执行与工作相关活动的工具。其次，微博可以帮助提高他们各自所在新闻机构的声誉和影响。记者也可以通过他们的微博提供新闻故事，发表对时事的个人评论等等。因此，"中国记者越出了原本看守的那扇门，步入了博客之门"。[13]

在本文的研究中，"记者微博"被概念化为一个扩展的新闻领域，在这个平台上，记者报道、分享、传播新闻和信息。博主从属于新闻机构，他们的微博与其专业身份紧密相连。因此，记者使用微博被认为是一种离线新闻媒体的延伸。[14]然而，这个扩展的新闻领域深刻地影响了传统新闻。例如，Tong 断言微博促使记者将他们的工作调整适应不断变化的媒体景观：把传统新闻用作防御，迫使它保护其微博的权威合法性。[15]周葆华认为，微博在中国推动着专业主义精神。微博的个性化特征和参与式媒体格局模糊了一些传统意义上界定明确的新闻边界。[12]

首先，记者使用微博模糊了私人空间和公共空间之间的界限。虽然记者的微博似乎是一个私人领域，但它实际上扮演着公共领域的角色，记者与受众进行对话，加入公众讨论，提供专业意见，并提供突发新闻。[16]对记者博客的一项研究发现，记者把博客作为半公开空间去理解他们的个人生活和专业的新闻意识形态。因此，记者用微博为公众提供了一个解释社会、接近内幕的公开通道。

其次，边界关系到记者作为公民和专业人士的身份。李蕾（2012）[10]认为，记者的微博账户在两个方面与普通公民的账户不同。首先，记者掌握更多的信息资源，对社会的潜在影响更大。其次，既然普通用户了解发布新闻记者的专业身份，他们会对记者的微博发布有更多的期待。虽然记者使用他们的个人身份与其他用户在微博上互动，他们也不可避免地会利用其所在新闻组织的社会资本。因此，记者的个人和专业身份是不可分割的，这点与大多数普通微博用户不同。

最后，边界产生于传统新闻制作的"后台"模式及微博新闻的"前台"发布。微博在一定程度上提升了传统新闻的知名度。以往，记者在后台制作新闻故事，并以固定形式将最终的新闻产品提供给受众，有了微博，记者们走到台前，与他们的受众互动，向受众传播用各种形式呈现的新闻。微博为记者表达自己的个性，提高知名度，增强自主权提供了一种新的途径。记者可以与他们的受众互动并告诉其幕后的私人或公开的故事，所以，这也可以被认为是一种"对话新闻"。[12]更重要的是，微博是一个新平台，受到政治等方面的限制相对传统媒体更少。接下来笔者便来详细探讨记者微博这种扩展的新闻领域，并试图了解其对我国传统新闻的影响。

四　记者微博与新闻话语

随着博客变得越来越有影响力，记者和新闻机构也逐渐将社交媒体纳入其日常新闻实践中。[1,3]许多新闻机构（如路透社、美联社和BBC）都已经为社交媒体制定了正式的使用指南。Twitter所规范的基本原则就是要遵从新闻专业价值。那么，记者对社交媒体的使用可被视为他们线下新闻专业性的延续和扩展。我国的政治因素在新闻活动中扮演着十分重要的角色，因此，我们必须结合 21 世纪中国新闻系统这个大背景来探讨我国的记者微博实践的影响因素。

由中国的社会技术发展引起的新闻范式的转变受到了重视，与市场驱动的新闻专业主义一起，成为政党新闻范式新兴的竞争者。一些研究人员对我国专业新闻的未来表示乐观。例如，张世新发现中国记者对他们专业角色和行业规范的看法类似于他们的西方同行。[21]虽然我国很多新闻机构的运营依靠国家补贴，但越来越多的媒体正在朝自给自足的方向转变。

我国的"韬奋新闻奖"和"范长江新闻奖"是新闻界两大极负盛名的奖项。邹韬奋和范长江一贯是中国记者的榜样。他们是杰出的知识分子，积极地通过出版和报道第二次世界大战之前的新闻事件为国家服务。他们认为新闻是影响和改善社会的一种手段。[18]因此，传统思想认为，记者作为儒家知识分子，官方和非官方的新闻话语都强调了其社会使用。[18]

我国媒体系统的复杂性反映在其线下的新闻实践。Pan 和 Lu 提出了用综合分析的观点来研究离线话语实践，并确定了其中四种类型是由中国记者贡献的，且每种类型都涉及报告和撰写新闻故事的特定方法。[18]基于中国的社会政治状况，这两位学者（2003）还分析了每个话语的关键组成部分。但中国记者的专业话语是基于与西方新闻相同的前提，如客观性和自主性。用市场经济的话语传达新闻故事的方式自然也迎合了市场。儒家话语旨在教导公众认识自己和国家的利益。这种话语模式是基于传统儒家思想和公共知识主义的价值观的，如良心的社会、说真话、做人民的喉舌、乐于接受新思想。[18]这些话语分析实际上与我国其他研究者的研究成果是一致的[20]。

正如前文所提到的，我国新闻工作者的专业背景不同于他们的西方同行，他们受到更多市场和规范的限制，话语需要符合政党和传统的儒家思想。因而，本文采用 Pan 和 Lu[18]关于离线新闻话语实践的概念，并建立一个框架来分析我国记者的微博话语实践（见图 1）。

虽然在我国特殊的政治背景下，记者微博话语的规范化过程仍然有很多不确定因素，笔者则认为，我们的当务之急，是确定情境因素如何塑造记者的微博实践。笔者拟议的框架将探讨离线新闻实践如何影响我国记者的微博行为。

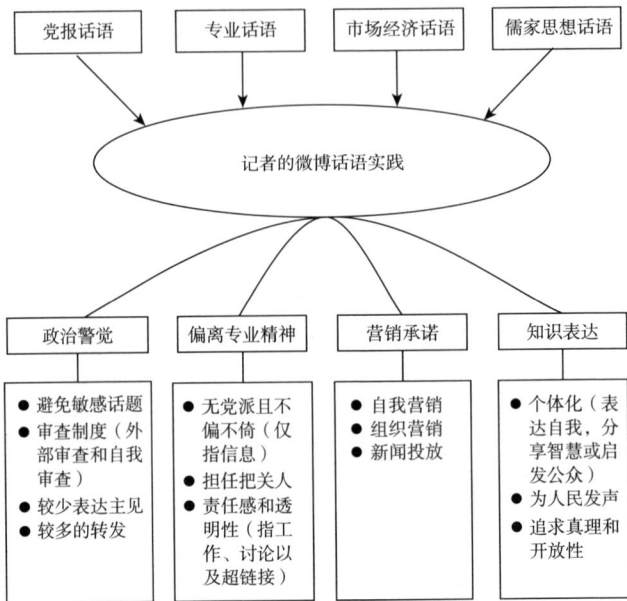

图 1　中国记者的微博话语实践框架

问题 1：当前的离线新闻话语范式如何影响新闻工作者的微博行为？

先前的研究表明，制度因素，如组织结构、社会政治背景会影响记者对微博的使用。[1,12] 虽然中国大多数媒体是国有的，中国的新闻机构应该被归类为官方性质的组织或更多的被归类为商业性的组织。[12] 两种类型的组织有着"结构性差异"，如自主性的不同。[19] 官方新闻机构遵循党的新闻模式和宣传模式，然而更多的商业新闻组织受到的这种控制相对较少。周葆华[12] 指出，商业记者通常在微博上表现得更开放，然而，他并没有提供经验数据支持这一论点。笔者的目标是填补这项研究空白。在此，我们提出第二个研究问题。

问题 2：我国官方媒体和商业媒体的记者（政治记者和商业记者）的微博话语实践是否不同？

五　研究方法：内容分析和文本分析

我们使用定量和定性相结合的研究方法。内容分析的单位是中国最大的微博门户网站新浪微博上记者的个人帖子。此外，我们进行定性的文本分析以获得补充性信息。

(一) 内容分析

笔者设计了一个内容分析工具,并把记者的微博帖子从 2016 年 1 月 1 日至 14 日进行编码。我们选择这个相对稳定的时期避免重大政治事件和时间等敏感因素的影响。此外,借鉴 Lasorsa、Lewis 和 Holton[1] 的研究,笔者使用了一个为期两周的时间框架来确保记者微博活动的多样性。抽样的框架是新浪微博的"名人堂"部分,这个数据库提供了有关所有官方验证的媒体专业人士的微博资料信息 (http://verified. weibo. com/fame/chuanmei)。数据库里列出了新闻工作者的姓名 (按字母顺序)、位置、隶属的新闻组织和专业情况。然而,数据库不包括那些注册时选择不公开专业身份的记者。而且,大多数报纸、杂志、广播和电视等部门官方账号都由其员工运行,笔者便使用系统抽样的方法在各部门中每间隔 10 抽取一名记者,这样做可以为研究节约不少时间。最终,得到了 176 个有效样本。

来自"名人堂"数据库的原始样本信息包括每位记者的性别,国家/地区,隶属组织联系和微博介绍。在 2016 年 1 月 1~14 日期间,鉴于有部分记者关闭或改变他们的微博账号,以及剔除在这个时间段内未发布微博的记者,实际我们研究的记者数为 113,共计微博 2659 条,但其中 15 条是微博自动发布的系统消息,所以最终 113 名记者的有效微博数为 2644。笔者选中的对象大约一半 (51.3%) 是男性记者,48.6% 在报社工作,29.7% 在电视台和自媒体平台工作,10.8% 服务于广播电台,6.3% 在杂志社。全国新闻机构的员工人数占了 38.5%,58.7% 是本地记者。大约 2/3 的记者所隶属的组织是官方性质的,32.1% 是商业性质的。表 1 中记者的微博实践在各方面都有很大差异。本研究样本的大小和多样性能确保其能够代表我国记者的微博实践。

表 1 微博上关于新闻记者简介的描述性数据

	N	极小值	极大值	均值	标准差
粉丝数	113	180	453654	15237.64	52552.61
关注数	113	48	1997	542.93	388.49

续表

	N	极小值	极大值	均值	标准差
总微博帖数	113	19	48120	3378.15	6384.52
两周微博数	113	1	476	23.51	56.58
微博使用寿命	113	475	1500	1130.80	221.44
每帖转发数	113	0	3444	21.52	117.88
每帖评论数	113	0	460	8.36	27.73

为完整地捕捉所选记者的日常微博实践的变化样本，笔者在两周中，每天都对每个记者发布的所有消息编码。这些记者平均每天发布 1.44 条消息，但是发布频率各异：一些记者很少发微博，也有记者平均每天发布 34.0 条消息。

基于本文提出的框架，笔者分析了新闻记者产生的四种类型的微博话语（见图 1）。笔者通过新闻机构对利润或是宣传的侧重的判断，以及其是否由党和政府创立来区分商业导向和官方导向的机构及其记者，因此，笔者得以比较以上两种导向的记者的微博话语。

党报话语。作为党的喉舌，这部分记者积极宣传党的政策主张，并起着教育公众的作用。[18]笔者设计的党报话语的四个指标为：谨慎的言论表达，内外审查，主要观点的发布和转发。笔者认为新浪微博存在两种类型的审查。外部审查即微博管理员删除敏感帖子以维持政治稳定和社会和谐。每个已删除的帖子会被新浪微博的系统消息所替代。第二种类型的审查发生在记者自身，他们会浏览自己先前发布的帖子来自我审查是否这些消息涉及了有争议或敏感的话题，也许记者最初只是希望引起讨论，后来却觉得留在微博上并不合适。主要言论的发布是为了表达自己独到的见解，而次要言论的发布则是为了表达对客观事实的简短的个人看法。此外，一次转发就意味着言论被另一个微博认证用户一字不差地分享了。笔者认为，转发可以被认为是党报新闻话语的一种形式，这样记者就能够在不触碰敏感话题的情况下间接地表达他们对社会问题的关注。笔者假设经常转发微博却很少发布主要观点的新闻工作者是希望减少自己的政治参与。

专业话语。笔者使用 Lasorsa、Lewis 和 Holton 开发的框架[1] 去审查记者的专业话语。当一篇文章仅包含信息且无个人观点时则体现了新闻工作者的无党派性和公正性；当他们不愿意分享他人消息，并限制其他参与性声音时，便具有了把关人的作用；责任感和透明性均可通过日常的新闻工作，讨论和使用超链接的做法来实现；此外，记者对工作的谈论发生在汇报项目的进展或提供新闻线索等情况时；讨论性质的微博即变现为采取公开的形式回复其他用户提出的意见；超链接是指连接到外部网站的做法。

市场经济话语。笔者用三个指标来评估新闻工作者使用市场经济话语的实践：自我营销、组织营销和新闻投放。自我营销和组织营销发生在记者发布的关于其本职工作或介绍同事的工作内容的过程中；他们传播新闻产品无疑将其视为一种营销策略，并把微博作为新闻传播平台。

儒家思想话语。作为具有儒家思想的公共知识分子，这部分新闻工作者往往直言不讳，有着强烈的社会意识和责任感。为确定微博上的儒家知识分子的实践情况，笔者设计了三个指标来设定儒家哲学的核心精神：（1）自我表达，共享智慧或启迪公众；（2）为人民发声，表达社会关注；（3）追求真理和开放。当新闻工作者积极主动和公众分享自己的私人生活时，便是在表达自我，共享智慧或启蒙他人；当他们做到想人民所想、说人民所说时，这便是为人民发声和表达社会关切；知识分子应该对社会和政治负责，这和儒家思想的原则是一致的；作为公共知识分子发布关于敏感话题的微博时，这便是对真理和开放性的追求。新闻工作者在转发微博时附加评论也是其对表达个人意见，公开讨论社会问题，追求真理的渴望。

潘忠党、陆晔定义了四种类型的话语（2003）[18] 并用指标评估它们，它们在本研究中并非是相互排斥的，一个微博帖子可以包含多种类型的话语。例如，下面的微博既是转发，又提出次要意见，记者还对作者选题表达了赞赏。因此，如下的微博包含了党报新闻话语、专业主义话语和儒家思想话语。

转发：听说，一场涉及前政府官员的腐败案件听证会因为北京的交通拥堵延误了。

本研究使用了两部编码器，笔者用 270 条帖子的随机子集来测量编码器间的可靠性[23]，除了"谈论工作"这项（可信度为 0.75），最终得出，两者的可信度变量范围在 0.83～0.98 之间（均值为 0.89）。不过，"谈工作"只是三个变量之一，它仅负责衡量责任感和透明度。而且笔者发现另外两个变量具有很高的可信度（讨论为 0.89；超链接为 0.92）。此外，我们也随机编码了关于官方导向记者的 20% 的数据，得出了这项研究具有高可信度（0.89）的结论。

（二）文本分析

笔者分析了中宣部、中国新闻工作者协会以及另外两个新闻机构发布的几项对中国社交媒体使用的指导方针，也研读了由新华社主办的关于记者利用微博情况的圆桌会议记录。这些文件帮助笔者深入了解我国政府、学界和官方媒体对记者使用微博的看法。

六 研究结果：不合逻辑的微博实践

前面的第一个提出的研究问题，"当前的线下新闻话语范式如何影响新闻工作者的微博行为？"笔者的研究结果显示，记者对微博的使用不仅受到职业价值观的影响，还受到党政报刊、市场经济和儒家思想话语体系的影响。笔者发现，新闻工作者们对推动专业价值观的传播和市场经济的发展并不积极。更令人感到意外的是，他们对以公共知识分子的身份在微博上发表言论表现得也不够主动。

（一）政治警觉

党报新闻话语深深影响记者的微博话语，所以他们倾向于讨论不敏感的话题，并在发布微博之前进行自我审查或是避免直接表达个人的政治观点，并采用转发这种形式。

普通的微博用户期待着记者在其微博上跟进有争议的社会问题，并提供有关社会热点的独立见解。[24]但笔者搜集到的帖子中只有 8.5% 的微博涉及敏感内容，只有 39 名（34.5%）记者发布过有关敏感话题的消息，而且，其中两名记者发布了差不多 2/3 的敏感微博。当笔者剔除这两名记者的数据时，敏感微博数大幅下降至 3.8%。

我们的样本中只有 12.2% 的微博属于"主要意见"的表达，这可能因为不少记者意识到过多涉及政治的言论意味着更多的风险，从而避免在微博上发布犀利的言辞。此外，有 2/3 微博是采用转发的形式，这表明广大新闻工作者选择采用间接的方式来表达自己对社会问题的关注。在转发微博的过程中，记者充当着"网络舆论的搬运者和发布者"的角色。

（二）偏离专业精神

新华社举办过一个微博论坛，让传媒学者和从业人员呼吁中国记者用专业的原则来规范自己的微博行为。笔者的研究结果显示，我国记者善于通过使用超链接来加强责任感和透明度。然而，研究的样本传达了新闻工作者的专业精神缺失。将近一半的记者的帖子中是包含了个人意见的，这意味着他们在追求客观性和不偏不倚的传统角色上偏离。他们也倾向于偏离传统的把关人的角色，没有利用微博提供的有利条件去提高他们的新闻责任感和透明度。虽然专业主义精神是西方记者社交媒体活动规范化的主要影响因素，但这点似乎在我国记者的微博实践中只起了次要作用（见表 2）。

表 2 专业话语影响下的微博实践话语

微博实践	N	微博数	百分比（%）
无党派和公正性			
重大意见发布	2574	315	12.2
次要意见发布	2574	969	37.7
把关角色			
转发微博	2644	1685	63.7
责任感和透明性			
谈论工作	2574	83	3.2
参与讨论（回复其他用户）	2576	137	5.3
使用超链接	2574	777	30.2

（三）营销承诺

微博给新闻工作者们提供了一个提高个人知名度非常有效的途径，并提醒他们关注其组织的工作。然而，样本中记者们的微博似乎很少有涉及市场经济的话语，只有 13.1% 的微博是关于营销的（表 3）。

表 3　市场经济影响下的微博话语实践

微博实践	N	微博数	百分比（%）
仅报道事实	2574	1234	48.0
自我营销	2573	132	5.1
组织营销	2575	206	8.0

（四）知识表达

受儒家思想影响的中国记者倾向于表达自己，启迪公众，并在微博上分享智慧，强调真相，并寻求建立一个公平的社会。但他们对社会问题的表达欲望却不强烈。总之，微博为我们的新闻工作者实现公共知识分子的角色提供了可以自由选择的平台。

我们研究记者的帖子中，有 1/3 是关于私人话题的，其中 1/5 的私人话题发布了个人的哲学思考，旨在帮助其他微博用户找到生活的意义，并在团体中承担适当的角色（见表4）。

表 4　儒家知识分子话语影响下的微博话语实践

微博实践	N	微博数	百分比（%）
表达自我，分享智慧，启迪公众			
私人话题	2574	842	32.7
在私人话题上分享智慧	842	146	17.3
表达公众问题和社会问题			
公开话题	2574	1732	67.3
主要观点	2574	315	12.2
次要观点	2574	969	37.7
追求真理，开放和民主			
敏感微博	2583	219	8.5
对转发微博进行评论	1684	1036	61.5

样本中有 2/3 的微博是关于公共问题方面的，这说明他们有着强烈的欲望参与到受社会关注的问题的讨论中。儒家思想要求知识分子不应该只顾及自己的幸福，也要为国家的和谐和发展做出贡献。因此，拥有

儒家思想智慧的记者，往往被期待着追求真理，并对新思想新观点保持开放的态度。当记者发表了关于公共问题的评论时，他们便使用了儒家思想话语。样本中的新闻工作者们明显敢于对不敏感的社会问题勇于发声。例如，2016 年 1 月 4 日，记者评论了一个转发的故事，从而向公众传达了他对社会问题的关注。故事讲述了一个母亲对年仅 8 个月大的女儿处在北京重污染红色预警的恶劣环境中，自己却无法改变现状的自责。

"冰点，也是痛点。"

七　政党记者微博和商业记者微博对比

前文提到的第二个研究问题："我国官方媒体和商业媒体的记者的微博话语实践是否不同？"为了确定来自不同背景的记者的网络活动和微博话语实践是否不同，笔者将他们置于一个更"官方"的类别（N＝72，66.0%）和更"商业"的类别（N＝35，32.11%）①中。根据对独立变量的 T 值检验得出，政治和商业记者在微博粉丝数或好友数（互相关注）、微博的总数、两周内的微博总数、微博使用寿命或是其微博被其他微博用户转发、评论的可能性上并无差别（见表 5）。以上研究结果表明，政治记者和商业记者在知名度或微博的相关活动上并无差别。

表 5　对记者的个人信息和微博活动的 T 值检验结果

变量	类型	均值	标准误差	T 值	自由度	平均差	标准差
粉丝数	官方	11457.5	6165.7	0.7057	105	7608	10780
	市场	19065.7	8843.2				
关注数	官方	545.47	43.36	−0.7683	105	−58.24	75.80
	市场	487.23	62.18				
微博总数	官方	4139.43	764.6	−1.6677	105	−2229.6	1336.9
	市场	1909.86	1096.7				
注册时长	官方	1121.68	24.22	1.0525	105	44.58	42.35
	市场	1166.26	34.74				

① 一些记者无法归类，因为他们所属的组织并非源自中国或缺乏相应的信息。

续表

变量	类型	均值	标准误差	T 值	自由度	平均差	标准差
两周微博数	官方	28.64	6.82	-1.2153	105	-14.50	11.93
	市场	14.14	9.78				
微博评论数	官方	3.06	0.97	-0.0745	101	-0.13	1.69
	市场	2.94	1.39				
微博转发数	官方	3.82	4.93	1.4756	101	12.65	8.57
	市场	16.47	7.02				

"微博评论数"（评论表现）和"微博转发数"指的是记者每条微博被其他用户进行评论的数量和被他人转发的次数。

接下来，笔者通过卡方检验来对比政治记者和商业记者的微博话语实践（见表6）。

党报新闻话语。如表6，在官方性质的媒体组织工作的记者更倾向于减少"重大意见"和"敏感言论"的发布，比他们的在商业媒体工作的同行更会"封杀"某些信息，他们的转发行为也更少发生，其微博行为在政治上也会更加谨慎。然而，两者只在发布敏感微博、审查消息和转发的频率上存在显著的统计学差异。

表6　官方和商业记者的微博话语的卡方检验

变量	官方记者（%）	商业记者（%）	N 值	自由度	卡方值
党报新闻话语					
敏感微博	7.55	13.29	2488	1	16.035**
审查	2.24	3.89	2544	1	4.304*
主要观点	12.00	13.40	2479	1	0.702
转发	60.63	73.47	2545	1	28.003**
专业新闻话语					
主要观点	12.00	13.40	2479	1	0.702
次要观点	36.83	39.36	2479	1	1.040
转发	60.63	73.47	2545	1	28.003**

变量	官方记者（%）	商业记者（%）	N 值	自由度	卡方值
谈论工作	2.99	4.89	2479	1	4.281*
参与讨论	5.32	5.31	2481	1	0.000
使用超链接	30.11	30.43	2479	1	0.017
市场经济话语					
自我营销	5.72	2.77	2479	1	6.807*
组织营销	9.06	4.04	2479	1	12.866**
纯客观信息	48.98	44.68	2479	1	2.819
儒家思想话语					
个人话题	33.90	29.36	2479	1	3.542
分享智慧	17.62	17.39	819	1	0.004
公众话题	66.10	70.64	2479	1	3.542
主要观点	12.00	13.40	2479	1	0.702
次要观点	36.83	39.36	2479	1	1.040
评论	56.18	74.09	1605	1	37.328**
敏感微博	7.55	13.29	2488	1	16.035**

注：* $p<0.05$，** $p<0.01$（双尾）。

新闻专业话语。（1）把关。以上两类记者在转发微博的频率上有着明显的差别；政治记者更愿意给他人参与讨论的机会。（2）责任感和透明度。商业记者更倾向于谈论自己的工作。然而，两类记者在参与讨论的意愿和使用超链接的频率上也无实质性差异。总之，商业记者的微博实践比政治记者的更有可能偏离专业准则和惯例。

市场经济话语。政治记者往往更专注于他们各自的市场。他们营销自己及其组织，同商业记者相比，他们传播更多的客观新闻。但令笔者感到意外的是，两者在提供"纯客观信息"的微博数量上无显著的统计学差异。介于微博内容更新的即时性，很多用户会对官方新闻机构和微博上的政治记者进行负面的关联，于是，政治记者可能需要花更多的工夫去把自己和所属的机构"推销"出去以减少受众的偏见。另一个可能的解释是，正如不少官方发布的关于微博的使用的文件显示，政治记者通过发布具有宣传性质的内容去积极引导舆论的做法是政府所鼓励的。因此，样本中的政治记者可能已经肩负着主动推销其工作，并设置公共议程的使命。

儒家思想话语。总体而言，政治记者会更频繁地发布有关私人的话题和分享哲学性的见解，但两者无显著的统计学差异。而且，笔者发现，商业记者更愿意发布敏感的和武断的观点，他们发布微博的同时会附加评论去谈论公共议题。然而，两者仅在发布敏感微博的频率和添加评论的意愿上存在着显著的统计学差异。因此，我们认为商业记者会更多地使用儒家思想话语，担当公共知识分子角色。

八　扩展的新闻领域中的新闻偏差

在 Web 2.0 的互动环境中，记者微博可以作为社交媒体世界的扩展领域，为记者从单纯的发布信息向评论时事、与读者互动、展示自己以及舆论引导丰富了路径。

微博形式的创新在一定程度上给记者们提供了挑战传统新闻范式的机会，于是，他们有了更多的空间彰显个性，表达对社会的关注，并参与公共问题的讨论。此时，他们从幕后走到台前，直接与受众进行互动，扮演着全新的社会角色。对许多记者而言，微博不仅是一个私人空间，也是履行新闻职责的公共空间。在微博上，他们担任着社会批评家、知识分子和意见领袖等多种角色，当然，也需要花比普通用户更多的精力去经营。

笔者发现，记者在微博上偏离传统的线下新闻实践的情况体现在很多方面。首先，尽管样本中的大部分记者在使用微博时有着严格的自我审查，但少数人经常对敏感话题直言不讳。其次，记者逐渐偏离了传统的中立和把关人角色。最后，研究结果表明，更多地受到上层较少限制的商业记者更愿意发布较敏感的内容、提供建议、转发和评论微博；更少的限制也让他们有更多回旋的余地去制作发生在普通市民生活中新闻故事，也能更积极地对社会问题发表评论。目前的情况似乎是政治记者更倾向于服从指令，并保持现状，而商业记者更倾向于积极参与政治生活并不断吸引追随者。这一发现与美国的"j-tweeters"研究结果相一致，即受到较大组织压力的精英媒体的新闻工作者往往对分享自己的观点，吸引更多的读者表现得并不积极。相反，非精英的新闻工作者更乐意分享观点和摆脱传统的规范和惯例。[1]在新媒体的参与性环境中，我国的新闻工作者已经越来越成熟，也不断扩大着其在微博上的新闻自主权。

九　讨论与结论

这项研究对现有的关于离线新闻规范和在线新闻话语规范互动的研究做出了贡献，也系统回顾了我国记者的微博话语，与西方新闻工作者在Twitter上的新闻实践不同（由专业主义精神引导），我国记者的微博实践是由四个关键的线下话语组成的。社会转型期，我国新闻工作者的微博话语实践并非完全服从党对新闻媒体的要求；新闻专业主义、市场压力以及儒家传统都影响着他们的微博实践。本文的研究结果显示，记者的微博话语及其影响因素在社会政治环境中相互作用和影响。毕竟社会政治环境因国家而异，不同的背景下也普遍存在着不同类型的新闻思想，微博话语正是由一系列线下社会力量和政治力量所规范着的。

互联网为先前设立好的活动提供了全新的环境，标准化在网络政治沟通中普遍存在。[25]本文的研究成果证实了由 Singer（2005）[3]以及 Lasorsa、Lewis 和 Holton（2012）[1]提出的现实的离线新闻规范塑造了新闻工作者在社交媒体上的行为。然而在中国，这种线下的新闻价值并不仅仅局限于新闻专业主义，其规范化模式也更加复杂。虽然归于不同的下线力量，中西方记者的相似之处在于离线新闻的实践延伸到了微博领域，并规范着他们的微博话语。因此，新闻工作者的线上话语及其线下的实践和规范是密不可分的。

另一个值得注意的发现是，一旦新闻工作者使用了微博，便更倾向于背离传统的新闻实践和规范。在西方，新闻工作者的线上行为几乎都偏离了传统的职业价值观，而本研究中的我国新闻工作者（特别是商业记者）表现出了与他们的西方同行不同方面的背离。相比其离线话语，我们的新闻工作者往往会有更多的政治参与，更关注社会问题，并善于利用微博的个性化平台来提供未经过滤的信息。因此，当特定事件过于敏感时，他们仍然能够通过转发来把相关信息告知公众。作为新闻领域扩展的微博给传媒工作者带来了挑战传统规范的机会，并以非传统的方式进行着新闻传达。

当然，微博赋予的新闻自主权和自由不宜被过分夸大，线下的不少法规也延伸到了微博。记者的微博虽处在一个自由的数字空间，却也深深植根于其工作的传统的新闻机构。尽管技术革新提供了偏离传统新闻实践的空间，社会政治背景依旧将其结构性和制度性的控制延伸到线上来限制新闻工作者在这个扩展的领域的话语实践，但互联网仍提供了一定的空间给传媒工作者去规避各种形式的审查制度，这又在一定程度与传统的线下新闻实践有所不同。

这项研究对中国的媒体格局和媒介文化有几个方面的影响。社会化媒体授予的相对自由对传统的新闻编辑部审查带来了新的挑战。虽然官方政策会不断变化发展去限制新闻工作者的言论和微博信息的自由流通，公众仍然有机会获得比过去更多样化的信息。

从国际视角看，本研究的成果对有着相似背景的国家的新闻发展变革也将产生影响。社会化媒体为社会运动和政治活动提供了日益强大的平台，比如，中国的反腐运动。新闻工作者，尤其是那些受到严格的政治限制的个人，他们将更多地承担着利用社会化媒体提供的社会资本建设和谐社会的责任。

当然，这项研究也存在局限性。第一，并不是所有的中国记者都使用微博，研究的结果只能被推广到经过微博认证的新闻工作者。第二，先前的学者指出，研究的样品应该选取至少两个星期的时间段内的微博话语，以达到在线内容分析效率的最大化。[26]但介于社会化媒体内容的可用性在不断变化，构建为期一周的采样可能更恰当。不过，笔者并不相信这些限制削弱了本文对我国记者微博新闻话语实践的研究价值。

综上，这项研究揭示了记者如何使用微博，以及微博如何促进中国在Web 2.0媒体环境下"别样的"新闻事业的发展。作为扩展的新闻领域，微博给我国记者提供了前所未有的机遇，他们也逐步调整自己的社会角色，探求着恰当的新闻自主性。

（作者单位：南京师范大学新闻与传播学院）

注释

［1］ Lasorsa, Dominic L., Seth C. Lewis, and Avery E. Holton. 2012. "Normalizing Twitter: Journalism Practice in an Emerging Communication Space." Journalism Studies 13 (1): 19-36. doi: 10. 1080/1461670X. 2011. 571825.

［2］ Gil de Zuniga, Homero, Seth C. Lewis, Amber Willard, Sebastian Valenzuela, Jae Kook Lee, and Brian Baresch. 2011. "Blogging as a Journalistic Practice: A Model Linking Perception, Motivation, and Behavior." *Journalism* 12 (5): 586-606. doi: 10. 1177/1464884910388230.

［3］ Singer, Jane B. 2005. "The Political J-blogger: 'Normalizing' a New Media Form to Fit Old Norms and Practices." *Journalism* 6 (2): 173 - 198. doi: 10. 1177/1464884905051009.

［4］ Opgenhaffen, Michael, and Harald Scheerlinck. 2014. "Social Media Guidelines for Journalists: An Investigation into the Sense and Nonsense among Flemish Journalists." Paper presented at the ICA Conference 2014, Seattle, WA, May 22-26.

［5］ Singer, Jane B. 2007. "Contested Autonomy: Professional and Popular Claims on Journalistic Norms." *Journalism Studies* 8 (1): 79-95. doi: 10. 1080/14616700 601056866.

［6］ Coddington, Mark. 2013. "Normalizing the Hyperlink: How Bloggers, Professional Journalists, and Institutions Shape Linking Values." Paper presented at the ICA 2013 Conference, London, June 17-21.

［7］ Zelizer, Barbie, and Stuart Allan. 2010. *Keywords in News & Journalism Studies.* New York: OpenUniversity Press.

［8］ Rainie, Lee, and Barry Wellman. 2012. Networked: The New Social Operating System. Cambridge, M. A. : The MIT Press.

［9］ Hermida, Alfred. 2010. "Twittering the News: The Emergence of Ambient Journalism." *Journalism Practice* 4 (3): 297-308. doi: 10. 1080/17512781003640703.

［10］ 李蕾、强月新:《中国微博意见领袖概述》,《东南传播》2012 年第 10 期, 第 16~18 页。

［11］ 白静:《新闻记者社会化媒体行为准则:中国媒体,路透社和 AP 的比较研究》,《记者月刊》2014 年第 12 期,第 26~31 页。

［12］ 周葆华:《从后台到前台:新媒体环境中的新闻可视化》,《传媒与社会》

2013 年第 25 期，第 35~71 页。

［13］Yu，Haiqing. 2011. "Beyond Gatekeeping：J-blogging in China." *Journalism* 12 （4）：379-393. doi：10. 1177/1464884910388229.

［14］《记者圆桌会议讨论：私人和公共微博的规范与责任》，新华网，http：// news. xinhuanet. com/2012-06/15/c_112207480. htm，浏览日期，2013 年 7 月 25 日。

［15］Tong，Jingrong. 2013. "Weibo Communication and the Epistemic Authority of Chinese Journalism：A Case Study of the 2011 Wenzhou High-speed Train Incident." *Communication and Society*，25：73-101.

［16］苏英、张晓丹、张志安：《中国微博意见领袖研究报告》，复旦大学出版社，2012。

［17］Chan，Ying. 2011. "Chinese Journalists Circumvent Government's Tight Restrixctions." *Nieman Reports* 65（1）：53-57.

［18］Pan，Zhongdang，and Lu，Ye. 2003. "Localizing Professionalism：Discursive Practices in China's Media Reforms." *Chinese Media*，*Global Context*，*edited by Chin-chuan Lee*，210-231. London：Routledge.

［19］潘忠党：《在线新闻符合传统新闻：中国记者如何评价新闻网站的信誉》，《新媒体与社会》2006 年第 6 期，第 925~947 页。

［20］Lee，Chin-Chuan. 2004. "The Conception of Chinese Journalists：Ideological Convergence and Contestation." *Perspectives* 16（1）：1-23.

［21］张世新：《中国记者有什么错？通过北京青年报的案例探讨我国的新闻伦理问题》，《大众传媒伦理》2009 年第 24 期，第 173~188 页。

［22］Plumb，John H. 1983. "The Commercialization of Leisure." In The Birth of a Consumer Society，edited by N. McKendrick，J. Brewer，and J. H. Plumb，265-285. London：Hutchinson.

［23］Cohen，Jacob. 1968. "Weighed Kappa：Nominal Scale Agreement with Provision for Scaled Disagreement or Partial Credit." *Psychological Bulletin* 70（4）：213-220. doi：10. 1037/h0026256.

［24］李剑桥：《浅析我国报纸记者微博的使用状况》，《今传媒》2013 年第 1 期，第 98~100 页。

［25］Margolis，Michael，and David Resnick. 2000. Politics as Usual：The Cyberspace Revolution. Thousand Oaks，CA：Sage.

［26］Hester，Joe B.，and Elizabeth Dougall. 2007. "The Efficiency of Constructed Week Sampling for Content Analysis of Online News." Journalism & Mass Communication Quarterly 84（4）：811-824. doi：10. 1177/107769900708400410.

海外舆情与国家形象

海外社交媒体上中国国家形象传播者的特征研究

——基于 Twitter 的数据挖掘与分析

李雅真

摘　要　研究利用 Nvivo 软件，在 Twitter 中以"China"为关键词，根据组合周时间抓取推文，同时采用文献分析、内容分析和词频分析的方法，运用数据文本分析软件 IBM SPSS Text Analytics for Surveys4 对近 2 万条样本数据进行了数据初步挖掘，基于数据挖掘结果，分析了海外社交媒体 Twitter 上中国国家形象传播者的特征。结果表明，传播者以普通用户为主，传播内容大部分由用户自主生产创造，大多数专业媒体通过转发评论的形式来参与传播，扮演的是"信息传播节点"的角色。在地理位置分布上，传播者主要来自英、美等发达国家和日本、印度等周边国家；参与传播的亚洲国家最多，而来自北美洲的传播者总量最多。

关键词　中国形象　社交媒体　传播者特征　Twitter　数据挖掘

Study on Characteristics of Chinese National Image Transmitters in the Overseas Social Media

—Data Mining and Analysis on Twitter

Li Yazhen

Abstract　This study used NVivo software and took the word "China" as the keyword to crawl tweets on Twitter according to the time of combined weeks. At the same time, this study used methods of literature analysis, content analysis, and word frequency analysis by employing the text analysis software "IBM SPSS Text Analytics for Surveys4" to study nearly 20 thousand sampled tweets. Based on the data mining technique, it aimed at studying the characteristics of the transmitters of Chinese national image communication in the overseas social media, Twitter. This paper studied the characteristics of the transmitters through the research method of data mining. Result showed that transmitters were mainly common users. Besides, the communication content was mainly self-created. Most of the professional media participated in terms of retweeting and played as the nodes of information communication. In the geographical distribution, transmitters were mainly from developed countries such as Britain and America, and also from Japan and India and other neighborhood countries. The number of participants from North America was the largest.

Keywords　China Image; Social Media; Characteristic of Transmitter; Twitter; Data Mining

一　研究背景

随着新媒体时代的到来，以 Twitter 等为代表的社交媒体在国际传播领域迅速崛起，为我国国家形象建构带来了新的契机。据 We Are Social 发布的 2015 年全球数字社交和移动报告显示，在不包括即时通信和聊天工具的社交网络平台中，Twitter 排名第五[1]；在 2015 年 Alexa 全球网站排名数据中，Twitter 居第 8 位。

作为最为活跃的社交媒体之一，Twitter 上的中国国家形象的传播研究将对我国海外网络形象的传播与建构提供一定的启示。本文通过对 Twitter 数据内容和信息特点进行挖掘研究，在对样本进行定性与定量分析的基础上，研究 Twitter 上中国国家形象传播者的具体特征，揭示 Twitter 这一国际社交媒体上中国国家形象的传播状况，从而厘清社交媒体中国家形象传播者的构成情况。

二　研究方法

（一）数据挖掘与方法

数据挖掘（Data Mining）指的是从大量的、不完全的、有噪声的、模糊的、随机的实际应用数据中，提取隐含在其中的、人们事先不知道的但又是潜在有用的信息和知识的过程。[2]利用数据挖掘进行数据分析的常用方法主要有：分类、回归分析、聚类、关联规则、特征、变化和偏差分析、Web 页面挖掘 7 种。其中 Web 页面挖掘指的是，通过对 Web 上丰富信息量的挖掘，收集政治、经济、政策、科技、金融等信息，分析和处理有重大或潜在影响的信息，并根据分析结果找出各种问题和可能引起危机的先兆。本文所使用的 Nvivo10 软件属于 Web 页面挖掘方法。

（二）IBM SPSS Text Analytics for Surveys 4

本文的研究方法是基于软件而实现的，采用的是 IBM SPSS Text Analytics for Surveys 4 软件，运行原理是从文本中抽取特征词并且将其量化来表示文本信息，再将半结构化或非结构化的数据转换成计算机能够处理的结构化数据，然后将结构化的数据进一步处理分析，利用文本分析技术，可以将文本自动聚类，进行词频分析、语义分析等。相对于人工操作而言，该软件对于分析开放式的问题，具有更强的分析能力和决策能力。

（三）研究设计

本研究选择 Twitter 作为研究平台，有以下两个原因。首先，Twitter 为最具影响力、最活跃的国际社交媒体之一。其次，Twitter 上的所有信息可以及时检索。

本文使用定量和定性研究相结合的方法，具体包括文献分析法、内容分析法和词频分析法①。词频分析法首先以人工干预分词，再辅以"Excel

---

① 词频分析法是情报学的一种定量分析方法，用于描述和预测产业、学科热点、发展趋势，判断关联性。

词频统计工具"以确保词频样本的真实性和准确性，还借鉴了框架分析的分类归纳方式。

在数据挖掘的具体操作上，在 Twitter 首页以"China"为关键词搜索推文，并加以"Ncapture"软件辅助进行自动采集，采集内容只限于文字文本部分，不包括视频、图片和音频等多媒体内容。按最相关顺序排序，从 2015 年 5 月 31 日至 2016 年 1 月 18 日（避开重大事件），选取 7 个时间点形成组合周进行操作，共挖掘到推文内容 113038 条。软件挖掘到的推文绝大部分是英文，有极少部分为中文、阿拉伯文、西班牙文、日文、韩文等。除了推文，Ncapture 软件也自动抓取了用户 ID、个人标签、粉丝数、转推数、推文量、位置、话题标签等信息。由于本研究使用的 IBM 文本分析软件，最大分析的条数为 20000，因此，在十多万条数据的基础上，采用等距抽样，计算出抽样距离 K = N（总体单位总数）/n（样本容量）≈ 6，抽取随机数为 1，作为样本的第一个单位 K1，接着取 K1 + K，K1 + 2K……共抽取 18840 条推特数据①。

三　研究发现

（一）影响力、活跃度分析

与国内的新浪微博类似，粉丝数（Number of Followers）是衡量用户在 Twitter 中影响力的关键因素，关注数（Number of Followering）和推文数（Number of Tweets）是反映用户在 Twitter 中活跃程度的重要因素。根据挖掘结果，推文中含有"China"内容的 Twitter 用户的推文数、粉丝数和关注数的情况如下。

1. 传播者的推文类型分析

在挖掘的数据中，高达 66% 的相关推文内容是原创型的，34% 是转载型的，这说明在 Twitter 上中国国家形象的传播中，大部分内容由用户自主生产、创造（见图 1）。转载类型的推文既有来自个人用户、商业机构、兴趣小组的，也有来自 *New York Times*、*India Today* 和 BBC Chinese

---

① 由于样本容量 n 充分大，则由于 N/n 非整数而带来的影响就充分小，可以忽略不计。

等媒体组织的。绝大部分转载型推文的来源呈现多元化特征，没有出现大量转载同一推文或来源于传统媒体的推文刷屏的情况。以往中国国家形象的研究主要关注西方主流媒体上的形象塑造与传播效果，但在社交媒体平台，媒体信息已不再是传播者主要的信息来源与选择，社交媒体上自创的内容更加丰富，这在一定程度上打破了传统媒体的信息垄断特权。

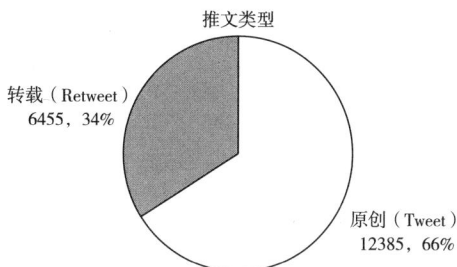

图 1　用户的推文类型分析

采集数据时虽然刻意避开了重大热点事件，但研究中发现，2015 年 6 月 21 日广西"玉林荔枝狗肉节"在 Twitter 上引发极大争议，甚至引起国际主流媒体对此的跟进报道。《纽约时报》第一时间跟进推特上的抵制情况，发表了《中国玉林狗肉节，一场举世关注的冲突》的报道。[3] 这印证了美国学者沙尼·伯曼（Shayne Bowman）和克莱斯·威利斯（Chris Willis）的观点，他们在《自媒体：受众正如何影响新闻信息的未来》的报告中提出，"到 2021 年受众将生产 50% 的新闻内容，届时主流新闻媒体也将不得不逐步采纳和实践这种全新的新闻传播形式"。

Twitter 上的中国国家形象推文内容以原创为主，转载内容所占比例较少。从这个角度来说，Twitter 上的传播者在中国国家形象传播方面担当着信息制造者的角色。

2. 传播者的粉丝数分析

粉丝数即是社交媒体用户拥有的所有粉丝的数量，是衡量用户传播力的主要指标，粉丝数越多，说明用户传播力越大。统计结果显示，Twitter 中国国家形象的传播者粉丝数在 0～1000 之间的占比最高，接近一半（48.5%），粉丝数在 1001～5000 的用户所占比例为 20.4%，粉丝量超过十万的用户所占比例近 12%，超过百万粉丝数的用户有 831 位，占比 4.5%，绝大多数是 *New York Times*、CNN 和 The Economist 等专业媒体机构以及奥巴马、勒布朗·詹姆斯等全球知名人士，最高的一个用户粉丝数超过了 6000 万。粉丝数量一定程度上决定了信息的传播范围，《纽约时报》的粉丝数量达到 1690 万，路透社的推特账号则有 708 万粉丝。"如果你有了 100 个粉丝，那你就是一本内刊；如果你有了 1000 个粉丝，那你就是一个布告栏；如果你有了 10000 个粉丝，那你就是一本杂志；如果你有了 100000 个粉丝，那你就是一份都市报；如果你有了 1000000 个粉丝，那你就是电视台。"[4]（见表 1）借鉴此种说法，Twitter 上中国国家形象的传播者中接近半数的用户的影响力十分有限，拥有百万粉丝数的用户虽然占比相对较低，但主体为 CNN 和路透社等国际主流媒体和其他媒体组织，实际的传播范围和影响力十分强大。

表 1 传播者的粉丝数

序号	用户粉丝数（个）	占比（%）及频数
1	0 ~ 1000	48.5 (9140)
2	1001 ~ 5000	20.4 (3844)
3	5001 ~ 10000	6.3 (1196)
4	10001 ~ 50000	10.4 (1963)
5	50001 ~ 100000	2.5 (472)
6	100001 ~ 1000000	7.4 (1394)
7	1000000 以上	4.5 (831)
	合计	100 (18840)

3. 传播者的推文数量分析

推文数量是体现一个用户活跃度的指标之一，从表 2 来看，推文数在 10001 ~ 50000 的用户比例最高，占 32.2%，发表 50000 条以上推文的用户占 32.1%，另有 0.7% 的用户推文数在百万以上。人工统计发现，表格中推文数在百万以上的推特用户几乎均为世界知名媒体组织，虽然数量上只有 142 家，但其带来的影响力不容小觑。

表 2   传播者的推文数量分析

序号	用户推文数（条）	占比（%）及频数
1	0 ~ 1000	9.3 （1747）
2	1001 ~ 5000	15.8 （2974）
3	5001 ~ 10000	10.6 （2001）
4	10001 ~ 50000	32.2 （6058）
5	50001 ~ 100000	13.2 （2483）
6	100001 ~ 1000000	18.2 （3435）
7	1000000 以上	0.7 （142）
	合计	100 （18840）

4. 传播者的关注数量分析

来自 Twitter API 的数据显示，为避免"激进关注"行为和营销机构泛滥，从 2015 年 10 月开始，推特对每个账号的关注数量进行了限定，从原有的 2000 人调整至 5000 人，并表示："想要关注更多的用户必须拥有更多的粉丝。例如，当你的粉丝数量只有 100 个，那你无法关注 10000 个推特账号。"[5]因此可以肯定，关注数在 5000 人以上的用户，粉丝数量普遍会高于一般用户。

从用户关注数的统计结果来看，关注数在 0 ~ 500 的用户比例超过 50%，关注数在 501 ~ 5000 的用户所占比例为 37.4%，而关注数在 5000 以上的用户占比为 10.3%。该部分用户的粉丝基数庞大，极有可能属于意见领袖或专业组织机构（见表 3）。

表 3   传播者的关注数分析

序号	用户关注数	占比（%）及频数
1	0 ~ 500	52.3 （9861）
2	501 ~ 1000	14.2 （2668）
3	1001 ~ 5000	23.2 （4368）
4	5001 ~ 10000	4.5 （850）

序号	用户关注数	占比（%）及频数
5	10001~50000	4.1（772）
6	50001~100000	1.1（205）
7	100000 以上	0.6（116）
	合计	100（18840）

（二）传播者构成类型：基于粉丝数、推文数和关注数的分析

1. 传播者类型的划分

用户推文数、粉丝数和关注数是从不同角度衡量 Twitter 用户特征的三个变量指标，不同于国内新浪微博"大 V""微博达人"等分类，推特官方并没有提供用户类型的划分和评定。因此本研究采用赵文兵等人研究微博用户特征中的分类综合方法，综合关注数、被关注数和博文数三个用户特性变量，为三个变量分别设定一个衡量值，从而识别出占总体数量比重较大的用户群体。这里选用每个变量的平均值作为衡量值。[6]

本研究通过对这三个变量的综合计算与分析，整理划分出不同的用户类型。首先分别计算 18840 条数据中用户推文数、粉丝数和关注数的平均值（分别为 75474、206353、4171），将其分别作为标准值来衡量各项变量指标，将低于标准值的数据标注为 1，高于标注值的数据标注为 2，每条数据均以（推文数、粉丝数、关注数）的新变量形式标记，产生的新变量有8 种（见表4）：（1，1，1）（1，1，2）（1，2，1）（1，2，2）（2，1，1）（2，1，2）（2，2，1）（2，2，2）。

表 4　传播者构成类型、数量和占比情况

推文数	粉丝数	关注数	占比及频数	用户类型
1	1	1	64.8（12203）	不活跃的普通用户
1	1	2	4.9（936）	不活跃的高级用户
1	2	1	4.3（810）	不活跃的知名用户和意见领袖
1	2	2	1.5（275）	不活跃的高知名度用户和意见领袖

续表

推文数	粉丝数	关注数	占比及频数	用户类型
2	1	1	16.1（3028）	活跃的普通用户
2	1	2	4.7（878）	活跃的组织、名人和商业机构
2	2	1	3.2（607）	活跃的 3. 知名组织
2	2	2	0.5（103）	活跃的知名组织
合计		10（18840）		8 类

　　（1，1，1）类型的传播者在推文数、粉丝数和关注数上均低于平均水平，在活跃度、知名度和参与度上都较低，因而定义为"不活跃的普通用户"；与之相比，（1，1，2）类型的传播者关注数上高于平均水平，该部分用户使用 Twitter 可能只是为获取更多信息，或开通时"激进关注"，后期没有频繁使用 Twitter 进行社交，因此也定义为"不活跃的普通用户"；（1，2，1）类型的传播者在推特上的活跃度和参与感处于平均水平之下，但粉丝数较多，极有可能为某些知名度较高的人或组织，因此定义为"不活跃的知名用户和意见领袖"；（1，2，2）类型中的关注数整体高于（1，2，1）类型，由于在推特上关注数的上限与粉丝数呈正相关，因此（1，2，2）类型的传播者拥有的粉丝数略高于（1，2，1）类型，对信息的获取需求也更丰富，将其归类为"不活跃的高知名度用户和意见领袖"；（2，1，1）类型的传播者虽然在粉丝数和关注数上低于平均值，但推文数表现优异，因而界定为"活跃的普通用户"；（2，1，2）类型的传播者喜欢发推文，按最高 10 年使用年限计算，平均每天至少发布推文超 20 条，关注的账号十分丰富，但粉丝数量不高，除了组织外，也可能是聘请专业人员运营的名人账号，以及具有营销或宣传需求的商业机构，通过发送推文和关注别人的方式来提升影响力，因此界定为"活跃的组织、名人和商业机构"；（2，2，1）相对于（2，2，2）类型的传播者而言，在整体的粉丝数上可能略少，且对通过 Twitter 获取信息的需求并不十分强烈，但研究者汇总整理二者的 ID 信息发现，这两种传播者均由专业组织组成，因此定义为"活跃的知名组织"。

2. 传播者构成类型的分析

　　表 4 显示，"不活跃的普通用户"所占比例高达 69.7%，将近七成，构成了传播者的主要群体；"不活跃的知名用户和意见领袖"与"不活跃的高

知名度用户和意见领袖"占比总和仅有 5.8%，比"活跃的普通用户"所占比例（16.1%）低得多；普通用户类的传播者占据了 85.8%，明显高于活跃的其他类用户（8.4%）；"活跃的知名组织"所占比例最低，仅有 3.7%。

事实上，Twitter 上的中国国家形象传播者的主体为普通用户，他们是中国国家形象相关内容的主要信息生产者。"不活跃的普通用户"构成了传播者最大的群体，"活跃的普通用户"构成了传播者的第二大群体，"活跃的组织、名人和商业机构"成为构成传播者的第三大类。

3. 不同类型传播者相关推文的来源分析

有学者在研究自媒体涉华舆情时指出，国际自媒体涉华内容并非自创，而以转载西方国际主流媒体为主。[7]但通过 ID 信息统计可以看到，自媒体上不同类型的传播者情况不同。在"活跃的知名组织"类传播者发布的推文中，92%属于转载或转发且评论，主要转载来源为国际主流媒体或组织，原创内容仅有 8%。而对"普通用户"类传播者而言，结果截然相反，28%的相关推文是转载或转发评论，72%的推文属于原创类型。虽然28%的转载比例说明在中国国家形象传播的问题上，不少媒体报道和意见领袖观点对小部分普通用户仍有影响力，对网络舆论具有一定的引导力，但普通用户主要是通过发布原创内容来参与中国国家形象的传播。

原创内容和转发推文是两种不同的内容来源，从带给受众的心理暗示角度来分析，用户的原创内容更能体现其传播能力和水平，内容性质倾向于私人书写，主要是个人记录和情感抒发类信息；而转发评论的内容则更多地体现了用户的兴趣和观点，也体现了个人对社会和生活的关注程度。[4]从这一角度来看，"活跃的知名组织"更多的是选择转发评论的传播形式来参与 Twitter 上中国国家形象的传播，它们更多的是作为一个信息的传播节点和信息流的参与者出现的。

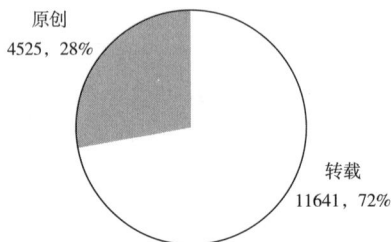

原创 4525，28%

转载 11641，72%

图 2 "普通用户"类传播者的相关推文类别研究

4. 传播者的国家（地区）来源分析

用户 ID 信息中标注有传播者所处的国家或地区，在对没有标明位置的数据进行筛选后，通过软件高频词功能对 12000 多条数据辅以人工统计，得到排名前 50 的国家（地区）。从传播者的地理位置来源来看，来自美国的用户推文数量最多，达到 2708 条，所占比例为 23.2%，是排名第二的英国（9.4%）的两倍多；来自中国内地的 Twitter 用户在传播中也起到了重要的作用，地理位置标记为中国内地用户的比例为 6.2%，主要包括北京、上海两地。相邻国家如日本、印度等国家的推特用户对中国国家形象的关注和传播参与度也较高（表 5）。

表 5　传播者国家（地区）来源 TOP50（按从高到低排列）

序号	国家/地区	占比（%）及频数	序号	国家/地区	占比（%）及频数
1	美国	23.2（2708）	20	尼日利亚	1.2（140）
2	英国	9.4（1102）	21	泰国	1.1（130）
3	中国内地	6.2（726）	22	马来西亚	1.0（122）
4	委内瑞拉	5.4（632）	23	巴基斯坦	1.0（116）
5	印度	4.3（498）	24	萨尔瓦多	1.0（114）
6	印度尼西亚	4.2（486）	25	意大利	0.9（108）
7	阿根廷	3.9（460）	26	法国	0.8（94）
8	墨西哥	3.6（420）	27	南非	0.7（82）
9	加拿大	3.4（396）	28	土耳其	0.7（76）
10	澳大利亚	3.2（370）	29	秘鲁	0.6（72）
11	西班牙	2.9（344）	30	比利时	0.6（70）
12	中国香港地区	2.9（340）	31	荷兰	0.5（56）
13	巴西	2.6（308）	32	瑞士	0.5（54）
14	菲律宾	2.2（260）	33	乌拉圭	0.5（52）
15	日本	1.7（194）	34	韩国	0.4（46）
16	哥伦比亚	1.7（194）	35	尼加拉瓜	0.4（46）
17	新加坡	1.5（176）	36	多米尼加共和国	0.3（38）
18	智利	1.3（146）	37	中国台湾地区	0.3（36）
19	德国	1.2（140）	38	巴拉圭	0.3（32）

续表

序号	国家/地区	占比（%）及频数	序号	国家/地区	占比（%）及频数
39	巴拿马	0.3（30）	45	巴哈马	0.2（24）
40	阿拉伯联合酋长国	0.3（28）	46	奥地利	0.2（22）
41	葡萄牙	0.2（28）	47	马尔代夫	0.2（20）
42	尼泊尔	0.2（28）	48	罗马尼亚	0.2（20）
43	爱尔兰	0.2（26）	49	希腊	0.2（18）
44	瑞典	0.2（24）	50	格鲁吉亚	0.1（12）

有报道指出，在亚洲，推特使用的热点地区为日本和印度尼西亚。但通过表5可以看出，享有"南美洲的石油国"之称的委内瑞拉，以5.4%的比例名列第4，超过日本和印度尼西亚。来自委内瑞拉的推特用户对中国的关注度之高，与两国在政治、经济上的密切合作不无关系。自建交以来两国在政治领域保持着良好的外交关系；经济上中国长期为委内瑞拉提供资金帮助；经济合作密切，2015年初委内瑞拉总统马杜罗访问中国时，还一度与中国达成一项逾200亿美元的投资协议，涵盖经济、社会、科技和石油等项目。因此，中国的发展变化无不牵动着委内瑞拉国民的生活。比如来自委内瑞拉的推特用户发文称，"从明天开始，中国的经济政策会影响我们大部分药品的价格"，"通过中国制造的技术，可以植入橡胶形成再生头发"。

推特在中国香港和中国台湾地区不受注册和使用限制，但来自两地的人们在推特上对中国国家形象的传播，总体参与度和积极性并不高，甚至低于内地用户比例，尤其是中国台湾地区，据统计，2015年台湾全岛人数直逼2300万，是香港地区总人口的3倍之多，但中国国家形象传播者中，来自中国香港地区的推特用户占比为2.9%，是来中国自台湾地区用户比例的近10倍。

在全球自媒体舆论圈中，发达国家受众成为形塑自媒体涉华舆论的主要力量。[8]这与本研究结果很相似，经笔者统计，来自发达国家传播者的频数占比总数超过50%（52.7%）。但除了英、美、日等发达国家外，印度、巴基斯坦、泰国等周边国家也纷纷加入传播者行列，说明除了英、美等西方发达国家的推特用户以及来自周边国家的推特用户对中国国家形象传播的关注度也较高。

有研究提出，"在 Twitter 庞大的社交帝国里，最强劲的信息增长不是来自 Twitter 总部所在地——美国，亚洲已经成为 Twitter 信息发送量最大的地区，贡献了 Twitter 信息量的 37%"。[9]然而，这种情况并不适用于与中国国家形象相关的推文数据。Twitter 上中国国家形象传播者的来源国家有 16 个属于亚洲国家（地区）；14 个分布在欧洲；属于北美洲和南美洲的国家各有 8 个。

有报告指出，以美国为首的北美地区和以英国为首的欧洲用户最爱使用推特，[10]在 Twitter 上中国国家形象传播者的国家（地区）来源中，美英两国的用户数也的确位列前茅，处于前两名。但进一步统计发现，在 Twitter 上中国国家形象的传播者中，来自亚洲地区的用户正在改变以往格局，来自北美洲的用户占比达 32.4%，亚洲地区用户凭借 23.9% 的比例名列第二，高于欧洲用户的比例。

四　总　结

"涉华舆论传播者是国际自媒体涉华舆论生产者，决定着涉华舆论的态势及走势。对涉华舆论传播者研究是做好国际自媒体涉华舆论引导的前提和基础。"[11]社交媒体 Twitter 产生的大数据为本研究提供了丰富的数据材料，本研究结合大数据思维和处理技术，对推特上中国国家形象相关的近 2 万条数据进行研究，将传统的人工分析与现代信息处理技术相结合，具有较强的现实针对性和实践价值，研究得出如下结论。

从传播者角度来看，普通网民及发达国家（地区）的用户均构成了传播主体。首先，在 Twitter 上中国国家形象的传播中，传播者的主体为普通用户，他们是 Twitter 上相关内容的主要生产者，主要通过发布原创内容参与到中国国家形象的传播中，这与 Web 2.0 时代的信息传播特性——用户创造内容的特质相符。虽然普通用户的个体影响力有限、活跃度偏低，但正如互联网传播中的长尾理论所指出的："小众传播的传播效应可与大众传播相抗衡、甚至超过大众传播"。[12]普通用户的传播效应汇集起来影响十分强大，专业媒体机构等用户虽然数量少，但他们拥有百万粉丝数，影响力也不容小觑。因此二者在社交媒体传播中的重要地位都应引起足够重视，不能有所偏废。过去，不管是学界还是业界，均较为注重大众媒体对国家形象的作用，但在社交媒体上，普通用户的传播效应直逼专业媒体，传统媒体中"把关人"的作用在自媒体领域部分失效，如何平衡二者关系、提出有针对性的传播对策，这是新媒体时代下中国国家形象传播面临的一种新挑战。

其次，在分析传播者地理位置时发现，传播者主要来自英、美等发达国家，这些发达国家的用户影响着中国国家形象塑造。同时日本、印度等周边国家的用户也是传播者的重要组成部分，外交上的深度关系使得委内瑞拉用户也跻身重要传播者之列，以北京、上海为首的中国内地传播者数量也较高。此外，相较于中国台湾地区，中国香港地区用户在 Twitter 平台上参与国家形象传播的积极性和传播力度更高。

最后，在传播者的来源中，亚洲地区参与到传播中的国家数量最多，但总体而言，北美洲国家的传播者数量占据第一，明显高于亚洲地区，这值得引起我们的警惕。

（作者单位：厦门大学新闻传播学院）

注释

[1] We are Social：《2015 年全球数字、社交和移动调查报告》.（2015-01-26），http：//www. 199it. com/archives/324011. html。

[2]《大数据时代的数据挖掘》（2016-06-13），http：//sanwen8. cn/p/15dtCTW. html。

[3]《中国玉林狗肉节，一场举世关注的冲突》（2015-06-22），http：//blog. sina. com. cn/s/blog_7ad4ccc50102vvdw. html。

[4] 陈燕慧：《微博用户的自我呈现和影响力分析》，暨南大学硕士学位论文，2012。

[5]《推特关注上限从 2000 人调整至 5000 人》（2015-10-29），http：//tech. huanqiu. com/internet/2015-10/7867202. html。

[6] 赵文兵、朱庆华、吴克文、黄奇：《微博客用户特性及动机分析——以和讯财经微博为例》，《现代图书情报技术》2011 年第 2 期。

[7] 相德宝：《国际自媒体涉华舆情现状传播特征及引导策略》，《新闻与传播研究》2012 年第 1 期。

［8］相德宝：《自媒体上的中国国家形象》，《对外传播》2011 年第 11 期。

［9］肖薇：《Twitter 在国际传播中的优劣势分析》，《中国报业》2010 年第 10 期。

［10］《全球社交网络用户分布图 "推特"有多流行一目了然》（2011－07－19），
　　　http：//news. xinhuanet. com/newmedia/2011－07/19/c_121688989. htm。

［11］尹汉宁：《深刻认识意识形态工作的极端重要性》，《求是》2013 年第 18 期，
　　　第 32~34 页。

［12］陈力丹、霍仟：《互联网传播中的长尾理论与小众传播》，《西南民族大学学
　　　报》（人文社会科学版）2013 年第 4 期。

新时期外媒视野下的中企非洲形象分析

刘　珊

摘　要　中非交往有着悠久的历史，中国同非洲大陆始终保持着友好的政治经贸关系。近年来，中非关系在保持传统友好关系的基础上已进入了蓬勃发展的新阶段。尤其是 2015 年习近平主席同南非总统祖马共同主持中非合作论坛约堡峰会，将中非关系提升为全面战略合作伙伴关系，共同开启了中非合作共赢、共同发展的新时代。而随着"一带一路"倡议的深入推进，越来越多"走出去"的中国企业选择在非洲投资建厂，这些国有企业和民营企业与非洲的经贸合作往来成为非洲本土媒体和西方主流媒体关注的焦点。因此，中国企业在非洲的一举一动不仅影响其在非洲的生产经营和品牌形象塑造，更代表着中国在海外的国家形象。

本文以内容分析为基本研究方法，以全球主要媒体 2017 年上半年关于中企在非洲投资的报道为研究对象，试图分析出外媒如何看待中国企业在非洲大陆的一系列投资合作及其背后中国在非洲的国际形象。本文最后从中国企业的视角，尝试对如何改善中国在非洲的形象及建立强大的对外传播体系提出了几点思考与建议。

关键词　中国企业　非洲投资　国际形象　对外传播

An Image Analysis of Chinese Enterprises in Africa in the View of New Era's Foreign Media

Liu Shan

Abstract　China and Africa have enjoyed a long history of exchanges，and

China has always maintained friendly political and economic relations with the African continent. In recent years, Sino-African relationship have entered a new stage of vigorous development on the basis of maintaining traditional friendship. Especially in 2015, the summit of Sino-African cooperation in Johannesburg, was hosted by Xi jinping, President of China, and South Africa's President Jacob Zuma. It has promoted Sino-African relationship to a comprehensive strategic partnership, and has opened a new era of win-win cooperation and common development between China and South Africa. As "The Belt and the Road" initiative goes further, more and more Chinese companies are choosing to invest in Africa, and the econo-mic and trade cooperation has become the focus of African local media and western mainstream media. Therefore, every move of Chinese enterprises not only influe-nces its production, operation and brand image in Africa, but also represents China's image abroad.

This paper takes content analysis as the basic research method, and takes the reports of the main global media on China's enterprise investment in Africa in the first half of 2017 as the research object, trying to analyze how foreign media views such a series of investment cooperation and how to build china's image in Africa. In the end, from the perspective of Chinese enterprises, this paper tries to give some thoughts and suggestions on how to improve China's image in Africa and build a strong external communication system.

Keywords Chinese Enterprises; Investing in Africa; International Image; External Communication

中国援非始于 20 世纪 60 年代，当时中国在自身经济还很困难的情况下，在非洲援建了大量基础设施、工业设施、体育馆、政府大楼等，最著名的是连接坦桑尼亚和赞比亚的坦赞铁路。而从 20 世纪 80 年代开始，伴随着中国改革开放和市场经济的发展，中国在非洲的经济战略开始从无私援助向务实方向调整，中非经济关系也开始突飞猛进。自 2000 年以来，中国成为非洲最大的贸易伙伴。据我国商务部统计，2016 年中国对非洲的非金融类直接投资流量为 33 亿美元，同比增长 14%，覆盖建筑业、租赁和商务服务业、采矿业、制造业、批发和零售业等领域。目前，中国在非洲建立的企业数量已超过 10000 家，占非洲工业产值的 12%；在基础设施领域，非洲近一半的国际工程项目都是由中国企业承建的，从新造的大桥、公路、水坝、铁路、国家体育馆等基础设施，到住宅等民用工程建设，都有中企建设军团的身影。在中国的努力和影响下，发生翻天覆地的变化的非洲大陆再次进入了西方大国的视线，一些新兴国家（如巴西、俄罗斯、韩国、印度等）也对非洲表示出浓厚的兴趣，中非之间的经贸合作也因此成为西方媒体热议的话题。

本文深入研究了国外主流媒体对中国企业在非洲投资兴办企业的报道特点，从政治、经济、民生等方面分析了外媒对中企在非洲行为的正面和负面评价，以期未来中企在对外传播方面能有效应对外媒的舆论攻击，传播中国声音，创造有利于中国企业的海外舆论环境提供参考。最后从传播学和舆论学的视角，针对如何改善中国在非洲的国家形象提出了一些建议，包括注重本土化传播理念的培养与舆论引导，建立规范透明的信息发布机制，并做好危机公关和舆情处置等措施。

一　外媒关于中企对非投资报道的内容分析

本文选择 2017 年上半年（2017 年 1 月 1 日至 2017 年 6 月 30 日）为研究时间范围，以期通过了解最新的中非投资贸易相关的海外舆情动态，分析外媒如何看待中企对非投资情况从而透视外媒眼中的中国国际形象的特征。

本文选取样本的来源为全球主要的新闻媒体和商业资讯机构，包括《华尔街日报》、《纽约时报》、《金融时报》、路透社、Allafrica 新闻网站等 767 家媒体。利用"中国"（China）、"非洲"（Africa）、"投资"（investment or invest）等关键词在信息数据库中进行检索，得到 5330 篇报道（包括新闻、评论、专栏、资讯等）。

本文主要分析 2017 年上半年报道量的走势、外媒主要来源以及报道主题分布等，同时辅以个案分析对报道内容进行深入研究，以求得出更为准确的结论。

2017 年上半年，外媒关于中国企业对非洲投资的报道量走势比较平稳，平均每个月的报道量约为 888 篇。期间，由于"一带一路"国际合作高峰论坛的举行，非洲国家如肯尼亚、埃塞俄比亚的国家元首参会并与中国企业达成合作协议，因此 5 月份关于中企非洲投资的相关报道较多，高达 1000 多篇。

分析 2017 年上半年关于中企对非投资的报道量排名在前十几位的外媒发现，泛非通讯社下属的 All Africa 新闻网站是报道量最多的非洲本土媒体（见图 1），英、美两国仍是报道量最多的媒体所属国家；其次，日本、澳大利亚、新加坡、南非等国家的媒体也比较关注中国在非洲的投资情况。

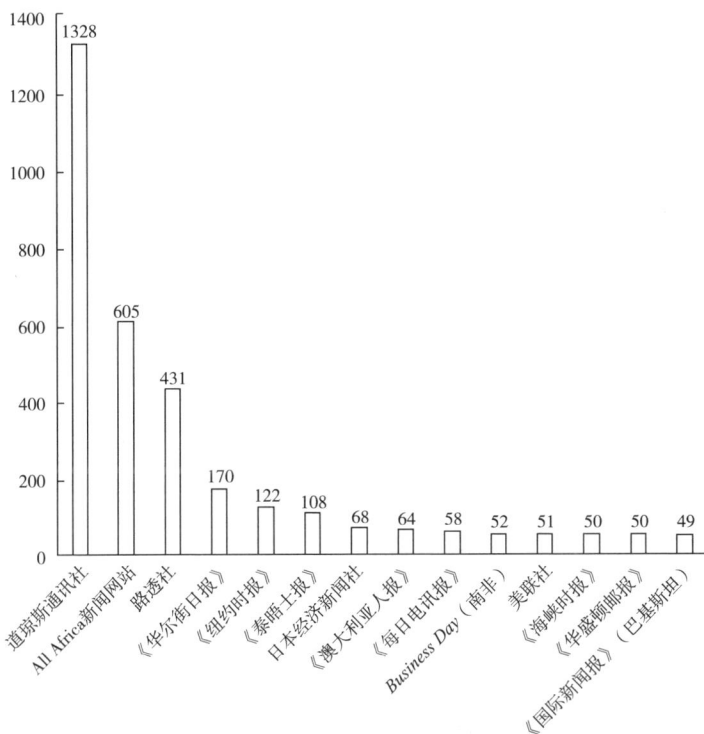

图 1　2017 年上半年中企对非投资外媒报道量 Top15

通过分析发现，外媒对中国企业在非洲投资的相关报道呈现多元化的特征，其中以客观报道中企在非洲的投资项目为主，占研究样本总体的 47.0%。包括中国企业在非洲各国投资兴建的各种基础设施和能源合作项目，如保利集团和埃塞俄比亚合作的液化天然气出口项目，尼日利亚公司零售发展投资公司（RDIC）与深圳日照信息技术有限公司合作，在尼日利亚建立智能硬件装配厂，等等（见图 2）。

（篇数）

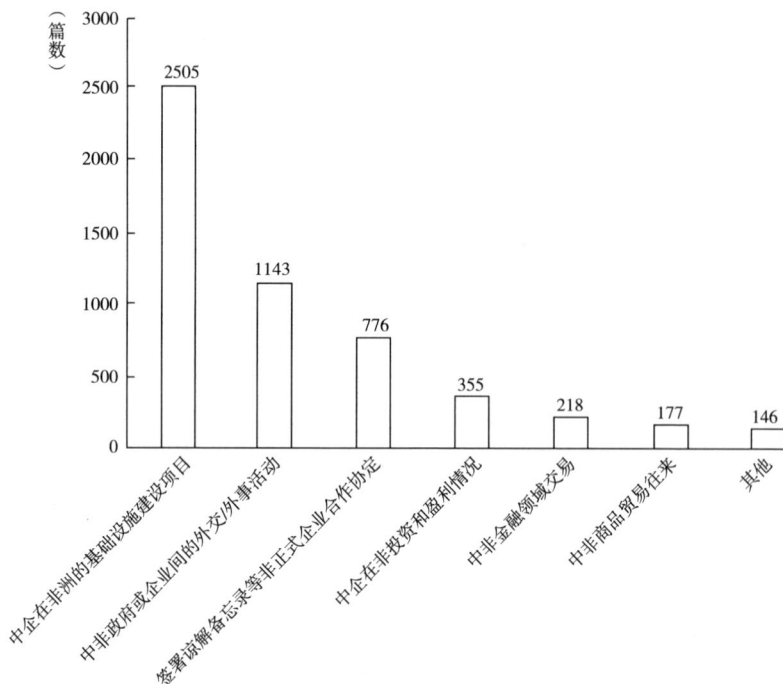

图 2　外媒关于中国企业在非洲投资的相关主题的报道分布

　　中非政府和中非企业间的外事活动对于中国在非洲的投资至关重要，因此也备受外媒关注，占总体样本的 21.4%。比如加纳共和国副总统 Mahamudu Bawumia 6 月底会见中国进出口银行负责人，呼吁该银行深化与加纳的联系，扩大世行在加纳的基础设施投资。埃塞俄比亚总理海尔马里亚姆·德萨莱尼 5 月份会见华为董事长孙亚芳，双方围绕如何与华为加强合作，共同建设埃塞俄比亚 ICT 产业进行交流。

　　另外，中非双方企业签署非正式的企业合作协定也受到了外媒的广泛关注。签署谅解备忘录意味着双方在正式条约签订之前，经过协商、谈判达成一种未来将会合作的共识，预示着中非之间巨大的潜在合作机会和强烈的合作意愿。比如 5 月 23 日，国家发改委与塞舌尔环境、能源和气候变化部代表签署关于应对气候变化低碳示范区建设的谅解备忘录，计划建立太阳能发电示范区，包括对塞舌尔公立学校计算机房、空调房节能改造等项目内容。

二 国外主流媒体对中国非洲形象的建构

本文通过梳理 2017 年上半年国外主流媒体的报道，发现海外舆论对中企非洲投资以及中企甚至背后中国在非洲的形象主要有政治、经济、民生就业和社会发展四个方面的视角，而每个视角又分别有偏正面积极和偏负面消极的言论。

（一）政治方面

根据国外主流媒体的报道，国际上对中企在非洲的存在有相对立的两种看法。一方面外媒认为中企在非洲的投资有一定的积极作用，且对非洲的援助和投资以不干涉别国内政为前提；另一方面，随着中企在非洲的参与度不断加深，一些外媒开始对中国影响力的不断扩大表示担忧。

1. 中国企业在非洲正发挥积极的影响力，被外媒认为是非洲这一代人经历的最重要的发展机遇

《纽约时报》2017 年 5 月专门就中国企业对外投资做了系列报道，其中 5 月 4 日发表的《中国式新殖民主义？》系列报道之一称，不同于西方的援助，这些资金不以诸如人权、廉政或财政紧缩这样的细节为条件。报道引用纳米比亚财政部部长卡勒·施莱特魏因的原话，"我们非常欢迎中国，因为它让我们在西方主导的议程之外，第一次真正有了其他选择"。

非洲统一组织的通讯社泛非通讯社旗下的新闻网站 All Africa 在 6 月 27 日发表评论，强调了中国与非洲传统合作伙伴——欧洲和美国的不同之处在于，中国的企业真正重视与非洲当地商人的交往，而非通过与政要利益输送而实现商业合作。这可以帮助非洲摆脱腐败政府的标签，而当地政府也可以充当促进中非企业伙伴关系的推动者，保证企业稳妥投资、创造更多就业机会以及壮大中产阶级，从而有更多人纳税。

英国《金融时报》6 月 16 日的评论文章也称，从非洲的角度来看，虽然中国带来一定的风险，但中方在资金和工程师方面也带来了实实在在的好处。更重要的是，中国给非洲带来了选择权，这一点受到了整个非洲的欢迎。中国政府的不干涉别国内政的官方政策，使其成为对非洲各国领导人有吸引力的合作伙伴。美国哥伦比亚大学地球研究所所长杰弗里·萨克斯还称赞了中国近期对非洲的热情投入，称"这是非洲这一代人经历的最重要发展机遇"。

2. 少数外媒质疑中国企业在非洲的投资是"新殖民主义"

阿拉伯半岛电视台 3 月 26 日发表评论，称中国对非洲的投资并非是纯粹的，因为中国是出于非洲商品和消费者对于保持本国经济发展活力至关重要的目的而去争取非洲的市场份额和在非洲的影响力的。文章甚至将中国的意图与英国东印度公司 18 世纪和 19 世纪在非洲掠夺矿产和市场以实现资本主义扩张相提并论。文章还认为殖民主义统治是中国在非洲投资的主要动机，而且扬言大多数非洲人将会对此进行激烈的反抗。

英国《金融时报》在 6 月的一篇题为《非洲：中国雄心的试验场》的评论文章称，虽然一些非洲国家认为中国的影响力是积极的，但也存在对中国影响力不断扩大的担忧。文章引述肯尼亚法学院院长帕特里克·卢蒙巴的说法，"中国想要的是控制权。中国希望成为世界强国。非洲各国政府欠中国太多债务，以至于它们将在经济和政治上都受限制"。

（二）经济方面

大多数外媒认为中国企业能够帮助非洲推动工业化进程，实现更广泛的经济发展。但是，也有部分外媒担心非洲国家债务过多，偿还中国贷款存在风险

1. 多数舆论认为中国对非洲投资将推动非洲的工业化和经济腾飞

AllAfrica 在 6 月 27 日发表评论，认为加纳和其他非洲国家的崛起正在被中国劫持这一观点是错误的，理由是中非之间的合作是双赢的，如果非洲要实现觉醒和经济腾飞，就需要与经济巨头合作，而中国是非洲的最佳伙伴之一。评论称中国近年来一直是非洲经济增长的重要催化剂，中国与非洲的贸易已经超过了后者的传统合作伙伴——欧洲和美国——的贸易。中非贸易现在是 3000 亿美元，有超过 2500 家中国企业在非洲大陆投资建厂。评论最后还肯定了中国改革开放近 40 年的成就，认为改革开放政策稳步开放了中国对外投资和全球市场，鼓励私营竞争，并将中国变成了近 30 多年来世界上发展最快的经济体，提高了数十亿中国公民的生活水平。文章认为非洲也可以借鉴中国的发展模式，以中国为榜样，制订一个科学合理的国家发展规划，以实现中非之间的优势互补。

英国《金融时报》6月16日的评论文章认为中国可以帮助改变非洲大陆的面貌。文章引述美国哥伦比亚大学地球研究所所长杰弗里·萨克斯的观点，表示"中国企业知道如何建设和完成很多大型项目，他们正在非洲的各个地方修建水坝、港口、机场、铁路、电信网络及道路"。

《纽约时报》2月9日发表题为《非洲人欢天喜地踏上中国投资的列车》的特稿，讲述了中土集团与中铁二局修建的亚吉铁路的顺利通车，文章最后引述吉布提政府的技术专家达哈·艾哈迈德·奥斯曼的原话，"我们得感谢中国人，感谢他们对我们的信任，因为他们分享了资金和技术给我们"。他还预测新火车将改变吉布提和埃塞俄比亚，最终将改变非洲。

2. 外媒担忧非洲国家背负巨大债务，国家内部混乱加剧偿还贷款的风险

美国之音1月26日题为《中国贷巨款建成非洲新铁路》的报道也提到了非洲国家在获取巨大投资的同时背负的巨大债务，其中引述约翰斯·霍普金斯大学研究员的发现，称非洲国家偿还中国贷款的风险是存在的，比如非洲国家吉布提欠下的债务特别高，占其国内生产总值的60%，吉布提政府也缺乏透明度，独裁体制和严重官僚腐败更加剧了偿还债务的风险。而且大多数非洲国家非常依赖石油收入，而最近这几年每桶石油的单价却在暴跌。另外，中国在国内经济增速放缓的情况下有可能撤回在非洲大陆的资金。

（三）民生就业方面

外媒一方面认为中国企业为非洲当地民众提供了大量就业岗位和技能培训机会，使得当地民众安居乐业；另一方面，外媒指责中企对非洲本地工人在用工方面的不公正待遇，包括失业、人身安全、合法利益得不到保证等。

1. 中国企业为非洲当地民众提供了大量就业岗位和技能培训机会

英国《金融时报》6月的一篇评论认为中国企业在非洲投资倾向于向东道国转移技能。如中国的公司在位于安哥拉、刚果（金）、埃及、肯尼亚、摩洛哥、尼日利亚及南非的中心每年培训1.2万名当地学生学习电信技能。学习者也表现出了很强的快速学习能力——从几乎一无所知到成为非常高水平的参与者。文章还对中国企业转变海外传播思维，开始注重与非洲当地的公民社会、国际非政府组织打交道等行为大加赞赏。

2. 部分舆论质疑非洲本地工人遭受不公平待遇，中企员工合法利益以及工程质量都得不到保证

《纽约时报》5月9日的报道称，纳米比亚冶金联合工会曾指责中国某些国有企业仅向纳米比亚工人支付最低工资的1/3。文章还引述当地工会秘书长的观点，质疑中国企业在保护工人工资、工作时长和安全等方面做出的承诺。

阿拉伯半岛电视台3月26日发表评论，指出中国企业在非洲犯下的许多错误。一方面，是中国的项目承包商为了保证项目尽早完工，选择中国人作为劳动力而不是雇用和培训当地人；另一方面，由于中企在施工过程中偷工减料，导致他们的工程项目被普遍认为是粗制滥造的。而在项目竞标中，中国企业因为缺少有效解决公司腐败问题的制度和机制而屡屡失败。

（四）社会发展方面

一些外媒认为，中国是与西方在非洲势力对等的一股平衡而健康的力量/正能量，为非洲当地的社会进步和转型发挥了重要的作用。同时，一些外媒恶意揣测"中国对非洲的投资以攫取后者丰富的资源为目的"，忽略了中国的投资为非洲抵御经济衰退做出的贡献。他们观点主要如下。

1. 中国是与西方势力对等的一股平衡力量，有利于非洲当地的社会进步

路透社5月11日发文，客观分析了西方国家对中非经贸往来产生偏见和误解的原因，认为中国与非洲国家的贸易关系往往以大量的自然资源交易为主导，因此引发了一些国家和地区的批评，以为中国只对非洲大陆的矿产和资源能源感兴趣。文章还从非洲的角度出发，认为非洲人普遍把中国视为平衡西方对非洲影响力的一股强有力的"正能量"。文章最后提醒道，随着中非之间关系的成熟，将会有越来越多的决策者和经济学家呼吁中非之间实现更加平衡的贸易关系。

All Africa新闻网站6月20日报道了中国科技巨头华为技术公司的投资为肯尼亚当地带来的积极变化。华为作为东非国家信息与通信技术（ICT）解决方案的主要供应商，其在肯尼亚的战略投资不仅促使当地经济成倍增长，公司的社会效益也很显著，包括促进了基础设施和知识技能的转移，提升了当地人民的数字素养，加速了肯尼亚数字化革命以及向知识经济转型，未来还将参与实现肯尼亚农业、教育、能源、卫生、安全和交通等重点经济行业的数字化。

2. 少数媒体认为中国企业大量获取非洲丰富的资源，加剧当地的不平等

《纽约时报》5 月 4 日发布的《中国式新殖民主义?》系列报道之一称，过去几个月里一系列涉及中国人的丑闻，使本地人对这些中国企业感到失望，输出的非洲资源并没有惠及当地民众，却进一步加剧了纳米比亚本就严重的社会不平等。

美国之音 1 月 26 日题为《中国贷巨款建成非洲新铁路》的报道引述中亚研究计划组研究经理的观点，认为人们讨论中国和非洲之间利益的时候，都着眼于自然资源。但发放到非洲国家的贷款额度和他们自然资源丰富与否之间，并没有很清晰的联系。并举例称，盛产石油的安哥拉得到了最多的资金投入，但资源贫乏的埃塞俄比亚得到的资金占第二位。

三　提升中国企业国际形象的思考与建议

由于中国在世界上的形象很大程度上仍是"他塑"而非"自塑"，决定和评判中国形象的话语权仍然掌握在西方世界及其主流媒体手中，中国的国际话语权仍处于弱势地位。因此目前国际上仍然存在着中国的真实形象和西方关于中国的主观形象之间的巨大"反差"。新时期背景下，随着中国的崛起和"一带一路"倡议的深入推进，更多的中国企业和中国品牌"走出去"，为我们提供了塑造新的中国形象的历史契机。

针对国际主流媒体对中企在非洲投资的好评与差评，尤其是误解、质疑与责难，"走出去"的企业和负责外宣的媒体应该从多个方面入手，汲取经验教训，有效应对西方媒体的舆论攻击，传播中国对非洲的友好声音，改善中国在非洲的国家形象，从而让西方乃至世界民众准确了解中国与非洲贸易、中国企业对非洲投资的真实背景和初衷，创造有利于中国企业的国际贸易环境和海外舆论环境，塑造积极正面的国际形象。

目前，中国企业尚处于"走出去"的初级阶段，既缺乏经验，也未形成完整的传播体系和策略，其主动进行海外传播和品牌形象塑造的意识不够，能力也不足，在应对敏感突发事件时常处在被动地位等，这一系列问题都亟待改进。一方面，在宣传理念上，企业要学会换位思考，根据当地的社情民意及时调整经营策略，提供民众真正需要的产品和服务。同时，在宣传方式上，企业需要建立完整规范的信息发布机制和渠道，及时有效地将企业的重大信息传递出去。另一方面，一旦中企在海外出现安全事故或与当地产生群体纠纷等负面敏感事件，企业应积极回应媒体和外界的采访要求，第一时间传达中方的声音，引导媒体报道向有利于中国企业、中国政府以及中国国际形象的方向发展。

（一）建立公开透明的信息发布机制，注重本土化传播与舆论引导

通过对外媒相关报道的分析，发现有媒体担忧中国企业以及当地政府的财务透明度，包括企业是否给予当地官员部分回扣等。而中国企业并没有针对外媒猜测给予回应，也没有对外披露贷款的详细信息。这样容易导致当地民众与中国企业产生对立，加剧群众对中国企业的不信任，也不利于中国企业在当地开展生产经营与社会公益活动。

如果中国企业能够建立公开透明的信息发布机制，及时传递企业的正面事迹和重大理念，详尽阐明企业的利好政策和生产经营规范，不仅可以满足当地民众的知情权和监督权，消除无端的猜忌，防止谣言的产生，还能有效地引导舆论走向，促进企业及公众等各方的沟通，使形势向着有利于己方的方向转变，获得当地社会的理解与支持，借此塑造开放的、负责任的企业形象。[1]

由于法律法规、历史文化、风俗习惯、宗教信仰等各方面的差异，许多企业在走出国门后或多或少会感到"水土不服"。除了做好企业信息的对外宣传推广，更重要的是，企业要学会换位思考，积极融入当地本土文化，尊重当地习俗，学会当地群众喜闻乐见的传播模式，找到企业的价值观与东道国利益的结合点，最大程度地考虑当地群众的切身利益。具体来说，企业需要重视与当地非政府机构、媒体、社区以及普通民众之间的沟通，如建立定期的交流合作机制、在当地实地走访调研等。[2]另外，企业还需更多地承担起当地的社会责任，如组织公益活动、做好绿色经营、增加当地就业机会、开展技术和管理经验培训等，从而构建和提升中企在非洲的软实力和社会影响力。

（二）增强舆情危机处理能力和公关能力

就企业内部而言，中企项目的产品或工程质量以及企业员工的工作环境、福利待遇、人身安全保障等饱受外媒诟病。就企业外部投资环境来说，中企在部分非洲国家还会面临治安混乱、政局动荡、恐怖袭击等安全风险。因此，面对常态性或突发的危机或冲突事件，做好危机公关，制定出相应的措施十分必要。

具体来说，根据事件类型与所处情境不同，遇到不同的危机时企业需要选择有针对性的应对策略。当企业面临自然灾害、他国政局不稳甚至谣言而遭遇外界质疑时，"否认"是更有利的应对策略。"否认"并不意味着忽视危机情境的现实存在，而是允许企业淡化对危机事件的参与度以及帮助企业远离相关危机情境。面临此类情境，组织往往缺乏足够的准备措施和有效的应急预案，此时应当争取第一时间发出声音，主动设置媒体议程，通过海外传统媒体和新媒体平台，强调其对危机情境免责，"否认"与危机有关，从而遏制谣言的进一步蔓延，将中企形象受损度降至最低。

当企业面临矿场坍塌、产品或工程问题、项目延误、高官负面事件等突发事故类危机时，最佳应对策略应为"弱化"。此时，一些外媒会借此进行大量的报道和转载，其中可能会有媒体对这些危机进行误解和歪曲，这类报道会给企业甚至国家的国际声誉和海外形象造成严重影响，甚至影响投资地政府和社会群体对企业的认知。面临此类危机情境，应在第一时间利用所有与利益相关者（包括政府、行业、客户、舆论领袖、媒体等多方关系）关联的沟通管道，采取相应的辩解策略，以本企业的视角提供全部有利信息，降低不确定性，从而最大限度地减少危机的责任和伤害性。

而当中企海外形象严重受损，在海外项目所在地引发当地民众过激行为等负面影响较大的危机时，则亟须采取积极的"重建"策略，通过向外诚挚道歉，如召开记者发布会或企业高层领导发声等方式，以及及时修正错误的行动来获取外界的谅解及重新认可，挽回企业及国家的声誉，重塑友好形象。[3]

（作者单位：海外网传媒有限公司）

注释

［1］皮磊：《西方媒体视角下的中非经贸关系与中国国家形象塑造》，河北大学硕士学位论文，2012，第 42~43 页。

［2］高岸明、徐小丹、倪海涛：《"走出去"中国企业开展国际传播面临的挑战与对策——中国国际传播发展报告（2016）》，社会科学文献出版社，2016，第 56 页。

［3］林如鹏、刘佩：《"一带一路"愿景下中国企业海外形象传播的危机沟通策略》，《南京社会科学》2015 年第 7 期，第 11~12 页。

在华热播日剧的日本国家形象塑造

倪佳敏

摘　要　进入 21 世纪，日本积极推动文化产业发展，大力推进文化产品出口，将文化产业的海外输出作为强化国家核心竞争力的重要战略，最终凭借动漫、游戏和漫画等强势输出产品成为世界文化产业强国。其中，日剧作为文化产业的核心产品之一，因精良的制作水平和多元化的叙事主题，不仅培养了一批忠实的日剧爱好者，同时也实现了日本文化风俗、生活方式、价值观、爱情观的跨文化传播。

本文以豆瓣、微博等平台的用户评价和反馈为依据，筛选了近十年来涵盖剧情、历史、生活、爱情、家庭和职业五种题材在华热播的日剧，如《昼颜》、《深夜食堂》、"Legal High"、《半泽直树》、《东京女子图鉴》等，通过内容分析法逐一分析，从社会公民形象、民族文化形象、地理景观形象和政府社会形象四个维度探究日剧塑造的具体日本国家形象及背后所传达的日本文化和价值观。

关键词　日剧　国家形象　社会公民形象　民族文化形象　地理景观形象　政府社会形象

National Image Made by Japanese TV Series in China

Ni Jiamin

Abstract　In the 21st century, Japan actively promotes the development of cultural industries, and vigorously promotes cultural exports, regarding the overseas output of cultural industry as an important strategy to strengthen the national core competitiveness. Ultimately, Japan aims to be the world's cultural industry power, relying on strong output products such as animation, games, and cartoons. Japanese TV series, as one of the core products of cultural industry, has not only cultivated a group of loyal lovers, but also realized the cross-cultural communication of Japanese culture and customs, life style, values and love view with excellent production and diversified narrative theme. Based on the user comments and feedbacks on web platforms such as Douban and Weibo, the paper have screened five themes (History, Life, Love, Family, Career) of Japanese TV series in China in the past ten years, such as *Day Yan*, *Midnight Canteen*, *Legal High*, *Hanzawa Naoki*, *the Woman of Tokyo* and so on. Through content analysis, the paper have explored the specific Japanese national image and the culture and values conveyed by Japanese TV series, from four perspectives of social citizen image, ethnic culture image, geographical landscape image, and the government social image.

Keywords Japanese TV Series; National Image; Social Citizen Image; Ethnic Culture Image; Geographical Landscape Image; Government Social Image

一　研究问题和背景

（一）日剧在华发展历程

1981 年，随着日本电视剧《姿三四郎》在上海电视台的播出，日剧正式进入中国并引起关注。整个 20 世纪 80 年代，通过中日文化交流引进的日剧有 37 部，其中《血疑》《阿信》《绿水英雄》等日剧均获得了较高收视率。这些日剧的引进，一方面丰富了国人的娱乐生活，另一方面客观上也向刚从"文化大革命"中走出来的民众传播了来自他国的新思想、新观念、新文化。

20 世纪 90 年代，随着日本社会的变革，日剧迎来一个转型期，以家庭伦理和青春爱情等社会流行趋势为题材的"潮流剧"登场，《东京爱情故事》《第 101 次求婚》《回首又见他》《同一屋檐下》等多部日剧收视率极高，其中《东京爱情故事》《第 101 次求婚》更是在亚洲风靡一时。90 年代作为日剧发展的黄金时期，这一时期的日剧代表亚洲电视剧制作的最高水平，多以东京为背景叙事，展现了日本中产阶级形象、生活方式和爱情观。90 年代后期，随着中日关系的冷却，引进的日剧数量大幅下降，影响力下降。

进入 2000 年，日剧不再局限于爱情和青春题材，题材的选择更加多元化。其中，揭露现代医疗行业争权夺利等黑暗现象的《白色巨塔》一经播出便引起极大反响，成为无数人心中的里程碑式影视巨作，《池袋西口公园》《交响情人梦》《美丽人生》等日剧也堪称经典。随着媒体格局的剧烈演变，网络取代电视媒体成为日剧输入中国的重要渠道。优酷土豆、腾讯视频、爱奇艺、AcFun、bilibili 等视频网站，人人影视字幕组、猪猪字幕组、91 日剧等纷纷引进最新日剧资源，日剧再次掀起热播狂潮。近年来，从豆瓣、微博、知乎等平台的反馈来看，"Legal High"、《半泽直树》、《昼颜》、《深夜食堂》等日剧不论是在口碑、关注度还是影响力方面都有着出色表现，日剧通过精良的制作水平和多元化的叙事主题在国内培养了一批日剧爱好者。

为了充分扩大日本文化产业的跨文化传播，日本在法律保障、战略设计和行动落实等层面多角度多手段布局，日本文化产品中的动漫、游戏和漫画等强势输出载体，已然在中国获得良好效果。日剧对日本文化风俗、日常生活方式、价值观、爱情观的跨文化传播有着积极意义。本文试图以近年在华热播日剧为样本，探究日剧热播背后所传达的日本文化和价值观，梳理电视剧呈现国家形象的维度量表，通过内容分析发掘日剧塑造的具体日本国家形象。

（二）研究思路

本文的主要研究问题和拟解决思路如下。

研究问题：日剧中的日本国家形象是如何呈现的？

拟解决思路：通过对近年不同类型的日剧进行抽样和内容分析，研究在华热播日剧所塑造的日本国家形象，梳理影视剧呈现国家形象的维度量表。

二 日剧研究文献综述

知网上关于日剧的学术文章共检索到 498 篇，其中核心期刊发表 117篇。从现有以日剧为研究对象的学术文献来看，研究视角主要集中在文化和传播学领域，角度较为单一、研究较为零散。

在文化视角下，学界主要研究日剧对于日本文化精神内涵和价值取向的表达。闫彦选取部分较为经典的日剧作为研究对象，通过与韩国、中国电视剧进行比较分析，最终得出日本文化的特点偏向于讲究礼仪和心性的培养、重视团队精神。[1]此外，不少学者以具体日剧为样本就其所表现的某一特定文化进行研究，沈斌研究了日剧《昼颜》所传达出的"自我"高于"传统家庭"、"秩序"高于"个人"的价值取向。[2]张欣慧同样以《昼颜》为例研究了日本特有的物哀文化在人际、人情方面的现代表达。[3]

在传播学视角下，学界主要对日剧的传播状况和成因以及用户对日剧的接触行为进行研究。胡彤研究得出我国电视剧政策影响、主题不符合中国受众口味、宣传欠缺以及中日文化差异四个方面的因素制约了日剧在华传播，[4]杨杰、徐晓梳理了日剧从 20 世纪 70 年代至今在华传播历程，指出一方面日剧具有题材广泛、分类细致、制作精良、节奏紧凑等优势，另一方面日本政府将电视剧在内的文化产品作为国家软实力输出的重点对象，因此日剧对中国的社会、文化、经济已形成了一定的影响。[5]此外，惠晓婧以大学生"日剧迷"日剧接触行为为角度探究日剧在华热播的原因，指出相比国产剧而言，日剧题材更加丰富、叙事节奏更加紧凑因而受大学生喜爱。[6]

在日剧与日本国家形象构建方面暂无相关研究，缺乏具有参考价值的国家形象维度量表，此外，西方文化产业的市场化程度较高，作为国家意识形态范畴的国家形象，与市场化、资本化运作的电视剧之间的关系，只能说存在着较不明显的蛛丝马迹，很难把握。因此，本文把电视剧作为文化市场的终端产品，对国家形象呈现为研究视角，以近年在华热播的日剧作为样本，创新运用国家形象维度量表探究日剧所呈现的日本国家形象。

（一）其他相关理论

1. 跨文化传播理论

跨文化传播（Intercultural Communication）包括人际传播和大众传播两

个层面。其中，人际传播层面的跨文化交流指的是拥有不同文化背景的人们发生相互交流行为的一种情境；而大众传播层面的跨文化传播则是指身处一种文化中的媒体向身处另一种文化中的受众进行文化传播。[7]因此，跨文化传播可以界定为不同文化形态之间或处于不同文化背景下的传播受体之间的文化交流或文化传播活动，具体来说就是拥有不同文化背景的文化要素在全球范围内编码、传播、解码、内部共享的过程，这一过程不仅发生在拥有不同文化形态和文化背景的国家、地区、民族之间，还可以发生在分属不同亚文化体系的群体或组织之间。

中国和日本同属东亚文化体系，有着长达两千年的历史渊源，因此在文化上具有一定的相似之处。但因不同的生活方式和政治制度造就了不同的文化形态，中日文化之间还是存在巨大的差异性，因此中日文化交流可以利用跨文化理论进行分析。

日剧作为日本文化和意识形态的缩影，是一种拥有日本文化背景的文化要素。通过日本编剧和其他影视制作者编码形成的日剧，经由互联网或其他渠道进入中国，再由国内的字幕组成员进行解码并共享资源，国人便可以观看日剧。在这种传播模式下，日剧作为携带日本文化因素的载体在中国实现了单向的跨文化传播，使国人逐渐了解日本的文化传统、风俗习惯和日本人民的生活方式及其背后所反映的价值观和意识形态，在增进国人理解日本文化的同时也呈现出特有的国家形象。

2. 媒介再现

再现（presentation）一词意指"再次呈现"，是"真实"世界里一些事物的一种映像、类似物或复制品。所谓再现就是将需要呈现的原始事物通过选择性拆分和整合各类构成元素，再次还原事物。[8]媒介作为社会信息的传递者，承担着向公众再现社会事实的责任，公众对所处社会的影像不仅来源于自己的生活经验，而且受到长期接触的媒介的影响。媒介对于社会真实的再现由它所反映的事实决定，由于不同的媒介对于社会事实的关注角度和侧重点不同，媒介所再现的社会现实也不尽相同，而媒介再现的社会现实与真实的社会也存在一定的差异。

沃尔特·李普曼在《公众舆论》中指出，在信息化高度发达的社会里，主要存在三种现实。一是"客观现实"，"客观现实"是客观存在且不以人的意志为转移的真实现实，即事实本身；二是"拟态现实"，"拟态现

实"是经媒介选择、加工、过滤后向公众展示的"象征性现实"；三是
"主观现实"，这种"现实"是存在于人们意识中的"关于外部世界的图
像"，"主观现实"是在人们对客观现实的认识基础上形成的，而且这种认
识在很大程度上依赖于媒体所提供的"象征性现实"。经由媒介的修饰形
成的"主观现实"无法镜像反映客观现实，与客观现实相比它产生了一定
的偏移，是一种"拟态"的现实。因此媒介再现并非是对其现实的客观
放映。[9]

日剧以一种文化载体的身份对日本国家形象进行选择、加工和过滤，
以编剧和影视制作者的意志来强调想要表达的主要信息、弱化次要信息甚
至忽略不想表达的部分信息，最终向公众展示出一种"象征性"的国家形
象。经过日剧传达的日本国家形象与实际的国家形象相比必然存在偏差，
因此日剧对国家形象的"再现"并非是真实客观地再现，而是以人的意志
为转移的主观再现，而受众脑海中关于日本这个国家的形象也必然是经过
加工的、与实际存在偏差的国家形象。在分析日剧所呈现的国家形象时，
利用媒介再现理论，可以客观把握日剧所呈现的"拟态"国家形象的完整
性和偏向性。

三 研究方法和样本说明

（一）内容分析法

内容分析法是一种对研究对象的内容进行深入分析，透过现象探究本
质的科学方法。作为传播学的基本研究方法之一，其特点是直接将传播内
容作为研究对象。美国传播学家伯纳德·贝雷尔森将内容分析法定义为
"一种对传播内容进行客观、系统、定量描述的研究方法"。运用内容分析
法进行研究时，研究者不需要与受众发生关系，而是直接将传播内容作为
研究对象，既能定量分析系统规律，又能定性分析把握事件本质。

本文运用内容分析法研究日剧塑造日本国家形象的成功之处有以下
两点。

（1）直接以日剧作为研究样本，直接再现日剧呈现的日本国家形象，
避免了由观众二次再现产生的偏差，研究角度更加客观全面，研究结果更

具可靠性和客观性。

（2）相比问卷调查法，内容分析的研究对象日剧即使已经播完也可以通过网络重新获取，资料更加完整，研究结果不受时间和空间的改变而改变。

（二）样本确定

日本电视剧（简称日剧）指的是日本电视台在全天各个特定时间播出的电视剧，大多以日常生活或漫画改编为拍摄题材。根据播出时间可以将日剧分为晨间剧、午间剧、大河剧和深夜剧。日剧的拍摄题材十分广泛，包括喜剧、校园剧、侦探剧、犯罪剧、悬疑剧、科幻剧、社会剧、纯爱剧、职场剧、励志剧、家庭剧等。

日剧对于国家形象的呈现具有一定的主观性，不同题材的日剧所表现的角度具有较大的差异性。因此，本文在选择研究对象时，遵从以下几项原则：

（1）根据国家形象的多角度呈现选择；

（2）根据题材的真实程度选择；

（3）根据在华传播的口碑和影响力选择。

首先，根据国家形象的多角度呈现这一研究目的选择时，需要尽可能将所有题材的日剧加入选择范围，以保证研究对象从多个方面再现日本国家形象。

其次，根据题材的真实程度选择时，要充分考虑样本日剧对现实日本的再现程度是否有较大偏差。在选择样本时，一些与现实生活差距较大的题材如科幻剧、悬疑剧和犯罪剧需要剔除在外；尽量考虑贴近日常生活的纪实题材。

最后，根据在华传播的口碑和影响力选择时，在确定题材范围的基础上，根据在国内播出后的口碑较好、影响力较大的日剧作为具体的研究样本。口碑较好的日剧普遍具有较高的认可度，而影响力较大的日剧说明其传播范围更广、受众更多。

综合考虑以上三个选择标准，最终将样本限定在剧情、历史、生活、爱情、家庭和职业五种类型题材的日剧中，以豆瓣评价作为衡量日剧口碑和影响力的主要参考依据，综合考虑豆瓣评分（观后评分）和热度（评价人数），筛选出 2007 年至 2017 年这十年间的十部日剧作为研究样本。其中，在对日剧中的人物形象分析时，以男一号、男二号、男三号、女一号、女二号、女三号为范围，选取十部样本日剧中能充分展现人物性格、戏份较多的角色作为人物研究样本，最终的研究日剧样本为 9 部，人物样本为 26 个，如表 1 所示。

表 1　9 部日剧样本

类型	样本名称	年份	豆瓣评分（十分制）	豆瓣热度（人次）	人物样本
剧情	《火花》	2016	9.3	16203	德永太步
					神谷才藏
	《东京女子图鉴》	2016	8.7	51633	绫
历史	《仁医》	2009	8.9	22107	南方仁
					野风
					橘咲
					坂本龙马
生活	《家族的形式》	2016	8.8	32566	永里大介
					叶菜子
					永里阳三
					熊谷律子
					田中莉奈
	《深夜食堂》	2009	9.2	103791	厨师
爱情	《昼颜》	2014	8.6	80430	笹本纱和
					北野老师
					泷川利佳子
					加藤修
					乃里子
	《最完美的离婚》	2013	8.9	63382	滨崎光生
					滨崎结夏
					上原灯里
					上原谅

类型	样本名称	年份	豆瓣评分（十分制）	豆瓣热度（人次）	人物样本
职业	《半泽直树》	2013	9.1	109900	半泽直树
					半泽花
	Legal High	2012	9.3	127237	古美门
					真知子

（三）类目构建

本研究试图创新使用国家形象维度量表对日剧样本进行内容分析。国家形象由表现国家形象的多种维度综合呈现。张昆提出制度要素、物质要素和精神要素是构成国家形象的三大要素，而政治、经济、社会、文化和地理是这三个要素的具体表现。[10]范红提出从国家形象标识、国情介绍、政府形象、企业形象、城市形象、历史形象、文化形象和国民素质八个维度构建国家形象。[11]王馨毓从政治经济形象、家庭社会形象和文化宗教形象研究美剧对美国国家形象构建[12]。胡倩则从民族文化形象、国民素质形象、社会制度形象三个维度研究了日本动漫对日本国家形象的构建。[13]参考以上几位研究者所提出的国家形象构成维度，结合电视剧自身特点，本文拟从社会公民形象、民族文化形象、地理景观形象和政府社会形象四个维度研究日剧所呈现的日本国家形象。

1. 社会公民形象

研究社会公民形象的主要目的是为了分析日剧对日本人民的性格特点、爱情观和价值观的再现状况。因此，社会公民形象主要从基础形象、性格特征、婚恋观和价值观四个维度对 26 个人物样本进行考察。

（1）基础形象

（a）性别，编码如下：

1＝男性　　2＝女性

（b）职业，编码如下：

1＝政府工作人员、事业单位、公务员、军人、政治家

2＝专业人员（如教师、医生、律师、画家、作家、演员等）

3＝企业职员（从事一般性事物的人员）

4＝自由职业者

5＝离职退休人员

6＝家庭妇女

7＝其他

（2）性格特征

性格特征主要从以下六个维度考察。

（a）能量来源，编码如下：

1＝偏外部　　2＝偏内部

（b）决策机制，编码如下：

1＝偏思考　　2＝偏情感

（c）人际交往，编码如下：

1＝偏主导　　2＝偏被动

（d）忠诚度，编码如下：

1＝较高　　　2＝较低

（e）正义感，编码如下：

1＝较强　　2＝较弱

（f）责任感，编码如下：

1＝较强　　2＝较弱

（3）婚恋观

婚恋观主要考察爱情观和婚姻观两个维度。其中，爱情观的编码参照 J. A. Lee 提出的构成爱情的激情之爱、游戏之爱、友谊之爱、实用之爱、占有之爱和奉献之爱六种模式。[14]

（a）爱情观，编码如下：

1＝无爱（对爱情无明显的态度或未提及）

2＝浪漫爱（认为爱情是浪漫而充满激情的情绪体验）

3＝游戏爱（认为爱情如游戏）

4＝占有爱（认为爱情充满激情且能被自我掌控）

5＝同伴爱（认为爱情如友人陪伴）

6＝现实爱（认为爱情需要考虑现实状况）

7＝奉献爱（认为爱情是自我奉献不求回报）

（b）婚姻观，编码如下：

1＝婚姻拥护者（对婚姻充满期待或认为结婚是必要的）

2＝不婚主义者（对婚姻持消极态度或不想结婚）

3＝中性（未提及或无所谓）

（4）价值观

价值观主要用于考察日剧中日本人民呈现的人生观和世界观。价值观的呈现可以反映日本人民独特的民族性格和人生态度。跨文化交际学派学者 Hofstede 提出著名的文化价值观维度理论，将文化价值观分为权力距离、不确定性规避、个人主义和集体主义、男性倾向和女性倾向、长期取向和短期取向五个维度。[15]本文结合 Hofstede 的文化价值观五维度划分原则和日剧中日本人民价值观的呈现状况，将价值观划分为以下七个维度。

（a）人与宇宙大自然的关系，编码如下：

1＝自然价值观（认为命由天定，一切命中注定）

2＝技术价值观（认为事在人为，人定胜天）

（b）集体主义与个人主义，编码如下：

1＝集体主义（关心集体目标，倾向于集体行动）

2＝个人主义（自力更生，与群体保持距离）

（c）男权女权，编码如下：

1＝男权（男子在家庭、社会中的支配性特权）

2＝女权（追求良性平等，强调女性在社会家庭的独立）

（d）长期导向与短期导向，编码如下：

1＝经济型（倾向于考虑长远利益）

2＝享乐型（倾向于考虑眼前利益，及时享乐）

（e）团队精神，编码如下：

1＝较强

2＝较弱

（f）开放程度，编码如下：

1＝较开放（注重创新，乐于挑战）

2＝较保守（墨守成规，拒绝挑战）

（g）等级观念，编码如下：

1＝较强（认为人应按照地位的高低划分等级）

2＝较弱（认为人人平等）

2. 民族文化形象

作为国家形象的重要组成部分，民族文化形象既体现了一个民族的物质和精神文明的总和，又展现了一个国家悠久的历史文化积淀。民族文化包含物质文化和精神文化，其中，饮食、衣着、住宅等属于物质文化的内容；艺术、宗教、风俗、传统属于精神文化的内容。本研究从以下七个维度考察9部日剧中的民族文化形象。

（1）节日风俗（如祇园祭、天神祭、神田祭、樱花祭、烟花大会、传统婚礼、传统葬礼等），编码如下：

1＝有提及　　2＝未提及

（2）宗教文化（如日本寺庙、神社等），编码如下：

1＝有提及　　2＝未提及

（3）传统艺术（如禅道、武士道、相扑、歌舞伎、茶道、花道、剑道、柔道、传统绘画、传统歌曲等）编码如下：

1＝有提及　　2＝未提及

（4）饮食习惯

（a）传统饮食（如章鱼烧、寿司、拉面、关东煮、大阪烧等），编码如下：

1＝有提及　　2＝未提及

（b）饮食场所，编码如下：

1＝居酒屋为主　　2＝餐厅为主　　3＝家为主　　4＝其他

（5）传统服饰（和服）编码如下：

1＝有提及　　2＝未提及

（6）起居住所（主要建筑类型）编码如下：

1＝和式建筑为主　　2＝现代住所为主

（7）日常礼仪

（a）餐桌礼仪，编码如下：

1＝有提及　　2＝未提及

（b）语言礼仪，编码如下：

1＝有提及　　2＝未提及

（c）服饰礼仪，编码如下：

1＝有提及　　2＝未提及

（d）社交礼仪，编码如下：

1＝有提及　　2＝未提及

3. 地理景观形象

地理景观作为国家形象的另一重要组成部分，是呈现在观众面前的最直接客观的形象。本研究从以下两个维度对9部日剧中地理景观形象进行考察。

（1）城市面貌

（a）建筑，编码如下：

1＝高楼大厦为主　　2＝老街平房为主

（b）公共设施，编码如下：

1＝较为齐全　　2＝有待完善

（c）交通，编码如下：

1＝较拥挤　　2＝较通畅

（2）自然风光

（a）知名景点，编码如下：

1＝有提及　　2＝未提及

（b）地理面貌，编码如下：

1＝有提及　　2＝未提及

（c）自然植物，编码如下：

1＝有提及　　2＝未提及

4. 政府社会形象

政府社会形象反映了国家的政治、经济形态，政府、企业形象的好坏直接影响国家形象，因此政府社会形象是国家形象的重要构成部分。本研究从以下四个维度考察9部日剧的政府社会形象。

（1）政府形象

（a）政治制度，编码如下：

1＝正面　　2＝负面　　3＝中性（表示态度中立或未提及，下同）

（b）政治家形象，编码如下：

1＝正面　　2＝负面　　3＝中性

（c）民主程度，编码如下：

1＝较高　　2＝较低　　3＝中性

（d）法律制度，编码如下：

1＝正面　　2＝负面　　3＝中性

（2）教育形象

（a）教育水平，编码如下：

1＝较高　　2＝较低　　3＝中性

（b）重视教育程度，编码如下：

1＝较高　　2＝较低　　3＝中性

（3）企业形象

（a）公司形象，编码如下：

1＝正面　　2＝负面　　3＝中性

（b）企业文化，编码如下：

1＝较浓　　2＝较淡　　3＝中性

（4）经济形象

（a）税收水平，编码如下：

1＝较高　　2＝较低　　3＝中性

（b）居民消费水平，编码如下：

1＝较高　　2＝较低　　3＝中性

基于以上编码表，对选为样本的 9 部日剧中的 26 个人物角色进行社会公民形象考察，对 9 部日剧进行民族文化形象、地理景观形象和政府社会形象考察，然后录入 IBM SPSS Statistics 进行频率统计和交叉统计。

四　研究结果

（一）日本社会公民形象

1. 日本公民基础形象呈现结果

（1）日剧中社会公民角色性别分布

样本日剧中的男性角色略多于女性角色，但差异并不显著。从戏份上来看，多以大男主戏为主，剧中男主角为核心人物，整部剧围绕核心人物展开剧情。如《火花》中的德永太步、神谷才藏两位主角均为男性；《坂上之云》讲述明治维新时期秋山好古、秋山真之兄弟和文学家正冈子规三位男性主角的成长经历；《仁医》、《深夜食堂》、Legal High、《半泽直树》都是以男性为核心人物推动剧情发展，女性在剧中扮演辅助角色。以女性为核心人物的日剧仅有《东京女子图鉴》和《昼颜》两部（表2）。

表2　日本社会公民剧中性别统计

日剧中社会公民角色性别	频率	百分比（%）
男性	16	55.2
女性	13	44.8
总计	29	100.00

（2）日剧中社会公民角色职业分布

日剧中主要人物角色的职业以专业人员（37.9%）为主，其次为政治工作从业人员（17.2%）和企业职员（17.2%），很少出现创业者或其他自由职业者。由此可见，剧中日本人尤其是日本男性普遍从事传统、稳定、专业性较强的工作，如医生、律师、银行职员等。除部分主要女性角色有正式工作以外，剧中大部分次要女性角色尤其是婚后以家庭妇女的形象出现（表3）。

表3　日本社会公民剧中职业统计

日剧中社会公民角色职业	频率	百分比（%）
政府工作人员、事业单位、公务员、军人、政治家	5	17.2
专业人员（如教师、医生、律师、画家、作家、演员等）	11	37.9
企业职员（从事一般性事物的人员）	5	17.2
自由职业者	3	10.3
离职退休人员	2	6.9
家庭妇女	2	6.9
其他	1	3.4
总计	29	100.00

2. 日本公民性格特征呈现结果

对日剧中 29 个样本人物的性格特征进行统计分析（图 1），发现 62.1%的角色能量来源于外部环境而非内心；62.1%的角色乐于主动与人交往；日本人民在日剧中呈现出较高的忠诚度（65.5%）、较强的正义感（69.0%）和责任感（75.9%）。

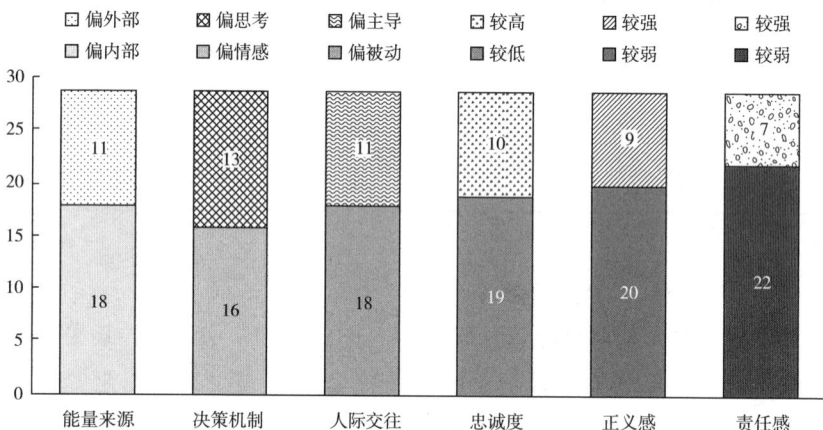

图 1　日剧中日本公民性格特征统计

日剧中，企业单位、政府部门工作人员往往具有极强的使命感和责任感，他们将自己视为企业或国家的命运共同体，乐意为企业壮大、国家繁荣做出贡献。专职人员则呈现出较高的职业素养和行业责任感。如《仁医》中，男主南方仁身为医生，始终秉持仁义之心行医救人，不惜改变历史只为挽救病患的生命；又如《半泽直树》中，男主半译直树作为东京中央银行一名职员，为人正直、富有理想，拼尽全力与银行业的种种不良风气抗衡。

整体来说，日剧塑造了一群较为开朗外向、忠诚度较高、正义感较强且富有社会责任感的日本公民形象。

3. 日本公民婚恋观呈现结果

从 26 个人物角色呈现的婚恋观来看，剧中人物的爱情观呈现多元化的形态，各种模式的爱情在剧中均有所展现。日剧中对于爱情婚姻的呈现一般较为现实，讲述的内容贴近日常生活。剧中较多男性角色（31.13%）呈现出爱情如朋友般相伴相惜的爱情观，对于爱情激情较少理性较多（见

表4）。婚姻观方面，55.17%的角色在剧中以已婚或者向往结婚的形象出现，其中，男性对于婚姻的态度无明显倾向性，而84.61%的女性表现出对婚姻的渴望和向往（见表5）。

表4　角色性别与爱情观交叉分析

性别	爱情观							合计
	无爱	浪漫爱	游戏爱	占有爱	同伴爱	现实爱	奉献爱	
男性	3	2	2	0	5	2	2	16
女性	0	3	1	1	2	4	2	13
合计	3	5	3	1	7	6	4	29

表5　角色性别与婚姻观交叉分析

性别	婚姻观			合计
	婚姻拥护者	不婚主义者	中性	
男性	5	5	6	16
女性	11	1	1	13
合计	16	6	7	29

在9部样本日剧中出现的未列入人物样本的背景角色中，大部分单身女性展现出的爱情观是一种以结婚为目的、考虑对方是否符合各方面条件的现实爱；而婚后女性角色多为无业的家庭主妇，呈现出为家庭献身、放弃个人理想的奉献式婚姻观。这反映了日剧中呈现的当代社会主流婚恋观是传统的、以结婚为目的的恋爱观和为家庭牺牲自我的婚姻观。如《东京女子图鉴》中，女主角绫的大部分女同事的业余活动是集体相亲，以经济、相貌、家世等物质条件选择伴侣，将婚姻作为女性最好的归宿；*Legal High* 也提到"婚姻里没有理想，有的要么是妥协放弃，要么是充满血腥的抗战"。在这样的社会背景下，不少日剧中的年轻人向社会主流婚恋观发起挑战，强调个人价值、渴望实现自我、追求精神独立的婚恋观。如《最完美的离婚》从男女主争吵不断的婚姻生活中呈现出当代年轻人的一种新的婚姻观：夫妻双方既能牺牲自我又能保持自我。再例如，《昼颜》反映了当代社会中日本家庭主妇面临着因传统婚姻蚕食自我感到绝望和无助的

困境，笹本纱和与泷川利佳子两位女主角就是这样的家庭妇女，她们意识到是婚姻让自己失去了自我价值、丧失了对生活的期待，因而出走家庭试图摆脱婚姻对自我的束缚，以追求真爱和自由。而《家族的形式》里的男、女主角均为生活健康、收入稳定、独立自我的不婚主义者，他们不愿意为了父母的期待、社会舆论的压力而被迫结婚。以他们为代表的日本年轻人呈现出晚婚、不结婚、不愿意为婚姻放弃自我的婚姻主张。

4. 日本公民价值观呈现结果

对样本剧中 26 个人物形象进行统计分析（图 2），发现日本公民在剧中呈现出一种保守与开放兼并的矛盾型价值观。其中，在人与大自然的关系、集体主义与个人主义、男权与女权、团队精神和等级观念维度，剧中人物呈现出较为传统的价值观；而在长期与短期导向和开放程度两个维度，人物形象又偏向开放。

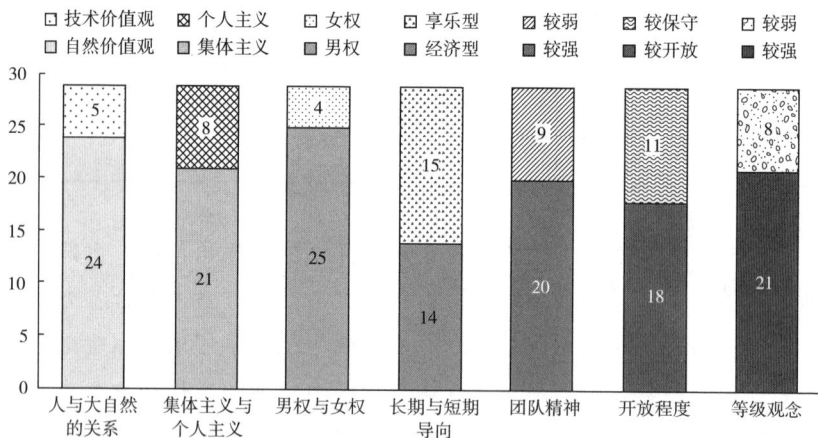

图 2　剧中日本公民价值观统计

从人与大自然的关系来看，82.8%的角色相信命运的安排、认为自然的力量是不可战胜的；但仍有少数角色相信人定胜天、命运由自己主宰。如《半泽直树》中男主角半泽直树，始终坚定贯彻自己的信念，希望凭借一己之力改变银行业根深蒂固的阶级固化和党同伐异现象；《仁医》中，坂本龙马并不屈从于命运，两度脱藩成为维新志士，提出著名的船中八策，成为倒幕维新运动中著名的活动家、思想家。

从集体主义与个人主义和团队意识来看，72.4%的角色表现出明显的集体主义色彩，团队精神（69.0%）也较强。剧中的日本人对于周围的人表现出较强的依赖感，在日常生活中大多喜欢集体出行、集体聚餐、集体生活，甚至交友相亲都以一种集体化的方式在《东京女子图鉴》和《家族的形式》中呈现；在工作上表现出企业高于个人的集体荣誉感；在精神上，拥有较强的民族荣辱感，个人利益服从于国家利益，强调国家的发展离不开个人的贡献。少数年轻人试图与这种集体主义的主流价值观抗衡，主张个人权利、个人自由和自我独立。如《家族的形式》中男主角永里大介就是个典型的个人主义者，他信奉独身主义、讨厌集体生活，认为"人本来就属于社会和国家这样的团体了，聚集在一起就会受到各种压榨，就像被国家压榨需要交税一样。一旦从属于家庭这个群体之后，时间和金钱就会被压榨"。再比如，《昼颜》的女主角笹本纱和勇敢抛弃婆婆、丈夫和同事们的传统家庭价值观，将自我实现放在了传统家庭之上。

在男权女权问题上，日剧中呈现的日本人（86.2%）拥有较强的男权意识，这体现在男性无论是在家庭还是社会中都占支配地位。日本家庭中，男主外、女主内成为普遍现象，这在《昼颜》《坂上之云》《半泽直树》中均有所体现。日本女性为了给予家庭和丈夫生活上的支持，在婚后一般会选择放弃自己原有的工作，最终成为丈夫的附属品。在工作当中，男性在职场上体现出较强的主导权和话语权，剧中高层几乎都为男性，且职场中男女比例明显失衡。如《半泽直树》中的台词就有提到，"目前在银行任综合职务的女性人数连男性的十分之一都不到，你真的懂每次融资都要全听男人决定的职场女性的心情吗？"事实上，日剧中呈现出男权意识的不仅是绝大多数男性，而且有大部分女性角色。

剧中角色较为保守的价值观在等级观念上也有所体现。72.4%的角色拥有较强的等级观念，主要表现为职场中稳定的上下级关系。上级不仅象征着权威，也承担着着更重的责任，而下级对上级表示绝对地服从。此外，几乎所有剧中角色在生活中对于等级或辈分比自己高的人会使用敬语以示尊敬。

长期与短期导向维度呈现出日本人多元的价值观，日剧中既有对未来深思熟虑、早早做好打算的传统型角色，也不乏及时享乐型角色。

而在开放程度方面，剧中人物却不像以上几种维度中所表现的保守。

不管是古代人还是当代人，又展现出较为开放的求新精神，乐于吸收外来思想文化、接纳新事物。*Legal High* 的台词"就算是煎荷包蛋，我也是淋英国辣酱油的那种人"，也体现了日本人对西方文化的崇尚之情。

（二）日本民族文化形象

1. 日本节日风俗呈现结果

考察的 9 部样本日剧有 6 部对日本节日风俗有所展现（见表 6）。如《昼颜》《火花》均提到日本的传统活动——烟花大会，在观看烟花大会时，人们有日本传统浴衣的习俗。又如《家族的形式》中展现了现代日本葬礼；《最完美的离婚》中提到十一月的西日庙会。

表 6　日剧中节日风俗呈现情况统计

日本节日风俗		频率	百分比（%）
樱花祭、烟花大会、传统婚礼、传统葬礼等	有提及	6	33.3
	未提及	3	66.7
总计		9	100

2. 日本宗教文化呈现结果

日剧中虽没有呈现出人们的宗教信仰，但在 9 部样本日剧中，有 6 部提到了日本寺庙或神社。其中寺庙是佛教的庙宇，神社则是神道教的庙宇。剧中当日本人心有所求时，就会前往寺庙或神社进行祈福（见表 7）。

表 7　日剧中日本宗教文化呈现情况统计

日本宗教文化		频率	百分比（%）
寺庙或神社	有提及	6	60
	未提及	4	40
总计		10	100

3. 日本传统艺术呈现结果

10 部样本日剧中，有 6 部呈现了日本的传统艺术（见表 8）。如《仁医》这部历史剧提到日本的武士道，《半泽直树》中反复运用剑道来塑造人物形象，一方面通过利落的动作直接展现了剑道的形式美感，另一方面间接地呈现了永不放弃的剑道精神。

表8　日剧中日本传统艺术呈现情况统计

日本传统艺术		频率	百分比（％）
武士道、相扑、歌舞伎、茶道、花道、剑道、柔道、传统绘画、传统歌曲等	有提及	5	55.5
	未提及	4	44.5
总计		9	100

4. 日本饮食习惯呈现结果

对9部样本日剧的饮食习惯进行考察后，发现每一部剧都提到了日本的传统饮食和各种特色小吃；饮食场所以家（70％）为主（见表9）。日剧中呈现的日本料理以小而精致、形式多样、色泽艳丽为主要特点，米饭、面条为主食。Legal High 和《深夜食堂》还展现了酱油在日本人心中独特的地位。日剧中出现了各种各样的饮食场所，既有朴实的居酒屋、街边小店、日式餐馆，也有高档精致的日式会所，但家是剧中出现最多的饮食场所。

表9　日剧中日本传统饮食呈现情况统计

日本饮食习惯		频率	百分比（％）
传统饮食：章鱼烧、寿司、拉面、关东煮、大阪烧等	有提及	9	100
	未提及	0	0
总计		9	100
饮食场所	居酒屋为主	1	10
	餐厅为主	2	20
	家为主	7	70
	其他	0	0
总计		10	100

5. 日本传统服饰呈现结果

日本传统服饰在 9 部样本日剧中均有所呈现（见表 10）。如《仁医》所描绘的日本江户时代盛行和服，举国上下不论男女老少都衣着和服；男式和服多为深色，颜色较为单一，一般胸前佩有家族标志；女式和服较男式而言颜色更为鲜艳、样式更为丰富，女主角野风作为花魁，和服款式华丽而精致，展现了日本女性的优雅和风韵。但余下几部现代剧均展现了和服在现代日本人心中的特殊地位，在传统节日、重大庆典、婚礼、葬礼或其他重要场合中，和服成为不可或缺的服饰。

表 10　日剧中日本传统服饰呈现情况统计

日本传统服饰		频率	百分比（%）
和服	有提及	9	100
	未提及	0	0
总计		9	100

6. 日本起居住所呈现结果

在考察的 9 部样本日剧中，一半的日剧对日本的传统和式建筑有所呈现（见表 11）。剧中的和式住宅受中国传统园林建筑的影响，表现出一定程度上的相似性。和式建筑一般不超过两层，木质结构，开放式格局，外有庭院，讲求与自然和谐统一，质朴之中又不失雅致。

表 11　日剧中日本起居住所呈现情况统计

日本起居住所		频率	百分比（%）
建筑类型	和式建筑为主	5	50
	现代住所为主	5	50
总计		10	100

7. 日本日常礼仪呈现结果

对 9 部样本日剧中的日常礼仪呈现情况进行考察，发现日本人非常讲究礼仪，尤其是在语言（100%）和社交（100%）礼仪两个维度（见

图3）。饮食方面，部分剧中人物在用餐前会说一句"いただきます"以表示对所食之物的感激；语言方面，所有日本人都会注意语言的使用场合和使用对象，针对不同的场合和对象使用不同的语言形式和称谓，如对长辈使用敬语以示尊重；服饰方面，日本人在正式场合中很注意自己的衣着和仪表，隆重场合下倾向于穿着和服；社交方面，剧中日本人在与人交往时习惯使用谦词以示礼貌，在会面时以鞠躬为礼互相问候。

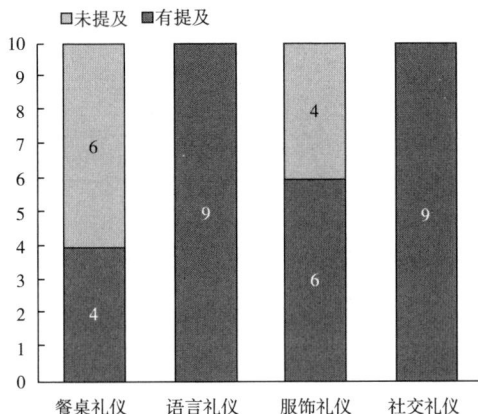

图例：未提及　有提及

图 3　剧中日本人日常礼仪统计

（三）日本地理景观形象

1. 日本城市面貌呈现结果

对于9部样本日剧中城市面貌呈现情况的考察，发现《东京女子图鉴》《家族的形式》等日剧中呈现的东京、大阪等城市现代化程度很高，市中心高楼林立，建筑密集，以商场、写字楼居多，交通十分便利，公共设施也较为齐全（见表12）。如《东京女子图鉴》中展现了位于东京都涩谷区惠比寿、银座一丁目等高档住宅区、购物区的面貌。市中心以外和其他小城市则以干净的小街小巷和错落有致的小楼住宅为主要特色，如《深夜食堂》中呈现的小巷弄和昭和风格的小店。《最完美的离婚》、Legal High 所呈现的日本乡村以传统和式建筑为主，地广人稀，道路宽敞，自然环境优美。

表 12　剧中日本城市面貌呈现情况统计

日本城市面貌		频率	百分比（%）
建筑	高楼大厦为主	3	30
	老街平房为主	7	70
总计		10	100
公共设施	较为齐全	8	80
	有待完善	2	20
总计		10	100
交通	较拥挤	3	30
	较通畅	7	70
总计		10	100

2. 日本自然风光呈现结果

在自然风光方面，9 部样本日剧中有 7 部给予日本众多的知名景点特写，如《最完美的离婚》中的富士山、《火花》中的热海、《半泽直树》中的东京国立博物馆、《东京女子图鉴》中的银座和东京塔、Legal High 中的浅草寺和《最完美的离婚》中的目黑川等。日剧中对于地貌和自然生物的特写并不多，但对于日本的地形地貌以及特色植物还是有所提及。如《最完美的离婚》中女主角滨崎结夏的老家呈现出日本多山，多冲积平原的地貌。日剧中出现频率最高的自然生物是樱花，如《最完美的离婚》中主角们生活的地方就是日本著名的赏樱地——目黑川。具体如表 13 所示。

表 13　剧中日本自然风光呈现情况统计

日本自然风光		频率	百分比（%）
知名景点	有提及	7	77.8
	未提及	2	22.2
总计		9	100
地理面貌	有提及	3	33.3
	未提及	6	66.7
总计		9	100

日本自然风光		频率	百分比（%）
自然生物	有提及	4	40
	未提及	6	60
总计		10	100

（四）日本政府社会形象

1. 日本政府形象呈现结果

针对 9 部样本日剧进行考察，发现日剧所呈现的政府形象并不是绝对的，既有展现出好的一面，也有展现其不好的一面（见图 4）。

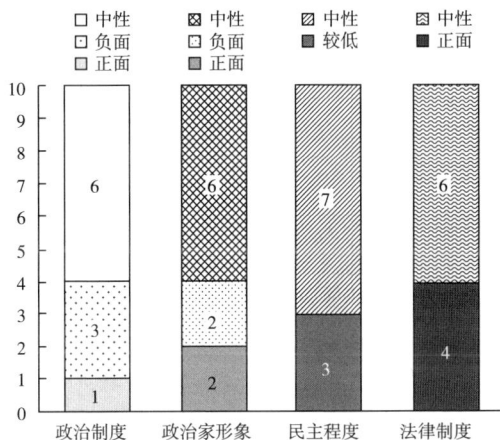

图 4　剧中日本政府形象统计

在政治制度和政治家形象维度，日剧《仁医》中穿越回古代的男主角对日本现代社会的保险制度提出赞赏，指出"保险是国家为国民出一部分手术费和医药费等的一种制度，上缴一部分钱，以一时之结余"；此外，对于这部日剧也刻画了作为维新志士的政治家坂本龙马思想进步、勇于创新的正面形象，这是政治形象中获得赞赏的一个方面。但《仁医》中所呈现的江户时期的幕府是较为负面的形象。但是《东京女子图鉴》中的旁白指出日本政府和政治家的阴谋是群愚政治，他们鼓励没有智慧和能力的女性生育，培养缺乏环境教育和育儿援助的劣质基因，以便顺从地接纳种种政策。*Legal High* 也指出谄媚的政治家一边追求金钱，一边向愚民标榜清廉政治，一旦受到愚民支持，没有能力的政治家就会增加，有能力的政治家被检察厅消灭，于是民众开始感叹日本政治家不行了。

在法律制度方面，《东京女子图鉴》肯定了日本 1985 年颁布的《男女雇佣机会均等法》给予女性平等工作的权利；《最完美的离婚》提到了日本实行的垃圾分类法；*Legal High* 则从律师的角度出发，强调了法律的作用是为了判断是非，所谓实体正义应当是法律正义而非道德正义，这就是法律的作用。

在民主程度维度，《东京女子图鉴》批判日本是世袭议员们创造的独裁国家。从《仁医》这部历史剧也可以看出，明治维新以前的日本实行的是垄断官僚政治，从 *Legal High* 中呈现了当代日本实行的政党制度是多党制，但官僚主义和世袭制度依然还是存在的，这也就意味着民主程度并不高。

2. 日本学校形象呈现结果

日剧中并未强调日本的教育形象（见表 14），但还是能看出日本政府对于教育的重视程度比较高。*Legal High*、《半泽直树》等职业剧中也能看出日本人在择业时也比较看重学历和名校。

表 14　剧中日本教育形象呈现情况统计

日本教育形象		频率	百分比（%）
教育水平	较高	2	20
	较低	0	0
	中性	8	80
总计		10	100
重视教育程度	较高	5	50
	较低	0	0
	中性	5	50
总计		10	100

3. 日本企业形象呈现结果

对 9 部样本日剧的企业形象进行考察，发现对于公司形象的呈现有好有坏，既有决定国家发展的大企业，也有只顾利益的黑心企业，但总体来说企业文化氛围较浓。如日剧 *Legal High* 中的一集讲述了仙羽化工企业在村庄里设立厂房后污染了水源，对村里老人的健康造成威胁，这揭示了部分企业为谋求自身发展而造成的环境污染。《半泽直树》则站在银行职员的角度揭露了银行业内阶层固化、党同伐异、晴天借伞雨天收、人事就是一切、不为借贷人考虑等种种行业不良现象；呈现日本企业时，既有不顾员工死活骗贷私逃的黑心企业老板，也有坚持为员工和产品负责的公司，还有为摆脱官僚主义积极转型的企业。《最完美的离婚》的男主则批判了会让员工无止境加班的黑心控股企业，剧中角色所在的企业不论好坏与否，其文化氛围还是较为浓厚的，这不仅体现在等级分明的上下级关系上，还体现在员工之间较强的团队协作精神、企业责任感和荣誉感。如表 15 所示。

表 15　剧中日本企业形象呈现情况统计

日本企业形象		频率	百分比（%）
公司形象	正面	3	30
	负面	3	30
	中性	4	40
总计		10	100
企业文化	较高	6	60
	较低	0	0
	中性	4	40
总计		10	100

4. 日本经济形象呈现结果

对 9 部样本日剧进行考察，发现呈现出税收较高、消费水平较高的特点。表 16 从国家经济水平来看，《仁医》呈现了明治维新之前日本经济落后、以劳动密集型产业为主，这一时期，为支撑国家军事发展，全民赋税苛重，居民消费水平极低，日俄战争取得全面胜利后，日本经济开始复苏；《半泽直树》再现了 20 世纪 80 年代末期 90 年代初期进入泡沫经济时期的日本，银行企业纷纷破产倒闭、各大产业萎靡不振，失业率高起；

Legal High、《家族的形式》《最完美的离婚》则呈现出日本税收较高，居民消费水平较高、国家经济发展依赖大型企业的经济现状。

表 16　剧中日本经济形象呈现情况统计

日本经济形象		频率	百分比（%）
税收水平	较高	4	40
	较低	0	0
	中性	6	60
总计		10	100
居民消费水平	较高	5	50
	较低	4	40
	中性	1	10
总计		10	100

五　结论

本文使用内容分析法，从社会公民形象、民族文化形象、地理景观形象和政府社会形象四个维度对在华热播日剧所呈现的日本国家形象进行考察。

研究发现，在华热播日剧所呈现的日本国家形象总体来说是较为客观和正面的。从社会公民形象来看，日本人民开朗外向、忠诚度较高、正义感较强、注重礼仪且富有社会责任感，普遍抱持一种保守与开放兼并的矛盾型价值观，一方面遵守社会主流价值观，崇尚男权、遵守严格的等级观念、有较强的集体主义，另一方面求新求异，善于学习西方先进文化，以国家繁荣为己任。从民族文化形象来看，日本作为文明礼仪之邦不仅有着深厚的传统文化底蕴，而且重视传统文化的传承与发扬。从地理景观形象来看，日本以岛为国，喜爱樱花，拥有众多知名景点，既有东京、大阪等大城市的现代感，又不失小城市的市井气息。从政府社会形象来看，政府的形象是多元的，既有肯定也有批判，这体现了民众对政府有着较高的期待；企业形象也是多元的，但总体来说企业文化氛围较浓；几经波折的日本经济总体呈现较高水平。

其实不仅是日剧，而且近几年韩剧、美剧甚至是泰剧都在中国引起广泛关注。跨国剧热播的背后不仅体现了中国观众对外来文化的开放式接纳，也对中国跨文化传播有着积极的借鉴意义。相比于硬性输出，软性的输出可以实现更好地跨文化传播效果，如果能有意识、有选择地将中国文化、价值观寓于国产剧中，通过电视剧海外输出，就可以让国际观众主动了解中国、接纳中华文化，再现积极正面的国家形象以提高中国的国家文化软实力。

（作者单位：上海交通大学媒7体与传播学院）

注释

[1] 闫彦：《日剧与日本文化精神内涵的表达》，《经济师》2009 年第 9 期，第 30~31，34 页。

[2] 沈斌：《论日剧〈昼颜〉的创作视角及价值取向》，《电影文学》2015 年第 6 期，第 158~160 页。

[3] 张欣慧：《日本物哀文化的现代表达及传播——以日剧〈昼颜〉为例》，《新闻传播》2015 年第 19 期，第 109~110 页。

[4] 胡彤：《全媒体时代下日剧传播面临的困境》，《科技风》2014 年第 18 期，第 193 页。

[5] 杨杰、徐晓：《日剧在中国传播的现状和启示》，《当代电视》2016 年第 9 期，第 45~46 页。

[6] 惠晓婧：《中国当代大学生"日剧迷"日剧接触行为的传播学考察》，山东师范大学，2010，第 42 页。

[7] 萨默瓦、波特、闵惠泉：《跨文化传播》（第 4 版），中国人民大学出版社，2010。

[8] 大卫·麦克奎恩：《理解电视》，华夏出版社，2003。

[9] 沃尔特·李普曼：《公众舆论》，上海人民出版社，2006。

[10] 张昆、徐琼：《国家形象刍议》，《国际新闻界》2007 年第 3 期，第 11~16 页。

[11] 范红：《国家形象的多维塑造与传播策略》，《清华大学学报》（哲学社会科学版）2013 年第 2 期，第 141~152，161 页。

［12］ 王馨毓：《在华传播美剧中的美国国家形象研究》，浙江大学硕士学位论文，2014。

［13］ 胡倩:《动漫与国家形象——日本动漫在中国的传播研究》，浙江大学硕士学位论文，2008。

［14］ Lee，J. A. Colours of love：an exploration of the ways of loving ［J］. Don Mills，Ontario：New Press，1973，p. 59.

［15］ Hofstede，G. Cultures Consequences ［M］. Shanghai：Shanghai Foreign Language Education Press，2008.

图书在版编目（CIP）数据

舆论学研究. 第三辑 / 谢耘耕，陈虹主编. -- 北京：
社会科学文献出版社，2018.10
ISBN 978-7-5201-3415-6

Ⅰ.①舆… Ⅱ.①谢… ②陈… Ⅲ.①舆论-文集
Ⅳ.①C912.63-53

中国版本图书馆 CIP 数据核字（2018）第 201814 号

舆论学研究（第三辑）

主　　编／谢耘耕　陈　虹

出 版 人／谢寿光
项目统筹／王　绯
责任编辑／孙燕生

出　　版／社会科学文献出版社·社会政法分社（010）59367156
　　　　　地址：北京市北三环中路甲 29 号院华龙大厦　邮编：100029
　　　　　网址：www. ssap. com. cn
发　　行／市场营销中心（010）59367081　59367018
印　　装／三河市尚艺印装有限公司

规　　格／开　本：787mm×1092mm　1/16
　　　　　印　张：23.25　字　数：365 千字
版　　次／2018 年 10 月第 1 版　2018 年 10 月第 1 次印刷
书　　号／ISBN 978-7-5201-3415-6
定　　价／85.00 元